ENSAIOS EM COMÉRCIO INTERNACIONAL 2

ARBITRAGEM, BIOTERRORISMO, BARREIRAS, INVESTIMENTOS, POLÍTICA COMERCIAL E SOLUÇÃO DE CONTROVÉRSIAS

EDITORA SINGULAR

ENSAIOS EM COMÉRCIO INTERNACIONAL 2

ARBITRAGEM, BIOTERRORISMO, BARREIRAS, INVESTIMENTOS, POLÍTICA COMERCIAL E SOLUÇÃO DE CONTROVÉRSIAS

Organizador
ALUISIO DE LIMA-CAMPOS

Colaboradores
JOHN H. JACKSON (Prefácio)
ANGELA T. GOBBI ESTRELLA
CLAUDIA MARQUES
FELIPE BERER
GILBERTO AYRES MOREIRA
LUIZELLA G. B. BRANCO
PATRÍCIA M. C. DE VILHENA
RENATA BRANDÃO VASCONCELLOS
RENATO G. FLÔRES JR.
SILVIA MARINA PINHEIRO
SUZANA MEDEIROS
WELBER BARRAL

EDITORA SINGULAR
2006

Dados Internacionais de Catalogação na Publicação (CIP)
(Câmara Brasileira do Livro, SP, Brasil)

Ensaios em comércio internacional 2 / Aluisio de Lima-Campos, organizador. – São Paulo: Editora Singular, 2006.

Vários autores
Bibliografia
ISBN 85-86626-25-2

1. Arbitragem 2. Bioterrorismo 3. Barreiras 4. Investimentos 5. Política Comercial 6. Solução de Controvérsias.

06-0052 CDD 382

Índices para catálogo sistemático:
1. Comércio internacional 382

Diagramamação: Microart – Com. Editoração Eletrônica Ltda.

Rua José Nobrega Barbosa nº 100
CEP 02336-090 – São Paulo – SP
Tel/Fax: (11) 3862-1242
www.editorasingular.com.br
singular@editorasingular.com.br

PREFÁCIO

Gostaria de congratular-me com os jovens juristas brasileiros pelo seu engajamento no estudo do Direito Econômico Internacional e, particularmente, no estudo do Direito do Comércio Internacional. Existe, claramente, uma grande demanda por profissionais de alto calibre treinados nessa matéria, os quais serão muito importantes para a manutenção da prosperidade e paz no mundo, objetivos estes que todos nós podemos apoiar. Algumas colocações adicionais podem ajudar a demonstrar esta necessidade.

Poucas pessoas se surpreendem, hoje em dia, ao ouvir comentários sobre a profunda e crescente extensão da interdependência econômica internacional e suas conseqüências. As causas deste fenômeno são numerosas: avanços incríveis na eficiência das comunicações, reduções extraordinárias nos custos de transporte, crescente predomínio de transações telefônicas e cibernéticas, celebração de tratados e criação de normas que reduzem barreiras governamentais ao comércio, um ambiente econômico mais favorável aos princípios que norteiam as economias de mercado, influências da concorrência transfronteiriça que levaram ao aumento da produtividade e da eficiência dos serviços, e, por fim, mas não menos importante: a benção da relativa paz no mundo.

As manifestações da "globalização" são abundantes: tendências nos mercados de ações que se propagam rapidamente ao redor do mundo; impactos de decisões de governos nacionais sobre políticas monetárias e fiscais; efeitos de fraudes em determinados bancos e instituições financeiras; preocupações sobre saúde e sobre segurança dos produtos que atravessam as fronteiras, tais como alimentos, produtos farmacêuticos, maquinário e aparelhos; efeitos gerados pela má administração de governos nacionais e, por vezes, por corrupção; preocupações sobre o poder de empresas privadas e ONGs e sua capacidade de, em alguns casos, atuar na economia global, ignorando completamente certos regulamentos e políticas governamentais; e a propagação de influências "culturais" envolvendo vários tipos de mídia, muitas vezes movendo-se rapidamente, por meio de novas tecnologias de transmissão de música ou imagens, através de fronteiras (com substanciais implicações econômicas e outros efeitos, como, por exemplo, o de levar parisienses a gostarem de abóboras de *Halloween*!). Um guia das várias conexões e das causas e efeitos dessa multiplicidade de acontecimentos econômicos transforma-se em uma impenetrável teia, comumente de difícil compreensão em função da falta de orientações claras para auxiliar no seu entendimento.

Quase todos os tipos de regulamentações econômicas que podem ser concebidas por governos nacionais devem hoje levar em consideração as implicações e a concorrência internacionais. Com freqüência, funcionários de governos nacionais sentem-se frustrados por conta de sua relativa falta de controle sobre as forças econômicas que afetam profundamente o seu eleitorado e impedem o cumprimento de objetivos políticos e promessas de campanha. Por vezes, governos sentem-se tentados a utilizar seu poder de influência sobre as forças econômicas para beneficiar seus concidadãos em detrimento de outras sociedades (em inglês, um *beggar-thy-neighbor approach*). Em alguns casos, a concorrência entre governos para obter tais benefícios pode resultar em prejuízos ao bem-estar de todos – um fenômeno que sugere uma análise do tipo "dilema do prisioneiro". Um líder político astuto e experiente disse certa vez: "Toda política é local". Um outro astuto economista, por outro lado, afirmou: "Toda economia é internacional". Quando justapostas, estas notáveis declarações refletem alguns dos dilemas com os quais líderes políticos têm que lidar.

Nos últimos anos, particularmente porque a Guerra Fria e a ameaça de um desastre maior parecem ter retrocedido, não tem havido muitos debates sobre a mudança de foco da "geopolítica" para a "geoeconomia" (ou como alguns preferem afirmar, o jogo do "geomonopólio"). A mídia tem começado a redirecionar sua atenção para questões econômicas, com enfoque especial em comércio internacional, iniciativas legislativas relacionadas a comércio, problemas de segurança alimentar, casos da Organização Mundial do Comércio (OMC) sobre bananas, atividades de instituições financeiras como o Banco Mundial ou o Fundo Monetário Internacional, e muitos outros assuntos relativos a investimentos, concorrência internacional etc. Pesquisas acadêmicas e estudos sobre políticas governamentais também vêm demonstrando o enfoque crescente nos problemas mencionados acima. No entanto, o observador cuidadoso é surpreendido ao perceber o quanto ainda não sabemos e a quantidade de pesquisas e estudos acadêmicos que parecem apenas repetir o óbvio ou enfatizar a defesa de posições preconcebidas ou defender conclusões sem os dados empíricos com os quais poder-se-ia fazê-las.

Funcionários de governo de alto escalão costumam desacreditar conhecimentos econômicos amplamente aceitos ou fazer declarações sobre normas legais que são enganosas ou absolutamente equivocadas. Parece-me claro que existe uma grande necessidade e oportunidade para um engajamento reflexivo de acadêmicos em diversas questões sistêmicas e "constitucionais" com relação à nossa economia globalizada.

John H. Jackson

Professor de Direito da Georgetown University
Law Center, Washington, D.C.

Diretor do Institute of International Economic Law,
Washington, D.C.

Editor-Chefe do *Journal of International Economic Law*,
Oxford University Press.

SUMÁRIO

INTRODUÇÃO

Na introdução à primeira coletânea de artigos do ABCI, *Ensaios em Comércio Internacional*, além das referências de praxe sobre os artigos publicados, falei da importância de dar a devida atenção às negociações de regras no contexto da Rodada Doha, bem como no âmbito de acordos regionais e bilaterais de comércio. Chamei a atenção, em particular, para a baixa prioridade que esse assunto estava merecendo na agenda do setor privado brasileiro. Atribuí isso ao conhecimento ainda insuficiente da matéria por parte de nossos empresários de comércio exterior, razão pela qual dediquei-me a fazer apresentações a respeito no Brasil ao longo de 2004 e 2005.

No decorrer de 2005 e no primeiro trimestre de 2006, tive oportunidade de verificar, durante mais de quinze palestras realizadas em seis cidades brasileiras, que o assunto e suas potenciais conseqüências negativas para o setor produtivo brasileiro começavam a ser mais bem entendidos. Essa maior assimilação está levando a um aumento da participação do setor nas discussões sobre as prioridades que o governo brasileiro deve defender nas negociações de regras no contexto da Rodada Doha, o que é muito positivo.

Atribuo esse avanço a iniciativas como a da FIESP, que, em 2004, reconheceu o problema e criou uma Divisão de Defesa Comercial em sua Diretoria de Comércio Exterior, com jovens profissionais competentes e uma estrutura eficiente para acompanhar as discussões sobre o tema. Na mesma ocasião criou também uma Comissão Permanente de Defesa Comercial para disseminar informações e assistir seus associados em questões técnicas. Outras associações de indústria deveriam seguir esse exemplo.

A meu ver, se a utilização abusiva de regras (*antidumping*, anti-subsídios e salvaguardas) pode anular o acesso de qualquer produto competitivo a determinado mercado, a negociação de regras deveria, no mínimo, merecer a mesma prioridade que é atribuída a questões de acesso a mercados. Essa é a mensagem que precisa ser entendida pelo setor privado brasileiro, ainda em tempo, espero, de fazer valer seus interesses importadores ou exportadores nas negociações multilaterais de comércio em andamento, pois não haverá outra oportunidade como essa tão cedo.

Este volume compreende a segunda coletânea de artigos que membros do ABCI devem concluir como parte dos requerimentos necessários para receber seu certificado de participação. O outro requerimento, além da assiduidade nas reuniões quinzenais, é fazer uma apresentação para o grupo. Os temas dos artigos, bem como das apresentações, devem, de acordo com os estatutos do ABCI, relacionar-se com o direito do comércio internacional e ser de interesse para o Brasil.

Para este segundo volume foram preparados doze artigos, cujos temas, como de praxe, foram de livre escolha dos autores e previamente aprovados pelo coordenador. Coube a este prestar orientação aos articulistas e fazer a revisão dos textos do ponto de vista de forma, clareza de comunicação e conteúdo técnico. Neste particular, agradeço a assistência dos professores Renato Flôres e Welber Barral, que me auxiliaram na revisão de parte dos artigos. A revisão final de todos os artigos, no entanto, coube a mim, a quem exclusivamente cabe também a responsabilidade pelo produto final. As opiniões dos respectivos autores não foram influenciadas e permaneceram inalteradas. Assim, as visões e conclusões expressas nos textos aqui publicados são de exclusiva responsabilidade daqueles que os assinam.

Antes de fazer referência aos artigos deste volume, gostaria de registrar um marco importante na história do ABCI. Em função de seu crescimento e de maior demanda por seus serviços no aprimoramento de profissionais e acadêmicos brasileiros na área de comércio internacional, o grupo de discussão ABCI tornou-se, em 31 de janeiro de 2006, o *ABCI Institute – Brazilian International Trade Scholars Inc.*, com sede em Washington, D.C.* Incorporado como instituição educacional, sem fins lucrativos, o ABCI Institute dará seguimento e maior amplitude à missão do grupo de discussão de colaborar na formação de profissionais brasileiros de alto nível em matérias de comércio internacional, ou melhor, de Política Comercial.

Prefiro o termo Política Comercial por melhor definir os temas tratados dentro do ABCI e por ser também tema mais amplo dentro do qual todos os demais assuntos que afetam o comércio internacional são tratados. É ainda matéria interdisciplinar que requer conhecimentos de direito, economia e administração de empresas e que, sendo relativamente nova como disciplina, precisa ser mais bem estudada.

Há uma enorme demanda por profissionais qualificados para trabalhar em questões de política comercial, tanto no setor privado como no governo, mas as universidades brasileiras não oferecem cursos adequados a essa formação. Hoje o estudante interessado nesse campo precisa obter

* O local da sede em Washington, D.C. ainda está sendo escolhido.

três diplomas (direito, economia e administração de empresas) para estar minimamente capacitado, o que requer tempo adicional (de três a quatro anos para cada diploma) e o triplo dos recursos financeiros necessários para uma cadeira.

O que este autor gostaria é que alunos interessados nessa área, já formados em direito, economia ou administração de empresas, tivessem a oportunidade de especializar-se Por meio de um mestrado profissionalizante em política comercial, no Brasil. Este autor, bem como o *ABCI Institute*, colocam-se à disposição das instituições acadêmicas brasileiras para colaborar no alcance desse objetivo.

Política Comercial é o tema do estudo que abre a presente coletânea, cuja escolha está relacionada com sua importância crescente para o Brasil. Além das razões que precedem, vale recordar que tópicos como salvaguardas, direitos antidumping e anti-subsídios, sistemas tarifários, barreiras comerciais, negociações comerciais e comércio de bens e serviços estão todos em evidência no Brasil, em função da Rodada Doha e das discussões em torno de acordos regionais e bilaterais de comércio, e são parte integrante do estudo de política comercial.

Nesse estudo, o autor procura, inicialmente, definir a matéria, o que não vem sendo feito nos relativamente poucos trabalhos publicados a respeito. Posteriormente, descreve o sistema norte-americano de política comercial e procura demonstrar a alta relevância de entender a estrutura e mecanismos de decisão não só nos EUA, mas, em geral, de qualquer mercado de destino de importações ou exportações, para a resolução exitosa de disputas comerciais.

Segue-se a este o ensaio do professor Welber Barral sobre comércio e desenvolvimento. No texto, Barral defende que "o comércio internacional pode ser um instrumento estratégico para o desenvolvimento. O sucesso de sua utilização, entretanto, dependerá de fatores institucionais e sociais que não são inerentes nem derivados das práticas comerciais".

O professor Renato Flôres discute a diversidade cultural e os serviços audiovisuais, que, em função do sucesso das produções brasileiras nos últimos anos, crescem em importância em termos de comércio. Flôres alerta para a necessidade de o Brasil começar a dar mais atenção ao tema e sugere ações com respeito a seus parceiros comerciais.

A professora Silvia Pinheiro fala sobre o tratamento dado a países em transição em investigações *antidumping* no Brasil. Diz que, "mesmo nos países recentemente promovidos a economias de mercado por decorrência de compromissos políticos, convivem setores privatizados e internacionalizados, com outros de estrutura fechada, condições precárias de mão-de-obra e forte presença governamental, seja por meio de subsídios, seja, pelo controle de preços". A seu ver, o tratamento atual não é adequado e defende regras específicas para lidar com esses casos.

O sistema de solução de controvérsias (SSC) da ALCA e as lições da OMC são o centro da discussão no artigo de Felipe Berer, que se fundamenta em lições oriundas de deficiências conhecidas no SSC da OMC para fazer sugestões no sentido de construir o melhor SSC possível para a ALCA. Além disso, Berer fala das dificuldades enfrentadas nas negociações da ALCA, discute o embate entre o Brasil e os EUA e aponta as razões pelas quais as negociações encontram-se emperradas.

Renata Vasconcellos trata de tema que pouca importância recebe por parte das empresas brasileiras que comerciam com os EUA: a extraterritorialidade das leis norte-americanas. Renata "...discute o alcance extraterritorial da lei norte-americana, no que diz respeito às leis anticorrupção estrangeira, antifraude e de controle de exportação (...) apresenta uma breve exposição dessas leis e analisa seus efeitos no Brasil sob três enfoques: primeiramente, discute (...) a possibilidade de execução da lei norte-americana no Brasil; apresenta (...) sugestões para uma possível resposta brasileira ao problema; e, finalmente, discute (...) ações preventivas em transações internacionais para minimizar os riscos da aplicação da lei norte-americana".

A utilização de medidas sanitárias e fitossanitárias como barreiras ao comércio tem sido uma preocupação crescente. Claudia Marques analisou o acordo da OMC correspondente (SPS) e conclui que, embora esteja havendo evolução na direção correta com base em decisões do Órgão de Apelação, "o Acordo SPS ainda precisa de mais clareza com relação à adoção de padrões objetivos sobre a aplicação de medidas com base unicamente na análise de risco em contrapartida à adoção de padrões internacionais...". Em vista das dificuldades recentes que o Brasil vem enfrentando com suas exportações de carne bovina e suína, a autora recomenda atenção ao assunto.

De certa forma relacionada a esse tema está a questão do bioterrorismo, que foi tratada por Luizella Branco e Patrícia Vilhena. As autoras analisaram a lei norte-americana criada após os atentados de 11 de setembro à luz dos acordos sobre barreiras técnicas e SPS da OMC, "com o objetivo de analisar sua prática no comércio internacional e a sua repercussão para o Brasil". Reconhecem haver abusos protecionistas e apuram que os maiores prejudicados no Brasil pela legislação dos EUA são as micro, pequenas e médias empresas. Fazem sugestões de alternativas para minorar o problema.

Os demais três artigos versam sobre um tópico de grande importância para o Brasil. Especialmente em função do montante significativo de investimentos brasileiros no exterior, boa parte em países vizinhos cujas políticas se tornaram recentemente avessas a esses investimentos, o Brasil deve começar a pensar não só como recipiente de investimentos externos, mas como investidor também.

É nesse contexto que Suzana Medeiros analisa se a arbitragem internacional investidor-Estado seria um caminho inevitável para o Brasil. Suzana analisa os acordos e mecanismos existentes e sugere que o Brasil deveria adotá-los. Na sua opinião, "somente em momentos de crise [caso da Bolívia] (...) é que o Brasil se dá conta de que suas empresas também precisam de proteção quando estão investindo no exterior". A autora sugere que o governo brasileiro mude o foco de análise e enxergue "o outro lado da moeda".

À sombra das ameaças que pairam sobre empresas brasileiras em países vizinhos, Angela Estrella enfoca a proteção contra a desapropriação em acordos de investimentos. A autora tira lições do Capítulo 11 do NAFTA e "conclui que um teste de 'fins e efeitos' pode e deve ser introduzido na análise do conceito de desapropriação em acordos de proteção a investimento". A seu ver, "dessa forma, é possível assegurar um balanço mais adequado entre a proteção do investimento estrangeiro e a necessidade de garantir às autoridades nacionais a possibilidade de desenvolver políticas de interesse público".

Por fim, enfocando o Brasil como destino de investimentos externos, Gilberto Ayres discute a atração de investimentos externos e os limites impostos pelos acordos de comércio internacional. Ayres propõe que os legisladores brasileiros adotem "política de desoneração irrestrita e incondicional dos investimentos, ao menos no que se refere aos tributos sobre vendas e consumo, e não ofereçam tratamento preferencial paliativo aos exportadores como forma de compensar pelas ineficiências do sistema tributário nacional".

Aluisio Lima-Campos

Presidente do ABCI Institute
Washington, D.C.

POLÍTICA COMERCIAL: OS ESTADOS UNIDOS E OS INTERESSES BRASILEIROS*

ALUISIO DE LIMA-CAMPOS[1]

INTRODUÇÃO

O termo "política comercial" tem sido definido de forma muito limitada por algumas fontes. Cohen, Paul & Blecker (1996) criaram o que chamaram de "a narrow definiton of trade policy", que seria a ciência de encontrar as políticas de importação e exportação ótimas dentro de uma faixa de opções definida por orientações de "intervencionismo governamental" em um extremo e de "livre comércio" no outro.[2] O *Wordnet* da Universidade de Princeton, ampliando essa visão, define política comercial como o conjunto de leis e normas nacionais que *controlam* o comércio exterior de determinado país.[3]

Na prática, no entanto, sabe-se que a definição é mais abrangente e, para se ter uma idéia dessa abrangência, basta examinar qualquer trabalho gerado pelo Trade Policy Review Mechanism (TPRM), da Organização Mundial de Comércio (OMC). O que se verifica é que a "política comercial" encerra também diretrizes, leis e normas que *afetam* o comércio internacional. Por exemplo, programas de subsídio à produção, que não seriam necessariamente componentes ou instrumentos de política comercial na primeira definição, passam a exercer essa função na segunda, quando afetam o comércio exterior de alguma forma. Similarmente, a proteção à propriedade

* O presente artigo é baseado em trabalhos de pesquisa anteriores, em palestras proferidas no Brasil e em notas de aulas de Política Comercial ministradas pelo autor no MRE em Brasília e na *American University* de Washington DC entre janeiro de 2005 e março de 2006, e em discussões nas reuniões regulares do ABCI.

[1] Economista, Assessor Econômico da Embaixada do Brasil em Washington e presidente do *ABCI Institute*, em Washington, DC.

[2] Cohen, Paul & Blecker (1996) p. 5-7.

[3] O *Wordnet* da Universidade de Princeton pode ser acessado via internet (http://wordnet.princeton.edu/).

intelectual adquire uma característica de política comercial, na medida em que desenvolve o poder de afetar o comércio exterior.

Neste estudo, de forma a cobrir todos os seus aspectos, a política comercial norte-americana é abordada em sua definição mais ampla.[4] Propõe-se aqui descrever seus principais componentes, o processo por meio do qual decisões são tomadas e examinar como esse sistema afeta o tratamento de interesses comerciais brasileiros nos EUA.

A ANATOMIA DA POLÍTICA COMERCIAL NOS EUA

No caso norte-americano, a política comercial deriva de um sistema político de natureza complexa. Para chegar a um quadro compreensivo dessa política, é necessário, em primeiro lugar, entender que os participantes não atribuem prioridades semelhantes aos temas e representam interesses diversos de jurisdições eleitorais no processo de formulação da política comercial. Assim, a política comercial, em vez de ser produto de decisão unânime, é, antes de tudo, resultado de concessões negociadas entre esses vários agentes políticos. Além disso, em lugar de resultar em uma ideologia única, tal característica do processo causa inconsistências adicionais na política comercial.

Entre os muitos exemplos dessas inconsistências citaria o caso de os EUA defenderem uma ideologia liberalizante no comércio de produtos industrializados e relutarem em abrir seus mercados quando esses produtos são agrícolas. Outro exemplo típico nos anos oitenta era, de um lado, a política externa norte-americana (via Casa Branca, Departamento de Estado e Departamento do Tesouro) encorajar a privatização de economias emergentes e, de outro, no âmbito dos processos de direitos compensatórios (via Departamento de Comércio), condenar a privatização, penalizando essas mesmas economias com a aplicação de direitos anti-subsídios às importações originárias de empresas siderúrgicas que se privatizaram.

Devido à falta de uniformidade e aos interesses divergentes dentro do governo norte-americano, no que diz respeito a questões relativas ao comércio, pode-se afirmar que a tentativa de chegar a um entendimento final ou a uma conclusão é difícil e frustrante para participantes e observadores. Para ajudar a conceituar esse processo, é necessário primeiramente conhecer suas

[4] Em linha com o relatório TPR dos EUA de março de 2006 (http://www.wto.org/english/tratop_e/tpr_e/tp261_e.htm).

principais características, para posteriormente entender, interpretar e melhor operar no contexto da política comercial dos EUA. Esse conhecimento tem sido exercício obrigatório de interesses governamentais e privados brasileiros que buscam soluções para problemas comerciais com os EUA. Ademais, é esse conhecimento que permite avaliar as probabilidades de sucesso de estratégias de ação.

De acordo com Cohen, Paul & Blecker (1996), há cinco características importantes:[5]

Os tipos de decisões são diferentes e variam tanto em natureza quanto em importância: Por vezes, as decisões de política comercial envolvem formulações abstratas de uma política estratégica de longo prazo,[6] mas, mais freqüentemente, tais decisões envolvem ações administrativas específicas e restritas a programas já existentes. Esses programas regulam o fluxo de importação e exportação, bem como o recebimento de petições que buscam uma medida temporária de barreiras à importação, a fim de reduzir a competitividade dos produtos importados ante os nacionais. A maioria das decisões na política comercial consiste de ações específicas, de natureza cirúrgica, que, quando não mantêm o mesmo *status quo*, resultam em modificações mínimas da política existente. Uma ação típica dirige-se a um país, a um produto ou, até mesmo, a uma determinada empresa. Aqui se incluem as decisões relativas a SGP, Seção 301, salvaguardas, processos *antidumping* e anti-subsídios, quotas, quotas-tarifárias e VRAs (*Voluntary Restraint Arrangements*), entre outros.

O alto nível de descentralização do aparato governamental na elaboração da política comercial traz implicações especiais para a natureza daquela política: Não há uma pessoa ou um órgão diretamente responsável pela formulação da política comercial; não há nem mesmo um poder dominante do governo responsável pela formulação da política comercial dos EUA. Dependendo do caso, um segmento do governo será mais importante que o outro no aspecto de formulação da política comercial. Cada contencioso, portanto, de acordo com o tema, tem suas características institucionais e políticas peculiares e deve ser analisado separadamente, em seu próprio mérito. Dessa forma, não é impossível que ações de natureza aparentemente

[5] O texto explicativo inclui, além das observações de Cohen, Paul & Blecker (1996), comentários e exemplos pontuais do autor.

[6] A política de abertura de terceiros mercados para as exportações norte-americanas, a Alca, seria um exemplo.

contraditória, como aumento da intervenção governamental na economia por meio de subsídios agrícolas domésticos de um lado, e a defesa do livre mercado em objetivos de política externa de outro, subsistam dentro da política comercial norte-americana.

O *Presidente tem poder limitado na administração da política comercial norte-americana:* O Presidente deve ter presente em suas ações os interesses e convicções do Congresso (ao qual é conferida autoridade única para aprovar legislação comercial), uma vez que este tem autoridade para reduzir seus poderes executivos por meio de lei, se assim desejar, ou forçá-lo a aprovar alguma legislação contra sua vontade, por maioria de dois terços. A chamada *Trade Policy Authority* (TPA), que restringe os poderes negociadores do Executivo, é um exemplo dessa limitação.

A descentralização das formulações de política comercial força decisões por consenso dentro de um processo de negociações interministeriais: Como, por razões institucionais, nenhum órgão do Poder Executivo pode monopolizar decisão importante de política comercial, é necessário que haja coordenação entre os muitos departamentos e órgãos. Nesse caso, exceto em situações não muito comuns, quando os órgãos estão em consenso, as decisões de política comercial são tomadas dentro de um processo de negociações intragovernamentais. As unidades, agrupadas por correntes de opinião, são levadas a um consenso por meio de análise conjunta e racionalização de que certas ações trarão benefícios particulares a seus interesses ou a suas bases.

Devido a diferentes prioridades e perspectivas das várias unidades participantes do processo de deliberação intragovernamental, o processo decisório é político: Por suas respectivas razões de ser, os vários departamentos do Executivo e as comissões do Congresso não enfocam a totalidade dos interesses norte-americanos nem representam a todos. Ao contrário, concentramse apenas em interesses nacionais específicos. Tais entidades representam, portanto, diferentes eleitorados ou diferentes setores do campo político. Sob esse aspecto, a política comercial é, na verdade, um processo político, devido à difícil tarefa de escolha entre pontos de vista legítimos (na ótica limitada dos interesses de seus respectivos eleitorados) porém conflitantes.

Segue-se discussão dos principais órgãos envolvidos em formulações de política comercial nos Poderes Executivo e Legislativo, segundo Cohen, Paul & Blecker (1996, p. 108-116).[7]

---

[7] Às descrições de Cohen, Paul & Blecker (1996) foram acrescentados comentários e exemplos pontuais do autor.

1. O Poder Executivo

Desde 1934, o Poder Executivo tem assumido o papel principal na formulação e administração da política comercial.[8] Entretanto, a autoridade desse poder existe apenas dentro dos limites estabelecidos em lei aprovada pelo Congresso. A Constituição norte-americana estabelece que a autoridade do Presidente no tocante à política comercial é delegada pelo Congresso. De fato, o Congresso delegou ao Poder Executivo a administração dos aspectos técnicos das relações de comércio, bem como, curiosamente, tornou-o alvo de pressões políticas domésticas por parte de grupos de interesse que buscam proteção contra produtos importados.

A política comercial dentro do Poder Executivo é conduzida em três níveis:

1 – Gabinete do Presidente dos Estados Unidos

2 – Órgãos e departamentos do governo

3 – Grupos de negociação intragovernamentais

O fato de o Presidente estar hierarquicamente no topo da pirâmide da estrutura de comando não significa necessariamente que tem sido o personagem principal em decisões comerciais. Poucas foram as ocasiões nas quais presidentes deixaram de lado questões maiores de política interna e segurança nacional para tomar iniciativas em questões comerciais de importância.[9]

1.1. O gabinete do Presidente: o primeiro escalão do Poder Executivo

Do lado de fora da "sala oval", cinco secretarias da Casa Branca estão diretamente envolvidas em formulação de política comercial. Trata-se de uma equipe que age em separado, mas em paralelo com os departamentos (ministérios), um sistema que se comenta existir apenas nos EUA.

1.1.1. O gabinete do Representante Comercial dos EUA (USTR)

O Representante Comercial dos EUA é o personagem principal na elaboração da política comercial em geral. É o chefe das delegações nor-

---

[8] Em 1934, o Congresso norte-americano aprovou o *Reciprocal Trade Agreement Act*, que delegou determinados poderes relativos à política comercial ao Poder Executivo.

[9] O lançamento das negociações do Nafta e da Alca foram algumas dessas raras iniciativas.

te-americanas em negociações comerciais e o representante dos EUA nas principais organizações internacionais de comércio. O Representante Comercial assume o papel mais importante na administração do processo de coordenação entre os interesses dos diferentes órgãos do Executivo, e tem responsabilidades na administração de comitês consultivos do setor privado no que se refere à política comercial.

O cargo foi criado pelo Congresso porque os legisladores, em 1961, chegaram à conclusão de que o Departamento de Estado, no papel de chefe das delegações comerciais, precisava ser substituído por um órgão mais ágil e mais sensível aos anseios domésticos. Apesar de o Representante Comercial estar teoricamente em concordância com os artigos antiprotecionistas do GATT e da OMC e de buscar negociar acordos para reduzir barreiras comerciais, nem sempre sua política tem sido a do livre comércio. Tendo sido criado pelo Congresso, o USTR mantém a tendência de proteger a indústria nacional, fato que se reflete nas freqüentes recomendações para a aplicação de medidas que impõem certas barreiras às importações, como no caso da extinta quota global de importação para aço, das quotas para produtos têxteis e das medidas sob a chamada Seção 301. O Congresso elevou o cargo de Representante de Comércio ao nível de "Gabinete" (equivalente a uma secretaria da Presidência) por meio de dispositivo do *Trade Act* de 1974. Seu tamanho em relação aos demais departamentos, no entanto, é pequeno. Conta com uma equipe de mais ou menos 150 pessoas que normalmente se utiliza de pessoal de outros departamentos ou agências.

Mesmo sendo o principal órgão do Executivo responsável pela elaboração da política comercial dos EUA, o Representante Comercial tem duas limitações importantes:

i) não tem conseguido assumir um papel de liderança em todas as questões comerciais. A equipe do USTR é tão limitada que outros órgãos, ocasionalmente, assumem a liderança em certas questões comerciais, seja por meio de um sistema de divisões de competência, seja por meio de acordo mútuo;

ii) como se trata de órgão da Casa Branca, o escritório do Representante Comercial não tem poderes para administrar programas mais importantes que afetam as relações de comércio exterior dos EUA. É o caso, por exemplo, dos programas de promoção comercial e de controle de exportações, que são administrados pelo Departamento de Comércio.

1.1.2. Grupo de Coordenação em Nível de Gabinete (Cabinet-Level Coordinating Group)

Criado por ordem executiva e podendo receber diversas denominações (*Economic Policy Group*, National Economic Council, entre outros), o Grupo de Coordenação representa o princípio de formulação política cooperativa, no nível político mais alto. Em geral, o Presidente é formalmente o chefe do grupo, mas, na prática, não passa de um participante. Cada um dos grupos tem tido as mesmas responsabilidades indispensáveis: desenvolvimento de consenso entre seus dez ou mais membros de gabinete e assessores mais graduados do Presidente (*senior presidential advisors*), aos quais foi atribuída a competência de formular a política econômica. Todas as questões referentes à política comercial norte-americana são definitivamente decididas neste foro, sendo que o Presidente participa apenas das decisões consideradas cruciais.[10]

As três secretarias restantes da Casa Branca são órgãos consultivos do Presidente.

1.1.3. O Conselho de Segurança Nacional (NSC)

O Conselho de Segurança Nacional é responsável por coordenar as políticas externa e de defesa (principalmente entre o Departamento de Estado e da Defesa) e fornecer conselhos sobre política exterior ao Presidente. Nomeados pelo Presidente, os outros membros do NSC são o Vice-presidente dos EUA e os Secretários de Estado e da Defesa. O responsável por assuntos econômicos no NSC é parte integrante do processo de negociação entre os órgãos do Executivo (grupos intragovernamentais) quando o tema comercial, de ordem bilateral ou multilateral, afeta a segurança nacional dos EUA. Tradicionalmente, há pelo menos um membro do NSC responsável por monitorar assuntos econômicos internacionais de forma a permitir que o NSC interfira em questões econômicas durante as deliberações intragovernamentais, quando tais assuntos envolvam segurança nacional.

1.1.4. O Conselho de Assessores Econômicos (CEA)

O Conselho de Assessores Econômicos (CEA) foi criado para assessorar o Presidente na avaliação e interpretação do comportamento e das

---

[10] Segundo os autores, são raras as ocasiões em que grupos de coordenação chegam a um impasse, o que exigiria recorrer ao presidente para decidir por uma das opções políticas em discussão.

tendências estatísticas da economia norte-americana. Nesse contexto, o CEA aconselha o Presidente no tocante às políticas necessárias para promover o crescimento e a estabilidade da economia, mantendo, dessa forma, o nível de emprego e a estabilidade dos preços. Uma vez que a política comercial provoca indiscutível impacto na economia nacional, um membro do CEA participa do processo de negociação dos órgãos do Executivo (grupos intragovernamentais) quando questões comerciais importantes estão em discussão ou para serem decididas. Mas, devido ao pequeno contingente da equipe do CEA, faz-se necessário que este selecione apenas aqueles casos que, a seu ver, têm maior impacto no crescimento e estabilidade da economia dos EUA.

1.1.5. Escritório de Administração e Orçamento (OMB)

O OMB é a quinta entidade da Casa Branca com competência para tratar de assuntos comerciais. Este órgão está envolvido no processo de formulação de política comercial, por meio de sua influência nas decisões orçamentárias, sempre que as despesas governamentais estão comprometidas com a defesa nacional e a política de ajuda externa (*foreign aid policy*). Os economistas do OMB têm autoridade para deliberar sobre questões de comércio sempre que despesas ou receitas orçamentárias estão em discussão.[11] O OMB é influente também em função de suas responsabilidades de coordenar e aprovar respostas de qualquer agência do Executivo a indagações do Congresso sobre qualquer projeto de lei governamental e depoimentos dessas agências no Congresso.

1.2. Os departamentos e os órgãos: o segundo escalão do Poder Executivo

Neste nível incluem-se os Departamentos de Estado, do Tesouro, de Comércio, da Agricultura e do Trabalho, a Comissão de Comércio Internacional, governos estaduais e locais, e grupos de coordenação interministeriais.

1.2.1. O Departamento de Estado (DOS)

O Departamento de Estado, responsável por conduzir a política exterior dos EUA, fornece avaliação importante do impacto das opções político-comerciais nas relações de comércio dos EUA com outros países. Enquanto

[11] Alguns exemplos disso são os subsídios à exportação e reduções tarifárias.

os órgãos internos avaliam o impacto em vários setores da economia doméstica, o DOS analisa o impacto que a política comercial adotada pelos Estados Unidos causa nos membros da comunidade internacional. Segundo os autores, essa função exercida pelo DOS é relevante por dois motivos:

i) um ambiente global pacífico é importante para assegurar a prosperidade da economia norte-americana; e

ii) faz-se necessário analisar se as chamadas "práticas desleais" de comércio constituem ou não uma ameaça à segurança nacional dos EUA.

O DOS monitora a política comercial por meio de seus órgãos regionais bem como de seu Centro de Assuntos Econômicos (*Bureau of Economic and Business Affairs*). Além de realizar e participar de diversas negociações de cunho comercial, setores econômicos do DOS, situados nos EUA e no exterior, nas embaixadas e consulados, produzem quantidade considerável de informativos.

Mesmo tendo sido, há mais de 30 anos, rebaixado de seu status de negociador-chefe e coordenador da política comercial,[12] o DOS ainda exerce papel de liderança nas negociações internacionais envolvendo transporte aéreo e marítimo, e é um dos três principais ministérios que implementam a política de controle de exportação (que regulamenta a exportação de produtos de tecnologia avançada).

*1.2.2. O Departamento do Tesouro (*Treasury*)*

O Departamento do Tesouro exerce importante papel na elaboração da política comercial devido à sua liderança nas políticas relativas à economia nacional e ao balanço de pagamentos. Sua função principal é determinar quais decisões comerciais seriam mais indicadas para a economia norte-americana. O Tesouro está ativamente envolvido em todas as questões econômicas internacionais.[13] Suas responsabilidades nas formulações de

[12] Por meio de dispositivo do *Trade Expansion Act*, de 1962, o Congresso dos EUA decidiu que o Departamento de Estado deveria deixar de ser a entidade responsável pelas delegações americanas de negociações comerciais. No Congresso, o DOS era visto como sendo muito ansioso em agradar outros governos e um negociador fraco. Daí ter o Congresso criado permanentemente o cargo de Representante de Comércio.

[13] Essas questões envolvem as posições norte-americanas referentes às políticas monetária internacional, financeira internacional e tributária internacional.

política comercial são resultado do estreito relacionamento entre interesses econômicos nacionais e externos. O Secretário do Tesouro tem *status* importante junto ao Presidente, na qualidade de *senior economic policy official*.

A maioria das atividades econômicas internacionais do Tesouro se concentra no *Office of International Affairs* (OIA), que é chefiado pelo secretário de assuntos internacionais. O OIA pode se envolver em qualquer fase da política comercial dos EUA. Um dos principais temas do OIA, por exemplo, é a questão de barreiras às importações. Como essas barreiras tendem a ser inflacionárias, o Tesouro normalmente se junta a outros órgãos econômicos, como o CEA e o OMB, com o objetivo de defender a concorrência no mercado interno.[14] Além disso, o Tesouro tem especial influência em acordos internacionais que tratam de subsídios à exportação e nos comitês de negociação dos órgãos (*interagency committee screening*) para novos investimentos estrangeiros nos EUA, devido a prováveis questões de segurança nacional.

1.2.3. O Departamento de Comércio (DOC)

O Departamento de Comércio não tem a mesma influência dos Departamentos de Estado e do Tesouro na formulação de políticas macroeconômicas, mas tem papel essencial na política comercial, uma vez que administra a maior parte dos programas comerciais do governo e representa o setor industrial nas negociações com órgãos do governo. Enquanto o Representante de Comércio tem o papel principal na elaboração da política comercial em questões mais importantes, o DOC tem grande influência em setores industriais específicos, tais como o têxtil, o siderúrgico e o automotivo. Como resultado, o DOC lidera o processo de formulação de política comercial em assuntos técnicos específicos.

Com relação à importação, o DOC administra a aplicação das medidas *antidumping* e anti-subsídios. Essa responsabilidade envolve a investigação das queixas feitas por produtores nacionais para determinar a existência dessas duas práticas: (a) vender produtos nos EUA a um preço considerado mais baixo que o preço no mercado de origem ou que o custo de produção;

[14] O Departamento do Tesouro foi menos generoso em relação às importações quando os déficits no balanço de pagamentos se elevaram nos últimos anos do regime de câmbio fixo. Desde 1973, o Tesouro tem-se utilizado de taxas de câmbio variáveis, em vez de barreiras às importações, para promover condições favoráveis a um equilíbrio do balanço de pagamentos.

e (b) concessão de subsídios governamentais a empresas exportadoras. O DOC calcula o valor do direito a incidir sobre o produto importado, com o fim de *neutralizar* as práticas alegadas pela indústria local, se, a seu ver, estas forem comprovadas. Para tanto, também é necessário que se verifique se o respectivo setor industrial sofreu dano material devido às importações.[15] O DOC também tem poderes para realizar acordos de preço e de quantidade no contexto dessas investigações e a responsabilidade de monitorar os programas de controle de importação, sejam eles relativos a preços, a cotas de importação unilaterais ou a acordos de restrição voluntários (VRAs – *Voluntary Restraint Arrangements*).

O DOC também administra os dois programas mais importantes de exportação. De um lado, os adidos comerciais lotados em escritórios do DOC nos EUA e nas embaixadas no exterior fornecem informações de mercado e recomendações para ajudar os empresários norte-americanos a aumentar suas exportações. De outro lado, o DOC participa ativamente na elaboração da política de controle de exportação dos EUA, concedendo (ou negando) licenças de exportação em conformidade com o *Export Administration Act*, que dispõe sobre a exportação de bens de alta tecnologia cuja exportação para determinados países é proibida ou restrita. A influência do DOC também se exerce por meio da administração de novos programas criados para aumentar a competitividade dos produtos norte-americanos de alta tecnologia. Finalmente, o DOC é o órgão mais técnico do Executivo no que diz respeito à saúde dos setores domésticos de manufaturas e serviços e o impacto das importações nesses setores.

1.2.4. O Departamento de Agricultura (USDA)

O Departamento de Agricultura lidera a elaboração da política comercial quando a importação ou a exportação de bens agrícolas estão em discussão. O USDA tem um eleitorado bem definido, mas enfrenta problemas ao tentar agradar uma comunidade agrícola que é descentralizada entre produtores rurais que precisam de proteção contra as importações de certos produtos, tais como leite, carne e açúcar, e os produtores mais eficientes, exportadores de sucesso, com mentalidade de livre comércio, tais como os que exportam milho, óleo e trigo. Estes últimos são contra a imposição de medidas protecionistas nos EUA, por recearem retaliação contra seus pro-

[15] Ver Comissão de Comércio Internacional (ITC) no item "Outros Departamentos e Órgãos Importantes".

dutos nos mercados de destino. No sentido operacional, o USDA monitora as cotas de importação, administra três programas de subsídios à exportação para produtos agrícolas e opera o *Foreign Agricultural Service*.

1.2.5. O Departamento do Trabalho (DOL)

O Departamento do Trabalho monitora e é responsável pelos interesses, necessidades e treinamento de trabalhadores engajados em atividades relacionadas ao comércio exterior e aos investimentos diretos estrangeiros. O único papel operacional do DOL, no que diz respeito ao comércio exterior, é a administração de benefícios sob o programa de assistência de ajustamentos a trabalhadores qualificados que perderam seus empregos devido às importações.

1.2.6. Outros departamentos e órgãos importantes

Os outros departamentos do Poder Executivo com competência para agir em questões de comércio exterior são muitos.[16] Menciona-se, a seguir, alguns órgãos que ocasionalmente podem exercer papéis importantes na formulação da política comercial norte-americana quando determinadas questões específicas são consideradas.

O Departamento de Energia (DOE) é a primeira fonte de perícia técnica quando se trata de política internacional de energia e, em particular, de questões relativas às implicações da dependência dos EUA das importações de petróleo, e à análise do mercado internacional no que diz respeito a estoques e preços do produto.

O *Export-Import Bank* (Eximbank), entidade independente do governo, opera um programa multibilionário para o fornecimento de subsídios e empréstimos comerciais com a finalidade de promover a exportação de bens manufaturados norte-americanos.

A Comissão de Comércio Internacional (ITC) é independente do Executivo e do Legislativo e, formalmente, não exerce nenhum papel

---

16 É interessante notar que muitos dos órgãos e departamentos que estão hoje envolvidos, de alguma forma, na política de comércio exterior dos EUA foram primeiramente instituídos em função de preocupações nacionais. À medida que a política comercial norte-americana foi ganhando abrangência, inserindo-se gradativamente no contexto nacional, os vários órgãos tiveram que se envolver em questões de comércio internacional de forma a atender às necessidades de seus eleitorados. Assim, suas decisões passaram a afetar as relações de comércio.

na elaboração da política comercial. A ITC é um órgão de investigação, apartidário, cujas principais responsabilidades incluem determinar se os peticionários de medidas contra produtos importados, sob as leis *antidumping*, anti-subsídios e de salvaguardas, de fato sofreram dano, de acordo com a definição legal. No caso de salvaguardas, se a ITC determinar que os produtores nacionais sofreram dano ou ameaça de dano devido às importações, caberá ao Presidente impor barreiras comerciais com o intuito de proteger a produção nacional. As decisões da ITC podem exercer influência significativa nas relações comerciais dos EUA. Cabe também à ITC investigar se os produtos importados violam patentes norte-americanas, com base na chamada "*Section 337*" (*Trade Act* de 1930). A ITC realiza também estudos de impacto relacionados a acordos de livre comércio.

A Agência de Proteção Ambiental (EPA – *Environmental Protection Agency*) é o principal perito técnico do Poder Executivo americano, nos grupos de negociação intragovernamentais, que trata dos padrões internacionais – já existentes ou propostos – de proteção ambiental.

A Agência de Desenvolvimento Internacional (AID – *Agency for International Development*) é o principal órgão na elaboração da política econômica internacional. Como um órgão semi-autônomo, a agência se subordina ao Secretário de Estado e é incumbida da administração dos programas de assistência ao desenvolvimento em nível bilateral que foram criados para atender os segmentos mais pobres, nos países mais necessitados.

O Departamento de Defesa (DOD) está freqüentemente envolvido no controle de exportação e nas decisões sobre transferência de tecnologia, além de dar pareceres em questões de economia internacional com vínculo direto a assuntos militares.

O Departamento de Transportes (DOT) participa de conferências sobre questões de transporte internacional.

O Departamento de Justiça (DOJ) aplica a legislação de defesa da concorrência tanto a empresas norte-americanas quanto a empresas estrangeiras atuando nos EUA.

O Departamento do Interior se ocupa de todos os aspectos internacionais da política referente a minerais.

1.2.7. Governos estaduais e locais

Como o comércio e o investimento internacionais passaram a ter um maior impacto nos índices de emprego e de investimento nos Estados Unidos, os governos estaduais e locais intensificaram seus esforços para influenciar o governo federal nas formulações de política comercial. Governos estaduais e locais exercem influência sobre a política comercial norte-americana de três formas. Em primeiro lugar, estabeleceram vários grupos de interesse, como, por exemplo, a Associação Nacional dos Governadores e a Associação Nacional dos Órgãos de Desenvolvimento Estadual. Esses órgãos analisam os possíveis efeitos da política do governo federal e fornecem aos senadores e deputados no Congresso Nacional os pontos de vista e as opiniões dos líderes estaduais e locais. Em segundo lugar, o Congresso formou a Comissão Intergovernamental de Consulta Política de autoridades estaduais e municipais para aconselhar o USTR em relação às questões comerciais. Essa Comissão foi particularmente atuante durante a Rodada Uruguai de negociações multilaterais de comércio. Em terceiro lugar, as autoridades estaduais e municipais contactam diretamente membros do Congresso e do Executivo para oferecer uma perspectiva local às questões importantes de política comercial (Cohen, 1994).

*1.3. Grupos de coordenação interministeriais (*Interagency Coordinating Groups*): o terceiro escalão do Poder Executivo*

O terceiro nível de deliberação do Poder Executivo consiste de grupos de coordenação interórgãos, organizados no nível em que a questão está sendo trabalhada, nos quais todos os membros relevantes da burocracia têm oportunidade de expressar suas sugestões e influenciar na busca de um consenso. Os grupos de coordenação atuam em nível de repartição e podem até atuar como comissões em nível de gabinete. Quase todas as decisões relativas a comércio são efetuadas em um desses grupos. No âmbito da política de importação, os grupos mais ativos são o Grupo de Revisão de Política Comercial[17] (*Trade Policy Review Group*) e o Comitê de Assessoramento de Política Comercial (*Trade Policy Staff Committee*). Três outros grupos de negociação interórgãos tratam de questões de controle das exportações, e o Comitê de Coordenação de Promoção Comercial (*Trade Promotion*

[17] Os membros são secretários assistentes dos departamentos envolvidos na questão.

Coordinating Committee) busca dar coesão aos programas descentralizados do governo para incremento das exportações.

2. O Poder Legislativo

O Artigo I da Constituição dos EUA confere autoridade ao Congresso "para regulamentar o comércio com outras nações" e para "estabelecer e cobrar impostos, tarifas (...) e tributos". Por quase 150 anos desde a criação da República, o Congresso monopolizou a política comercial por meio da aprovação de dispositivos que produziam tarifas progressivamente mais altas. Pouco tempo após sucumbir às pressões contra legislações de cunho protecionista, em 1930, o Congresso optou por delegar autoridade considerável no campo da política comercial ao Poder Executivo.

Considerava-se que o Poder Executivo se encontrava em melhor posição para equilibrar pressões provenientes de grupos de interesse nacionais, a favor da imposição de barreiras, e de aliados, que defendem medidas liberais de política comercial e a redução de barreiras com vistas ao alcance de eficiência econômica e maiores benefícios para o país. A autoridade concedida pelo Congresso, no entanto, é temporal. A legislação comercial tem limitado a três ou cinco anos a autoridade para negociações de liberação de comércio, a chamada *Fast Track Authority*. O comportamento do Poder Executivo tem sido afetado pelo fato de essa autoridade precisar ser renovada periodicamente. Da mesma forma, o Congresso terá que delegar novos poderes ao Poder Executivo na medida em que futuras rodadas de negociações internacionais intensifiquem esforços com vistas à redução de barreiras.

Até os dias de hoje, o Congresso mantém, com sucesso, sua imagem institucional de protecionista enquanto, simultaneamente, a pedido do Executivo, concedeu-lhe novos poderes para reduzir barreiras de importação norte-americanas, em bases recíprocas, nas negociações multilaterais. No entanto, o Congresso ainda funciona como um tribunal de última instância, onde grupos de interesse domésticos clamam que o Poder Executivo tem estado ideologicamente muito comprometido com o livre comércio e tem ignorado seus interesses. As diretrizes do Congresso para a administração da política comercial não estão escritas e são freqüentemente presumidas no Executivo com base na "intuição política" da Casa Branca.

No dia-a-dia, o Congresso influencia a política comercial de quatro maneiras, por meio de:

1) aprovação de legislação comercial (ou recusa em aprovar legislação proposta pelo Poder Executivo);
2) aprovação de orçamentos e apropriações de recursos;
3) confirmação de indivíduos convidados a ocupar postos-chaves no Executivo; e
4) exame e avaliação geral (*oversight*) de políticas e programas já existentes.

É difícil prever as tendências da política comercial e o posicionamento dos membros do Congresso. Para tanto, é necessário conhecer o que cada congressista ouve de suas bases eleitorais, pois o comércio já deixou de ser uma questão partidária. Não se pode mais prever a filosofia comercial de um congressista, nem pelo seu partido. Tradicionalmente os republicanos (de filosofia conservadora) tenderiam a apoiar o comércio livre, enquanto os democratas (mais liberais em suas concepções) seriam os protecionistas. Mas, atualmente, os congressistas são influenciados, em grande parte, pelas situações econômicas de suas respectivas regiões eleitorais. Isso significa que costumam relacionar o interesse nacional a uma política de comércio que irá beneficiar as pessoas que os elegeram. Aqueles que representam empresas multinacionais exportadoras ou produtoras de alta tecnologia, portanto, irão provavelmente apoiar uma política de livre comércio.

Se o centro da formulação de política comercial no Poder Executivo é o foro interórgãos, o centro no Legislativo é o comitê permanente (*standing committee*). Coincidências de jurisdição ocorrem em ambos os poderes. E assim como a maioria dos departamentos do Poder Executivo está envolvida em alguma fase do processo de formulação de política comercial, a maioria dos comitês do Congresso está envolvida em alguma fase da elaboração de legislação comercial. Os principais atores da política de importação são os Comitês de Meios e Maneiras (*Ways and Means*), da Câmara de Representantes (deputados) e de Finanças do Senado. As competências para as questões especializadas de importação, política de controle de exportação e programas de promoção comercial estão distribuídas entre os comitês de agricultura, apropriações, bancos, comércio, energia e relações exteriores, em ambas as Casas. O comitê conjunto, das duas Casas, para assuntos econômicos (*Joint Economic Committee*) não tem responsabilidade legislativa, mas constitui foro único para o exame de questões de comércio de maior alcance, bem como do relacionamento entre comércio e a área internacional de finanças e investimento.

O PODER EXECUTIVO

Presidente dos EUA

Gabinete do Presidente	Órgãos e Departamentos do Governo		Grupos Interdepartamentais de Coordenação
▪ USTR	▪ Departamento de Estado	▪ AID	▪ Grupo de Revisão de Política Comercial
▪ O Gabinete de Coordenação dos Interesses Internos dos Órgãos do Executivo	▪ Departamento do Tesouro	▪ Departamento de Defesa	▪ Comitê de Assessoramento de Política Comercial
▪ NSC	▪ Departamento de Comércio	▪ Departamento de Transporte	▪ Comitê de Coordenação de Promoção Comercial
▪ CEA	▪ Departamento de Agricultura	▪ Departamento de Justiça	▪ Outros
▪ OMB	▪ Departamento do Trabalho	▪ Departamento do Interior	
	▪ Departamento de Energia	▪ Outros Departamentos e Órgãos do Poder Executivo	
	▪ EPA	▪ Órgãos Independentes	
		▪ ITC	
		▪ Eximbank	
		▪ Outros	

Fonte: Elaborado pelo autor.

OS EFEITOS DA POLÍTICA COMERCIAL NOS CONTENCIOSOS

Quando se pensa na defesa dos interesses brasileiros na área de política comercial nos EUA ou, na verdade, em qualquer outro país, sejam tais interesses governamentais ou privados, o analista depende do conhecimento básico sobre os principais atores e o mecanismo de *policy-*

making no mercado local. Sem isso, a busca de uma via de solução é quase impossível; seria como navegar em mar aberto sem instrumentos e sem pontos de referência visíveis.

Na seção anterior, conhecemos a anatomia do sistema norte-americano. Resta saber agora como esse sistema afeta o tratamento de interesses comerciais brasileiros. Nesse sentido, reexaminaram-se disputas comerciais dos últimos 25 anos[18] procurando identificar padrões, práticas ou ações comuns aos casos que tiveram soluções satisfatórias. O exercício permitiu identificar certas condições, etapas e componentes fundamentais que, em última análise, possibilitaram a resolução satisfatória do contencioso.

Caberia esclarecer que não se objetiva aqui criar um modelo para o tratamento de disputas em determinado mercado, mas apenas entender como a política comercial local influencia o tratamento dos interesses comerciais brasileiros e a preparação de estratégias. Embora instrumentais, as informações aqui apresentadas não são suficientes para a criação de um modelo. Esta, por sua vez, pode ser uma tarefa bastante difícil, já que se sabe, com base em longa experiência no tratamento desses problemas, que cada caso é um caso e que, embora dois casos possam parecer semelhantes à primeira vista, as condições regulatórias, políticas e sistêmicas normalmente alteram-se, imprevisivelmente em alguns momentos, e, conseqüentemente, o que se aplica a um caso, na maioria das vezes, não se aplica completamente ao outro.

Os resultados do exame, portanto, foram divididos em duas partes: condições gerais e componentes estratégicos.

1. Condições gerais

Foram identificadas sete condições gerais. Primeiro, o produtor brasileiro precisa estar decidido a encarar o mercado exportador seriamente, não como válvula de escape para problemas temporários de demanda no

[18] As disputas comerciais em si não foram objeto deste estudo, mas boa parte delas pode ser conhecida nos diversos números do relatório anual de barreiras a comércio e serviços brasileiros nos EUA, da Embaixada do Brasil em Washington. As edições de 2001, 2002, 2003, 2004 e 2005 foram publicadas pela Editora Aduaneiras e a de 2006, que ao contrário das anteriores não inclui o histórico dos casos, apenas atualizações, foi publicada pela FUNCEX, em separata, no número 87 da *Revista Brasileira de Comércio Exterior - RBCE.*

Brasil, mas como destino de longo prazo para seus produtos. Uma decisão desse tipo justificará o dispêndio de tempo e de recursos necessários para conquistar o mercado norte-americano. Deve-se ter presente que a maioria desses problemas não se resolverá em 24 horas e que, nesses casos, o produtor menos interessado no mercado exportador tenderá a abandonar os esforços ou a não empenhar-se devidamente. Nessas condições, nenhuma iniciativa de ação terá o sucesso desejado.

Segundo, deve-se ter em mente que o governo brasileiro não prevê em seu orçamento recursos para a contratação de especialistas (advogados, consultores, lobistas, relações públicas) para fins de assessoramento ao setor privado em questões de comércio internacional. Esses recursos, se necessários, deverão fazer parte das previsões orçamentárias dos interessados do setor privado.

Terceiro, a disponibilidade de recursos para essas contratações não garante que o assessoramento será o mais adequado. Erros, nesse sentido, são cometidos com maior freqüência do que se imagina. Uma ação de *lobby* nos EUA, por exemplo, pode ser facilitada com a contratação de um lobista profissional. Da mesma forma, uma campanha de relações públicas junto à mídia, de cobertura nacional, será facilitada com a contratação de uma empresa de relações públicas especializada. A contratação de especialistas locais, por outro lado, deve buscar o perfeito casamento das especialidades de cada técnico com a tarefa a ser cumprida. Embora isso pareça ser óbvio, há casos em que empresas brasileiras contrataram advogado para fazer trabalho de lobista e lobista, com boas conexões no partido republicano, para executar tarefas junto a membros do partido democrata. Esse tipo de contratação não ajuda e pode acabar prejudicando os esforços.

Quarto, como as discussões sobre a política comercial norte-americana indicam, deve-se reconhecer que não há fórmulas gerais para a resolução de contenciosos. Do lado norte-americano, como já vimos, os interesses são diversos e estão em permanente mutação de acordo com os desejos do eleitorado. Do ponto de vista de negociação, como o nível de influência de cada país junto ao governo norte-americano difere de acordo com seu respectivo valor político e/ou econômico para os interesses dos EUA, tampouco deve-se esperar que a experiência de outros países se aplique necessariamente ao caso dos produtos brasileiros. Cada caso, por conseguinte, deve ser analisado separadamente, segundo suas características próprias.

Quinto, é preciso reconhecer que, embora o Brasil tenha crescido em importância para o governo norte-americano,[19] seu poder de barganha com os EUA, por questões econômicas, políticas e estratégicas, não pode ser comparado ao da União Européia ou do Japão. Uma posição radical, de retaliação, por parte desses parceiros, em resposta a medidas norte-americanas contra suas exportações, teria um certo grau de risco, mas certa probabilidade de solução negociada em pé de igualdade. No caso do Brasil, uma posição extrema desse tipo acarretaria certamente riscos maiores, o que provavelmente resultaria contraproducente para a solução do contencioso e provavelmente danoso a nossos interesses no longo prazo.

Sexto, isso não quer dizer que contestações legítimas na OMC e em outros foros, como a Corte de Comércio Internacional dos EUA (CIT), não devam ser perseguidas. Pelo contrário, todos os instrumentos legais de pressão devem ser acionados, e a OMC, com suas decisões de cunho quase mandatório, é dos mais significativos. No entanto, é importante que as probabilidades de sucesso do recurso sejam altas, a fim de evitar a necessidade de outro recurso ou a perpetuação de uma decisão desfavorável às exportações brasileiras nos EUA. O recurso a essas ações pelo Brasil, ou por outros países, é, na verdade, sempre esperado pelos EUA, que encara os processos na OMC como um trabalho adicional e incômodo (por suas ramificações internacionais e internas) mas de ordem rotineira, ao qual estão obrigados a responder, por força de compromissos multilaterais. Nesses processos "tecnolegais", portanto, a conotação de se estar cometendo uma agressão aos EUA ao solicitar um painel na OMC simplesmente não se aplica.

Sétimo, a melhor alternativa de ação será a que tiver maior probabilidade de sucesso para a parte brasileira. Em caso de empate nas probabilidades de sucesso, a melhor opção será a que trouxer mais benefícios à parte brasileira no menor prazo. As soluções que envolvam alterações nas leis terão, normalmente, menor probabilidade de sucesso devido à multiplicidade de interesses políticos que podem opor-se à iniciativa e interferir desfavoravelmente no processo legislativo. Sem mencionar que este é, por natureza, um caminho mais demorado. De maneira geral, propostas inovadoras, principalmente vindas de outros países, que não levem em conta

[19] Em função: (i) do seu papel de liderança na América do Sul, no Mercosul, nas negociações da Alca e na Rodada de Doha; (ii) do volume substancial de investimentos diretos de empresas sediadas nos EUA; (iii) do potencial do mercado para produtos norte-americanos; e (iv) de sua adesão aos tratados de não-proliferação, entre outros.

essas particularidades e os mecanismos de *policy-making* existentes tendem a ser vistas com ceticismo pelos interlocutores locais, contribuindo para sua inviabilidade. Ao longo de 25 anos de prática nessa área, verificou-se que a tática mais efetiva tem sido buscar soluções que não envolvam alterações do sistema estrutural existente, mas que maximizem as vantagens e benefícios desse arcabouço sistêmico a favor da causa brasileira.

2. Componentes estratégicos

Os casos de sucesso, ou seja, aqueles que observaram esses parâmetros em alguma medida, tiveram em comum certos componentes na preparação e execução de suas estratégias, como segue: (a) localização do problema dentro da estrutura burocrática do governo norte-americano, (b) identificação das instituições envolvidas e interlocutores chaves, (c) mapeamento dos caminhos formais apropriados, (d) identificação e avaliação de aliados e opositores, (e) gestões e (f) ações alternativas.

Um caso de sucesso poderia melhor ilustrar essas seis etapas. Para o presente estudo, selecionou-se um relativamente recente, que, por sua complexidade, é rico em exemplos: a questão do tratamento inadequado de impostos indiretos por parte das autoridades norte-americanas de defesa comercial.

O problema consistia em nova prática do DOC pela qual o IPI e o ICMS pagos na compra da matéria-prima passaram a ser adicionados aos custos de produção de empresas brasileiras, sempre que estes não fossem ressarcidos, em espécie, ao produtor brasileiro antes da exportação. Tal metodologia presume erroneamente (i) que o sistema brasileiro permite a devolução daqueles impostos em dinheiro vivo e (ii) a constatação de que a matéria-prima utilizada no produto final exportado correspondia ao imposto indireto que deveria ser devolvido. As conseqüências para as exportações brasileiras eram devastadoras, na medida em que essa metodologia criava direitos *antidumping* (AD), mesmo quando os preços FOB-fábrica nos mercados interno e externo eram iguais (situação sem *dumping*), e de magnitude no mínimo igual ao percentual daqueles impostos. Nessas circunstâncias, o risco de incidência de direitos AD se estendia potencialmente a toda a pauta de exportação brasileira para os EUA.

O tratamento deste contencioso, em um processo de engenharia inversa, pode ser decomposto seguindo a lista das etapas de (a) a (f), como segue:

(a) o problema ocorreu no contexto de revisão administrativa de direito *antidumping*, no âmbito do Departamento de Comércio dos EUA (DOC). Essas revisões são administradas pelo DOC, a quem cabe o exame para verificação de *dumping* ou subsídios;

(b) a principal instituição envolvida, portanto, era o DOC. Porém, na hipótese de não se poder resolver a questão no DOC, duas outras instituições poderiam envolver-se: a Corte de Comércio Internacional dos EUA (CIT), no caso de se decidir apelar uma decisão desfavorável do DOC no sistema judiciário norte-americano, ou o USTR, no caso de optar-se por recorrer ao Sistema de Solução de Controvérsias da OMC;

(c) tratava-se de um problema de metodologia do DOC, que poderia ser corrigido por meio de memorandos internos, sem necessidade de alterações dos regulamentos contidos no *Code of Federal Regulations* ou da lei. A solução, portanto, poderia ser administrativa. Nesse caso, o mais prático seria conseguir modificar a prática do DOC no contexto da revisão do direito *antidumping*, de forma que uma mudança agisse diretamente sobre a margem de *dumping* aplicável às empresas brasileiras. Trabalhando dentro desse processo também haveria a vantagem de evitar adiamentos indefinidos da decisão, uma vez que deveria obedecer a datas limites regulamentares;

(d) certamente as empresas brasileiras afetadas na revisão, bem como outras que poderiam sofrer com essa prática, os importadores do produto brasileiro, o Ministério das Relações Exteriores (MRE), o Ministério do Desenvolvimento, Indústria e Comércio Exterior (MDIC), a Embaixada em Washington e os importadores de produtos brasileiros eram os principais aliados. Na oposição, os peticionários, os respectivos representantes de seus Estados no Congresso e os técnicos do DOC que haviam preparado o memorando que estabelecia a nova metodologia;

(e) foi feito inicialmente um trabalho de informação e coordenação com os aliados. Posteriormente, seguiu-se um trabalho de convencimento junto à oposição, começando pelo nível técnico, com o apoio de contatos freqüentes em nível político mais alto, em cada oportunidade, junto ao DOC e ao USTR principalmente. A fundamentação técnica, em combinação com essas gestões políticas, que chegou a incluir menção do tema pelo Presidente brasileiro a seu colega norte-americano, culminou com a concordância do DOC em enviar missão ao Brasil, no contexto da revisão do direito *antidumping* em andamento, para auditar as empresas brasileiras envolvidas e verificar como funcionava o sistema brasileiro de impostos indiretos nos níveis federal e estadual. Acompanharam essa missão do DOC ao Brasil um representante da Embaixada em Washington e dois técnicos do DECOM. O memorando interno gerado por essa missão levou, finalmente, após dois anos de trabalho, à correção da metodologia do DOC;

(f) caso essa solução administrativa não tivesse obtido sucesso, tinha-se como alternativa mais provável recorrer ao sistema de solução de controvérsias da OMC, já que no Judiciário norte-americano uma contestação não tem prazo máximo e, portanto, pode levar muito tempo (a lei norte-americana não define prazos para esses processos e cabe, portanto, ao juiz determinar as datas de audiências, de apresentação de comentários e de julgamento, o que normalmente ocorre de acordo com a agenda do juiz encarregado).

CONCLUSÕES

Das seções anteriores, conclui-se que as decisões de política comercial nos EUA resultam de concessões negociadas entre vários agentes políticos, que representam interesses diversos, sintonizados com suas bases políticas, e freqüentemente conflitantes. Daí a tentativa de chegar a um entendimento final ou a uma conclusão ser difícil e frustrante para participantes e observadores.

Em resumo, esse processo decisório apresenta cinco características importantes: (i) os tipos de decisões são diferentes e variam tanto em natureza quanto em importância; (ii) o alto nível de descentralização do aparato governamental na elaboração da política comercial introduz implicações especiais para a natureza daquela política; (iii) o poder presidencial é limitado pelo Congresso; (iv) a descentralização das formulações de política comercial força decisões por consenso dentro de um processo de negociações interministeriais; e (v) em função de diferentes prioridades e perspectivas das várias unidades participantes do processo de deliberação intragovernamental, o processo decisório é essencialmente político.

Verificou-se também que esse arcabouço sistêmico, constituído de muitos órgãos com autoridade para atuar em questões de comércio exterior, influencia a forma pela qual interesses brasileiros buscam solucionar disputas comerciais com os EUA. No âmbito do Poder Executivo, a influência de cada órgão será maior ou menor de acordo com o tema em discussão e suas respectivas áreas de competência. Embora outros órgãos de menor evidência possam vir a participar do processo deliberativo em função da especificidade do assunto, os mais envolvidos em formulações de política comercial são:

- *Casa Branca (primeiro escalão)*:
  1. Gabinete do Representante Comercial dos EUA (USTR)
  2. Grupo de Coordenação no Nível de Gabinete
  3. Conselho de Segurança Nacional (NSC)
  4. Conselho de Assessores Econômicos (CEA)
  5. Escritório de Administração e Orçamento (OMB)

- *Executivo (segundo escalão)*:
  1. Departamento de Estado (DOS)
  2. Departamento do Tesouro (Treasury)
  3. Departamento de Comércio (DOC)
  4. Departamento de Agricultura (USDA)
  5. Departamento do Trabalho (DOL)
  6. Governos estaduais e locais

- *Executivo (terceiro escalão)*:
  1. Grupos de Coordenação Interministeriais

- *Legislativo*:
  1. Comitê de Finanças do Senado
  2. Comitê de Meios e Maneiras da Câmara

Além disso, percebeu-se que o sucesso da parte brasileira depende de certas condições: (i) o produtor brasileiro deve estar decidido a encarar o mercado exportador com seriedade, como destino de longo prazo para seus produtos; (ii) deve-se reconhecer que não há disponibilidade de recursos governamentais para a contratação de especialistas (advogados, consultores, lobistas, RPs) para fins de assessoramento especializado ao setor privado em questões comerciais; (iii) a disponibilidade de recursos não garante assessoria adequada; é preciso saber selecionar; (iv) não há fórmulas gerais para a resolução de contenciosos; cada caso deve ser analisado separadamente, segundo suas características próprias; (v) é importante ter em mente que, embora o Brasil tenha crescido em importância para o governo norte-americano, seu poder de barganha ainda não pode ser equiparado ao da União Européia ou do Japão; (vi) contestações legítimas na OMC e em outros foros devem ser perseguidas sempre que houver suficiente fundamentação técnica e demonstração clara de violação dos dispositivos multilaterais aplicáveis; e (vii) soluções pela via administrativa terão normalmente maior probabilidade de sucesso, em menor tempo, do que pela via legislativa.

Examinando os casos de sucesso, que observaram e sofreram influência desses parâmetros em alguma medida, os componentes presentes na maioria das estratégias brasileiras seguidas foram: (a) localização do problema dentro da estrutura burocrática do governo norte-americano, (b) identificação das instituições envolvidas e interlocutores chaves, (c) mapeamento dos caminhos formais apropriados, (d) identificação e avaliação de aliados e opositores, (e) gestões e (f) ações alternativas.

Uma vez que as estratégias de ação são de certa forma moldadas e direcionadas para serem bem-sucedidas dentro de um sistema de política comercial, parece razoável presumir que, dadas as diferentes estruturas políticas de cada nação ou bloco, nem todos os sistemas serão iguais. Assim, uma estratégia a ser seguida nos EUA não se aplica necessariamente a outros países ou outros sistemas. Essa constatação, por outro lado, torna clara a alta relevância que se deve atribuir ao conhecimento da política comercial específica do mercado onde o contencioso se desenvolve. Em última análise, é esse conhecimento que possibilitará a preparação de uma estratégia viável para resolver a disputa e, por conseguinte, seu sucesso.

BIBLIOGRAFIA

COHEN, Stephen D. *The making of United States international economic policy: principles, problems and proposals for reform*. 4. ed. Connecticut: Praeger Publishers, 1994.

COHEN, Stephen D.; PAUL, Joel R.; BLECKER, Robert A. *Fundamentals of U.S. foreign trade policy: economics, politics, laws and issues*. Colorado: Westview Press, 1996 e 2003.

DESTLER, I. M. *American trade politics. Institute for International Economics* – Washington – DC, 2005.

EMBAIXADA DO BRASIL EM WASHINGTON. *Estudo sobre barreiras ao acesso de produtos e serviços brasileiros no mercado norte-americano*. Diversos anos.

KRUEGER, Anne O. *Economic policies at cross-purposes: the United States and developing countries*. Washington: The Brookings Institute, 1993.

LIMA-CAMPOS, Aluisio. *A política comercial dos EUA: suas características, implicações e influência em questões de defesa comercial.* Apostila do Curso de Atualização em Disciplinas Econômicas e de Comércio Exterior. Brasília, DF: Instituto Rio Branco, fev.2006.

WTO. *Trade policy review: United States.* March, 2006. Disponível em: http://www.wto.org/english/tratop_e/tpr_e/tp261_e.htm.

COMÉRCIO INTERNACIONAL E DESENVOLVIMENTO

WELBER BARRAL*

1. Introdução

Quais são os efeitos do comércio internacional para o desenvolvimento nacional? Este questionamento já foi realizado centenas de vezes, e provavelmente milhares de obras se dedicaram a enaltecer ou a fustigar o comércio como causa de sucesso ou de dano ao desenvolvimento.

Tradicionalmente, há três posturas intelectuais em resposta à relação entre comércio e desenvolvimento. Num extremo estão os *free-traders*, os herdeiros intelectuais de David Ricardo, que sempre enxergam uma correlação positiva, mesmo que em determinados momentos irrelevante, nessa relação. Esta lógica é compartilhada normalmente por aqueles que estão do centro à direita do espectro político e que vislumbram no comércio internacional a manifestação, em âmbito global, das benesses do dinamismo e da eficiência do mercado.

No extremo oposto, estão os pessimistas do comércio, para quem as relações econômicas internacionais como um todo refletem as regras de dominação prevalecentes no mundo. Em conseqüência, a expansão do comércio apenas reforça essa dominação e serve para exaurir ainda mais os parcos recursos dos países em desenvolvimento. Esta postura identifica-se com o discurso nacionalista, comumente encontrado na visão política da esquerda. Ironicamente, entretanto, a extrema direita também se serve de discurso similar para justificar o fechamento à influência estrangeira.

Este estudo prefere, aristotelicamente, a terceira postura: o comércio internacional nem é a causa exclusiva das mazelas dos países pobres, nem serve como mecanismo único de desenvolvimento. Sim, existem experiências nacionais que obtiveram sucesso na abertura radical ao comércio exterior como estratégia principal de desenvolvimento. O exemplo de Cingapura sempre é citado nos discursos que defendem estes casos. Mas

* Professor de Direito Internacional Econômico (UFSC).

tais experiências são derivadas de fatores como localização geográfica, estrutura político-institucional e o momento histórico, que dificilmente se repetirão para todos os países pobres. Sim, em alguns casos a dependência do comércio internacional foi fator de empobrecimento nacional e de conservação de estruturas sociais arcaicas. Mas, de novo, essas situações ocorreram quando da inexistência de um projeto nacional, e não derivaram do inevitável caráter pernicioso do comércio, como parece ter acreditado a teoria da dependência.[1]

Conforme se argumentará nos parágrafos seguintes, o comércio internacional pode ser um instrumento estratégico para o desenvolvimento. O sucesso de sua utilização, entretanto, dependerá de fatores institucionais e sociais que não são inerentes nem derivados das práticas comerciais.

Para alcançar esta conclusão, o estudo apresenta previamente algumas questões conceituais sobre as variáveis envolvidas na construção de um modelo analítico e na elaboração do conceito de desenvolvimento. Pressupõe-se aqui que uma das dificuldades em criar uma teoria geral deriva justamente da incompreensão quanto ao número de variáveis e à utilização ambígua do conceito de desenvolvimento. A parte seguinte se dedicará a contrastar o comércio com cada uma dessas variáveis, buscando demonstrar que, mesmo na literatura mais recente, há enormes disparidades na determinação dos efeitos dessa relação. A seguir, relata-se como a regulamentação multilateral do comércio adotou, tanto ao longo de sua história quando na atual rodada de negociações, pressupostos simplistas quanto aos efeitos da liberalização comercial para o desenvolvimento.

2. Que desenvolvimento?

A construção de uma teoria geral sobre a relação entre comércio e desenvolvimento esbarra em duas questões conceituais. A primeira delas é o grande número de variáveis a serem consideradas na construção de um modelo analítico. A segunda refere-se justamente ao conceito de desenvolvimento que se leva em consideração.

---

1 Prebisch, 1959. Sobre a evolução intelectual da teoria da dependência, veja-se Wilber (1983). "Dependency theorists assert that (...) because developing countries must rely on the developed world for infusion of capital and technology and are subsequently drained of the benefits of accumulation by the dominant center, dependent relations create in underdeveloped countries a self-perpetuating situation of blocked capitalist development" (idem, p. 3).

Dessa forma, há que se observar inicialmente que os modelos propostos muitas vezes ignoram determinadas variáveis, em razão de preferências ideológicas ou políticas. Um modelo analítico que se proponha a analisar esta relação não pode esquecer que variáveis obrigatórias serão, pelo menos: a) o momento histórico do país analisado e do cenário internacional, que afetam diretamente a relevância que os fluxos comerciais podem obter em relação à economia nacional; b) a localização geográfica, pois embora a evolução dos transportes o tenha minimizado, este fator ainda é relevante quando se considera a proximidade dos mercados consumidores; c) a dimensão do país em questão, e sua capacidade de produção autônoma de recursos necessários ao desenvolvimento econômico; d) a dimensão e o equilíbrio do mercado consumidor, que implicará possibilidades de ganhos de escala; e) a infra-estrutura e sua adaptabilidade ao comércio internacional; f) a estrutura institucional e seus custos para o funcionamento da ordem econômica como um todo e para a competitividade do país; g) os interesses políticos relacionados ao comércio, seja em termos de extensão do poder nacional, seja em termos de temor da dependência de uma potência maior.

Ressalte-se, ainda, que estas variáveis interagem dinamicamente com os resultados do desenvolvimento de um país. Em outras palavras, a relevância de um desses fatores – geografia, por exemplo – pode ter sido crucial no momento da revolução comercial ou da revolução industrial, mas perde relevância relativa no momento de expansão de uma sociedade de consumo em massa, para a dimensão do mercado consumidor. No mesmo sentido, a estrutura institucional ganha relevância, numa sociedade pós-industrial, em detrimento da relevância da infra-estrutura. Tal caráter dinâmico do comportamento dessas variáveis torna, portanto, ainda mais complexa a construção de um modelo analítico e adverte contra a pretensa elaboração de modelos inflexíveis, por mais que a transformação em linguagem matemática os torne sedutores.

Como conseqüência, pode-se compreender por que um quadro genérico para avaliar a relação entre comércio e desenvolvimento pode ser apenas esboçado. Ainda que a construção de um modelo econométrico seja possível, sua validade como instrumento analítico, entretanto, dependerá do valor dessas variáveis para um país específico.

A segunda questão conceitual indicada se refere ao conceito de desenvolvimento de que se está falando. Sem muita surpresa, descobre-se que a maior parte da literatura que advoga as vantagens do livre comércio adota a restrição conceitual de desenvolvimento ao crescimento econômico.

Recorde-se que a sinonímia com o crescimento econômico acompanhou historicamente o conceito de desenvolvimento, e esta sinonímia fora reforçada após o Consenso de Washington. Nos últimos anos é que aspectos sociais e humanos vêm sendo inseridos no conceito.

A partir desta observação, pressupõe-se que outros elementos igualmente relevantes, além do crescimento econômico, podem ser relacionados aqui como sofrendo o impacto do comércio: desenvolvimento econômico, redução da pobreza e da discriminação, evolução institucional, desenvolvimento social e desenvolvimento sustentável. Sob esta ótica, a relação entre comércio e desenvolvimento se torna muito mais complexa. Se tal caráter é positivo, negativo, nulo ou incerto, dependerá igualmente de avaliação carregada de subjetivismo e ideologia. Apesar desta ressalva, o quadro seguinte tenta identificar como essas relações são compreendidas pela literatura contemporânea:

QUE DESENVOLVIMENTO?

Desenvolvimento como	Valor Corrente:
a) Crescimento econômico	↑
b) Desenvolvimento econômico	↑ e ?
c) Redução da pobreza	↑, ? e ↓
d) Evolução institucional	↑ e ↔
e) Desenvolvimento social	? e ↔
f) Desenvolvimento sustentável	↓

Neste quadro, entende-se que: (↑) denota uma correlação positiva; que (↓) denota uma correlação negativa; que (?) representa as dúvidas existentes sobre esta correlação; e que (↔) resulta de não correlação entre o comércio e este fator.

O quadro é evidentemente esquemático, e sua pretensão é de apenas demonstrar a complexidade das relações entre comércio e desenvolvimento. As setas inseridas indicam a compreensão da literatura mais aceita no *mainstream* acadêmico e científico. Obviamente, há brados vigorosos e ressalvas legítimas contra algumas das caracterizações acima.

3. Os efeitos do comércio internacional

Com as ressalvas conceituais realizadas nos parágrafos anteriores, pode-se afirmar inicialmente que a literatura contemporânea identifica uma correlação positiva entre comércio internacional e desenvolvimento econômico. Os argumentos são normalmente identificados com as eficiências dinâmicas que o comércio internacional traz para a economia nacional. Assim, o comércio permite: maiores ganhos de escala em razão do alargamento do mercado consumidor; uma alocação mais eficiente dos recursos, em razão das opções e oportunidades de investimento; maior produtividade em razão da especialização; e maior progresso tecnológico, em razão da difusão do conhecimento e das técnicas de administração.

As premissas aqui são de que: o comércio é benéfico para o crescimento, o comércio – quando não submetido a intervenções estatais – cresce mais rapidamente, e o comércio governado pelo mercado é mais eficiente do que aquele regido por decisões políticas.[2]

Se esta visão idílica do comércio internacional conquistou corações e mentes da comunidade internacional a partir do Consenso de Washington, sua aceitabilidade é reduzida quando da comparação com o desenvolvimento econômico. A relação aqui se torna mais complexa porque desenvolvimento econômico abrange também outros fatores sociais na determinação de seu sucesso. Nesta visão, que reforça os dados macroeconômicos, o comércio internacional pode sim promover genericamente o crescimento econômico, pode impelir a produtividade nacional, pode alargar as oportunidades econômicas no âmbito interno e externo.

Da mesma forma, a liberalização comercial provou ser um instrumento efetivo para o controle da inflação. Para países que, com o Brasil do Plano Real, tiveram que adotar técnicas heterodoxas para controle do processo inflacionário, "a persistência da valorização cambial e a abertura comercial rápida têm efeitos positivos em termos de controle da inflação, pelo menos no curto prazo".[3] No longo prazo e para países com maior estabilidade macroeconômica, há menos consenso quanto a esses efeitos, e Temple denominou a relação entre inflação e abertura de um dos "quebra-cabeças" modernos da economia internacional.[4]

Malgrado o reconhecimento de determinados efeitos positivos do comércio internacional, uma parte da literatura identifica criticamente outros

---

2 Sanderson, 1992, p. 35.

3 Belluzzo e Nogueira Jr., 1994.

4 Temple, 2002. Segundo Terra (1998), v.g., a relação entre inflação e abertura internacional é confinada a países altamente endividados e mesmo assim somente pode ser claramente percebida no período de crise da dívida nos anos 1980.

efeitos menos desejáveis. Nesse sentido é importante a revisão de determinadas correlações pela teoria da dependência, que mantém impressionante atualidade. Dessa forma, o comércio internacional externa sem entrementes os vencedores e os perdedores no processo econômico, podendo ser o elemento de reforço da desigualdade. Ao mesmo tempo, o comércio serve para expor a economia nacional a um risco externo maior, na medida em que a dependência das exportações expõe o país às vicissitudes dos mercados estrangeiros. Fazendo a correlação com as variáveis designadas acima, a dependência do comércio internacional pode ter implicações relevantes para o poder nacional, tanto no plano das relações internacionais quanto no plano interno, no que se refere à plausibilidade das estratégias nacionais de desenvolvimento.

Um terceiro elemento componente do conceito de desenvolvimento suscita também reações contraditórias quanto ao caráter positivo da liberalização comercial. A alusão aqui é à capacidade do comércio de contribuir para a redução da pobreza, sobretudo em países nos quais o nível de miséria é alarmante e atinge parcela desproporcional da população.

Para os que vêem com otimismo os efeitos do comércio internacional, este pode ter efeito positivo na redução da pobreza, na medida em que permite acesso a mais bens e expande as possibilidades de consumo de todas as classes sociais. Por esta lógica, a liberalização do comércio internacional permite a redução relativa de bens de primeira necessidade, aumentando, portanto, o valor real dos salários pagos pelo mercado de trabalho local. Uma outra conseqüência positiva seriam melhores oportunidades de trabalho, derivadas da diversificação e da dinâmica econômica impulsionada pelo maior nível de comércio, o que ocorrerá, presume-se, se o mercado de trabalho local não for vítima de limitações jurídicas excessivas, nem de impedimentos étnicos ou sociais intransponíveis.[5]

---

[5] Dessa forma, v.g., Dollar & Kraay (2004), por meio de regressão comparativa entre países que recentemente abriram sua economia, demonstram que mudanças no volume de comércio têm um efeito positivo nas taxas de crescimento, sem implicar relação sistemática com desigualdade de renda. Segundo os autores, "the increase in growth rates that accompanies expanded trade therefore on average translates into proportionate increases in income of the poor. Thus, absolute poverty in the globalising developing economies has fallen sharply in the past 20 years. The evidence from individual cases and from cross-country analysis supports the view that open trade regimes lead to faster growth and poverty reduction in poor countries" (idem, p. 47). Num tom mais cauteloso, contudo, Winters et al. (2004) concluem que "there is no simple generalizable conclusion about the relationship

Mas mesmo estas conseqüências positivas devem ser condicionadas à regularidade econômica do país em análise. Com efeito, pobres em países de menor desenvolvimento relativo podem sofrer efeitos adversos da liberalização, como resultado da inflação de demanda sobre produtos nos quais o país obtém vantagens comparativas por meio de conquistas de novos mercados. Assim, demonstrou-se que a redução das restrições à exportação poderia causar o aumento dos preços internos de produtos agrícolas, em determinados países, de até 15%, auxiliando pequenos fazendeiros, mas afetando os consumidores locais destes produtos.[6]

Outra alternativa na literatura encontra-se na afirmação de que o comércio pode ser benéfico para os pobres, mas com algumas condicionantes, sobretudo no que se refere à estrutura do mercado de trabalho. Assim, se os salários locais forem estipulados ao nível da subsistência, a mudança na base produtiva em razão das novas demandas da liberalização comercial não trará efeito perceptível no nível de pobreza. Se, contudo, o setor exportador pagar maiores salários médios, o aumento de sua atividade influenciará na redução da pobreza.[7]

Esta visão contrasta, evidentemente, com a daqueles que imputam à liberalização comercial efeitos nocivos, sobretudo para as classes mais pobres. Isso ocorreria porque os pobres estão mais expostos aos choques externos derivados da liberalização comercial: são os pobres que sofrem maior desemprego quando de mudanças na base produtiva; são os pobres os primeiros a perder o emprego em razão da inovação tecnológica, e os que menos se beneficiam da liberalização para artigos de alta sofisticação.

A conclusão deste último debate está no exame individualizado de determinadas políticas comerciais, para uma conjuntura social específica. Conforme se verá em seção posterior dedicada à estrutura social, sociedades dualistas sofrem também impactos diferenciados da liberalização comercial, o que requer políticas intervencionistas e assistenciais para compensar

between trade liberalization and poverty, and the picture is much less negative than is often suggested. In the long run and on average, trade liberalization is likely to be strongly poverty alleviating, and there is no convincing evidence that it will generally increase overall poverty or vulnerability. But there is evidence that the poor may be less well placed in the short run to protect themselves against adverse effects and take advantage of favorable opportunities".

6 Cf. Krueger et al., 1988.

7 Winters, 2002, p. 29.

efeitos imediatos da liberalização. Dessa forma, deve-se aceitar o fato de que, na maioria dos países pobres, haverá necessidade de políticas compensatórias gerais e controle de mercado para determinados bens básicos, pela sua relevância para a própria sobrevivência de uma parcela da população.[8] Desmentir a necessidade dessas políticas é transformar o comércio em fim em si mesmo e sucumbir ao fetiche do mercado que tantas catástrofes sociais já causou na história humana recente.

Isto não implica, por outro lado, em concordar com os argumentos simplistas que invocam correlação direta entre liberalização comercial e deterioração das condições de trabalho, pelo menos nos países em desenvolvimento. De um lado, porque já ficou demonstrado que os setores exportadores são geralmente os mais dinâmicos da economia, e as condições de trabalho nele são menos trágicas do que as práticas generalizadas no país em questão.[9] Por outro lado, o debate exagera os efeitos econômicos do comércio no mercado de trabalho; outros fatores relacionados à globalização (imigração, fluxo de capital, transferência de tecnologia) têm impactos maiores, sobretudo a volatilidade de capital, que cria maiores riscos para os trabalhadores.[10]

Um debate correlato se refere ao papel do comércio na redução da discriminação preponderante em alguns países em desenvolvimento, sobretudo no que se refere à discriminação racial e de gênero. Sobre a primeira correlação, não há estudos peremptórios, e uma visão mais otimista prevalece no sentido de que, se algum efeito do comércio existe, é no sentido de reduzir a discriminação racial em razão do cosmopolitismo associado com o os fluxos internacionais e com as políticas afirmativas das empresas transnacionais, muitas vezes pressionadas por suas respectivas legislações e opinião pública nacionais. Estes efeitos contemporâneos, se é que existem, contrastariam historicamente com o papel dos fluxos internacionais após a revolução comercial do século XVI, que deve ao indigno comércio de escravos muito de sua pujança.

Há, por outro lado, uma literatura crescente a propósito da relação entre comércio e discriminação de gênero. Mas também aqui há relativa distância de um consenso mínimo quanto a esses efeitos, havendo quem

---

[8] Rodrik, 1997.

[9] Sobre o debate sobre a inclusão de cláusulas sociais no sistema multilateral do comércio e o risco de impactos negativos dessa proposta, veja-se Di Sena (2003).

[10] Freeman, 2004.

afirme que a maior competição derivada do comércio internacional reduz o incentivo para que os empregadores discriminem mulheres, sendo esta discriminação eliminada no longo prazo.[11] Num estudo específico sobre a indústria têxtil de Madagascar, demonstrou-se que a liberalização comercial permitia a uma larga massa de indivíduos escapar à pobreza por meio da criação de empregos e do aumento de salários. Entretanto, quanto à análise de gênero, descobriu-se que as trabalhadoras se beneficiavam menos da liberalização por força das diferentes habilidades, da posição na empresa e da discriminação. Mais ainda, os cargos que demandavam mão-de-obra menos qualificada não implicavam aumento significativo nos salários correntes.[12]

Um estudo bastante completo sobre a relação entre comércio e gênero também trouxe resultados ambíguos ao concluir que os impactos da liberalização comercial variam de acordo com as relações de gênero e de classe em cada sociedade. Genericamente, pode-se afirmar apenas que: a) um aumento das exportações em relação ao PIB é associado a um aumento do percentual de mulheres empregadas; b) o aumento generalizado no número de mulheres empregadas desvia as realocações setoriais, que significa que em algumas indústrias, sobretudo as que exigem baixa qualificação, o impacto é nu'o ou reduzido; c) esta tendência se modifica se os países em desenvolvimento evoluem na escala tecnológica; d) entretanto, geralmente não há redução proporcional do trabalho doméstico das mulheres; e) embora as mulheres empregadas ganhem mais poder no âmbito familiar, ainda têm menos poder de negociação com as empresas do que os homens.[13]

Um outro questionamento relevante se refere à capacidade do comércio de contribuir para a evolução institucional dos países em desenvolvimento. Considerando o reconhecimento das instituições como fator fundamental na promoção do desenvolvimento, a pergunta é se o efeito do comércio internacional pode ser positivo no sentido de reforçar essas instituições, no plano nacional. Há outra correlação possível, que será objeto de seção posterior, e que se refere à intensificação de organismos multilaterais como requisito para uma governança global. Por ora, o questionamento se refere aos eventuais benefícios no plano das instituições nacionais derivados da abertura comercial.

De novo, os fautores do comércio internacional identificam aqui uma conexão positiva, afirmando que acordos comerciais podem ser utilizados

---

11 Berik et al., 2003, p. 17.

12 Nicita e Razzaz, 2003, p. 21.

13 Catagay, 2005, p. 23.

como meios para promover a reforma regulatória interna. Em tempos recentes, o exemplo que vem à mente é o uso feito pelo governo mexicano das negociações do Acordo de Livre Comércio da América do Norte (NAFTA) para implementar mudanças substantivas em sua legislação nacional, que desde a revolução abrangia elementos extremamente nacionalistas, cujos efeitos econômicos eram reputados negativos.[14]

Ao mesmo tempo, outro argumento recorda que regras do comércio internacional, uma vez internalizadas na ordem jurídica, trazem maior previsibilidade, e a partir daí maior estabilidade às instituições. Menciona-se ainda o fato de que tarifas mais baixas, mecanismo usual de liberalização comercial, acabam também por promover externalidades positivas, a exemplo da redução na evasão fiscal, na corrupção e na busca de proteção por *lobbies* internos.[15] Um outro argumento recorda que a experiência em instituições multilaterais e regionais relacionadas com a liberalização comercial promove a familiaridade com regras genéricas favoráveis ao reforço institucional, a exemplo da transparência e da não-discriminação. A isto se poderia acrescentar que, no caso de alguns acordos regionais de comércio, reconhece-se expressamente a existência de uma "cláusula democrática" segundo a qual um país que se distancie das práticas democráticas pode não ser aceito como membro ou pode ser excluído do acordo.[16]

Se algumas dessas vantagens institucionais são inegáveis, há entretanto dúvidas quanto à relação causal entre a evolução institucional e a liberalização comercial. Com efeito, é fácil reconhecer que a evolução institucional de Espanha, Grécia e Portugal foi amplamente reforçada pela sua participação na Comunidade Européia. Mas aquela comunidade não era apenas limitada à livre circulação de bens, e objetivos políticos mais ambiciosos estavam presentes desde os primeiros dias de sua idealização. Da mesma forma, o Mercosul foi fator relevante para a consolidação democrática de seus membros, ocorrendo inclusive situação em que uma

---

[14] Cameron e Tomlin, 2002.

[15] Ebrill et al., 2002, p. 25.

[16] Dois exemplos de manifestação expressa sobre a vinculação entre instituições democráticas e integração comercial (a "cláusula democrática") podem ser encontrados: a) na União Européia (art. 177 do Tratado da União Européia); e b) no Mercosul (Protocolo de Ushuaia, 1998). A cláusula democrática foi invocada pelo Mercosul para reagir a uma crise institucional no Paraguai, em 1996 (Foro Democratico, 1996).

ação conjunta foi necessária para garantir a preservação da democracia no Paraguai. Novamente, entretanto, pode-se duvidar de quanto da evolução institucional nesses países foi resultado da integração econômica das últimas décadas, ou se esta derivou muito mais da conjunção de outros fatores políticos internos e internacionais.

Além do que se deve recordar que a evolução institucional incentivada pela liberalização comercial pode ocorrer como uma vantagem de longo prazo, o que não é grande consolo para países onde os problemas institucionais são urgentes. Mais ainda, algumas reformas regulatórias na legislação doméstica exigidas por acordos multilaterais não levam em conta – e não têm como levar, considerando-se o número de países envolvidos – determinadas particularidades nacionais, para as quais estas reformas podem inclusive ter efeitos deletérios. O exemplo que vem à mente são as exigências decorrentes do acordo sobre propriedade intelectual (TRIPS) da OMC, que impõe obrigações administrativas a países já exauridos por custos fiscais proibitivos para sua reforma institucional. Afinal, o custo das reformas regulatórias pode representar um peso relevante para países pobres, tanto em termos de custos de implementação quanto de custos de oportunidade relativos ao redirecionamento de investimentos que poderiam ser aplicados na minimização de problemas sociais. Por fim, há que se observar que alguns compromissos de reforma institucional assumidos em razão da liberalização comercial eliminam as possibilidades de políticas industriais tradicionais. As políticas de desenvolvimento econômico, ilegais perante a nova ordem multilateral, são aquelas com alto grau de sofisticação jurídica e complexidade administrativa, recursos escassos em muitos países.

Dessa forma, no que se refere à evolução institucional, o caráter positivo do comércio internacional é algo que suscita mais dúvidas do que alguns pretendem admitir. Em tese, existem efeitos positivos a médio e longo prazo, materializados sobretudo em maior estabilidade política e econômica e no aprendizado institucional, tese que ganha ares de realidade em países de médio desenvolvimento, a exemplo de Brasil e Índia, que vêm aprendendo com a experiência adquirida em foros multilaterais e internalizando essas experiências no maior grau de sofisticação de algumas instituições nacionais relacionadas com políticas comerciais. Muito diferente é a situação de países mais pobres, para os quais os compromissos assumidos podem redundar em custos inauditos, comprometendo ainda mais sua capacidade de desenvolver equanimemente as instituições nacionais.

A compreensão do conceito de desenvolvimento envolve, necessariamente, o desenvolvimento social, compreendido como a expansão da liberdade com solidariedade e da garantia de estabilidade numa determinada sociedade. Quanto ao impacto do comércio, entretanto, a visão prevalecente parece ser no sentido de que a liberalização comercial não tem efeitos relevantes para o desenvolvimento social quando comparada com outros fatores políticos e históricos. Nesta visão, os efeitos do comércio são compreendidos como abrangidos por movimento histórico mais abrangente, e não podem ser isolados a ponto de se lhes conceder relevância específica para as mudanças de uma dada sociedade.

Algumas concepções divergem desse caráter de neutralidade do comércio em relação ao desenvolvimento social. Numa visão positiva, existe a clássica correlação entre comércio e paz, ou seja, dos fluxos comerciais como mecanismo de desincentivo à guerra, sobretudo entre nações vizinhas. Esta correlação pode identificada na compreensão política do valor do comércio desde há muito, sendo repetida na menção kantiana aos instrumentos para a construção da paz perpétua. Keynes, por sua vez, repetia que é sobre fronteiras não cruzadas por mercadorias que soldados acabam cruzando. A associação entre paz e liberalização comercial parece ter sido uma das motivações determinantes da própria idealização da unidade econômica européia.

Até que ponto o comércio pode ter, de per si, efeitos determinantes para a manutenção da paz é algo evidentemente dubitável e que sofre o problema das dificuldades em se isolar um fator dentro de um contexto histórico, o que evidentemente dificulta a aceitação de uma assertiva genérica. Afinal, mesmo a redução de tensões centenárias concomitantes à integração comercial (Alemanha e França, Argentina e Brasil) foi subseqüente a um conflito não repetível e a um processo de democratização, fatores aos quais se podem conceder igual ou maior relevância na promoção da paz regional.

Além disso, deve-se recordar que o comércio engendra novos conflitos e novas tensões, derivadas do embate entre fluxo crescente de bens e reações protecionistas. Não se espera hoje que estes conflitos possam redundar em embates armados, e a expressão "guerra comercial" reflete obviamente mais as seguidas batalhas acerca de mecanismos protecionistas do que a condução à utilização de recursos bélicos. Entretanto, a limitação aos mísseis de papel e aos encouraçados tarifários não deriva de caráter inerente ao comércio e sim da compreensão contemporânea das limitações à guerra, como demonstram as experiências colonialistas e as buscas de domínio armado dos mercados consumidores, na segunda metade do século XIX.

Em uma obra bastante completa sobre as relações entre comércio e paz, Barbieri apresenta uma análise mais cética. Para aquela autora, há impactos diferenciados do comércio em diferentes níveis de análise. Assim, há alguma evidência de que Estados altamente dependentes do comércio tendem menos ao conflito do que outros. Contudo, Estados economicamente mais poderosos são mais conflituosos, o que sugere que "pode haver contradições no papel das políticas comerciais no que se refere à sua contribuição para a riqueza e para a paz".[17]

Além da correlação entre comércio e paz, existem também questionamentos legítimos do que se refere aos impactos da liberalização comercial para os valores nacionais, um elemento necessário do conceito de desenvolvimento social. Muitos dos argumentos neste ponto são construídos pelos movimentos antiglobalização, para quem a liberalização comercial é vista como um mecanismo de majoração de vários efeitos negativos da globalização.

Dessa forma, imputam-se ao comércio efeitos visíveis nas culturas tradicionais, desde o menosprezo pelo desaparecimento de idiomas autóctones até o desdém pelas relações familiares. Esse choque acaba provocando, segundo tal discurso, a eliminação dos mecanismos tradicionais de administração do risco e da riqueza coletiva. Em outras palavras, o individualismo associado à liberalização comercial e à globalização serviria para destruir mecanismos de solidariedade, identificados com a família alargada de sociedades tradicionais.

Uma segunda crítica se refere à capacidade do comércio de agravar conflitos sociais. Esta crítica afirma que a liberalização comercial expõe, com muito mais vigor, os perdedores do processo econômico, sobretudo

[17] Barbieri, 2002, p. 121. O argumento prossegue: "Empirical evidence suggests that different forms of interdependence may have different effects on conflict. For example, contiguity is consistently found to increase the likelihood of conflict, while the commonalties believed to be associated with joint democracy are generally found to inhibit conflict (...). In fact, some of the same theorists who argue that the high levels of contact associated with contiguity give rise to conflict suggest that the ties promoted through democracy will give rise to peace. Yet, we need to determine why greater ties in one are may be more conducive for peace, while in other areas, interdependence will increase conflict. Again, we are left with the conclusion that it is not interdependence itself, but some element of that relationship, that gives rise to variations in its impact on conflict" (Barbieri, 2002, p. 136).

à medida que a riqueza conspícua promove o consumo desenfreado, em sociedades onde as diferenças sociais são mais gritantes.[18]

Uma outra relação entre comércio e desenvolvimento social se refere aos impactos daquele para o poder nacional. Conforme já se observou em outro momento deste texto, a expansão comercial pode redundar na dependência de mercados estrangeiros, o que é particularmente problemático se estes mercados se encontram num único país com enorme mercado consumidor e influência política global. O exemplo óbvio é a situação de vários países latino-americanos em relação aos Estados Unidos. Além dos riscos econômicos derivados desta dependência, pode-se afirmar também que há impacto relevante para o desenvolvimento social, tanto no sentido dos efeitos para o orgulho e a identidade nacionais, quanto para a capacidade de decisões políticas autônomas em relação à potência com a qual existem vínculos de dependência comercial.

O tema dos efeitos políticos do comércio, aliás, parece ter sido esquecido na literatura especializada dos últimos anos, talvez como conseqüência da suposta neutralidade dos mercados liberalizados, uma premissa cara ao neoliberalismo. Porém, parecem ainda bastante atuais alguns enunciados formulados por Albert Hirschman em 1944:

(a) a estrutura das relações internacionais facilita a busca de poder político pelos Estados mais poderosos;

(b) as assimetrias do comércio causam a dependência de países menores em relação aos maiores;

(c) as assimetrias de poder nacional permitem aos países poderosos influenciar a composição e a rota do comércio do país menor;

(d) a influência do comércio sobre o Estado dependente está relacionada com seu desejo de fazer qualquer coisa para manter o comércio com o parceiro dominante, o que por outro lado está relacionado com sua incapacidade de redirecionar o comércio do parceiro dominante para outros mercados;

[18] Rodrik resume este argumento: "in societies where there are deep social cleavages and the institutions of conflict management are weak, the economic costs of exogenous shocks – such as deteriorations in the terms of trade – are magnified by the distributional conflicts that are triggered" (cf. Rodrik, 1997, p. 13).

(e) países maiores prestam menos atenção ao comércio bilateral com países menores, o que teoricamente poderia favorecer os esforços do país menor em escapar da rede bilateral;

(f) a estratégia do país menor deveria ser de diversificar seu comércio, em vez de enfatizar o fluxo com um único país, especialmente com um país maior;

(g) a estratégia do país maior é de manter o comércio com Estados menores, tanto em razão da renda marginal quanto da influência marginal que pode ser alcançada;

(h) a situação ideal para o país maior é aquela em que a dependência comercial dos Estados menores é enorme, pois as exportações dos países menores são muito grandes para serem vendidas em outro mercado, e as importações do país maior são igualmente necessárias.[19]

Algumas das proposições de Hirschman podem ser evidentemente refutadas pela experiência histórica posterior. Da mesma forma, deve-se reconhecer que algumas dessas proposições foram adotadas, e até mesmo distorcidas, pela teoria da dependência. Os enunciados acima, entretanto, têm validade teórica na medida em que servem para recordar que o comércio não é politicamente neutro. Os laços de dependência comercial implicam redução do poder nacional do país dependente e aumento do poder nacional do parceiro dominante. Esta constatação tem efeitos, no médio e longo prazo, para a autonomia das políticas nacionais de desenvolvimento e para os vínculos que identificam a sociedade e o Estado nacional, um outro componente do desenvolvimento social.

Não é necessário procurar muitos exemplos, também, para conseguir demonstrar a utilização do comércio como mecanismo de influência política sobre Estados dependentes. Um exemplo óbvio é a dependência de determinados Estados africanos em relação a suas ex-metrópoles. Outra situação que vem à mente são as concessões comerciais dos EUA para os países andinos. A Lei de Comércio norte-americana estipula que essas concessões comerciais podem ser retiradas se aqueles países deixarem de apoiar a consolidação da Área de Livre Comércio das Américas ou ainda se não fizerem os esforços necessários para as iniciativas norte-americanas de combate ao terrorismo.[20]

---

[19] Hirschman, 1944.

[20] *Trade Act* de 2002, Sec. 3103.

Em suma, a relação entre comércio e desenvolvimento social é complexa, e enunciados genéricos correm o risco de simplificações exageradas. Se, por um lado, o cosmopolitismo associado aos fluxos comerciais serve à tolerância e à paz, por outro há que se reconhecer que as práticas comerciais são eivadas de interesses políticos, como muitas vezes os defensores alucinados do comércio pretendem acreditar.

Por fim, há que se mencionar a relação entre comércio e desenvolvimento sustentável. Cada vez mais, o conceito de sustentabilidade alcança consenso na comunidade internacional como sendo um elemento indispensável relacionado ao desenvolvimento.

No que se refere aos impactos do comércio, entretanto, os discursos são bastante agourentos. A liberalização comercial é comumente associada à tendência de superexploração dos recursos naturais. Este discurso identifica vários problemas no caráter da liberalização comercial, com conseqüências negativas para o desenvolvimento sustentável: a ênfase na eficiência diminui a relevância das externalidades ambientais, a busca por competitividade esquece as conseqüências nefastas para as gerações futuras, e a disputa por mercados incentiva a utilização desordenada dos recursos naturais comuns (a "tragédia dos bens comuns"). Segundo Daly, esses impactos negativos ocorrem porque os promotores do livre comércio buscam maximizar lucros e produção sem levar em conta os custos sociais e ambientais. Ao separar os custos e benefícios da exploração ambiental, prossegue o argumento, o comércio internacional torna sua comparação mais difícil e a partir daí induz a produção econômica além de sua escala ótima. Neste caso, os custos ambientais ascendem mais rapidamente do que qualquer benefício decorrente do aumento da produção, que entra numa fase antieconômica na qual prolifera o empobrecimento.[21] Nesta mesma linha, o aumento do comércio já foi correlacionado com o desflorestamento excessivo, e a tendência a promover o crescimento econômico com base na industrialização é comumente relacionada com o crescimento de poluição e de dejetos.

---

[21] Daly, 1993. Uma excelente revisão da literatura sobre os diversos impactos do comércio internacional sobre a sustentabilidade ambiental está em Huang e Labis (2001). Desta revisão, entretanto, os autores concluem que: "One certainty is that there is a need for both more theoretical models and more quantitative studies. There is still much to be done before we can fully understand interactions among trade, environment, and the economy. For example, our knowledge of the environmental consequences of expanded resource trade is still quite limited, and the extent to which environmental policies can affect trade is still unclear" (idem, p. 84).

Tais constatações e demonstrações científicas acabaram permitindo reações de diversos grupos sociais e escolas acadêmicas em relação ao comércio. Essas reações abrangem desde grupos radicais que advogam mudanças bruscas nos métodos de produção contemporâneos até escolas que buscam identificar mecanismos de composição de interesses entre o momento do fluxo comercial e a preservação dos valores ambientais. O maior temor é da tendência à entropia, definida como a insustentabilidade do planeta em razão do excesso de exploração dos recursos naturais.

Entre os defensores do comércio, há ainda aqueles que procuram identificar efeitos positivos dos fluxos comerciais, mesmo em relação à degradação ambiental. Segundo eles, os fluxos comerciais permitem também maior consciência com relação aos riscos da degradação ambiental.[22] Ao mesmo tempo, o comércio internacional permite que tecnologias avançadas de controle de danos ambientais possam ser difundidas e transportadas para regiões mais carentes.

Bhagwati chega a afirmar que a proteção ambiental e o comércio podem evoluir igualmente com soluções imaginativas. Ele argumenta, por exemplo, que o crescimento econômico pode permitir aos governos maiores tributos, aumentando os recursos para medidas como redução da poluição e proteção do meio ambiente.[23]

O tom excessivamente otimista deste discurso é bastante audível, e não há demonstração empírica que equacione aumento do fluxo comercial com menores impactos ambientais. A tendência tem sido sempre o inverso, o que justifica a indicação negativa que se colocou no quadro acima para a relação entre comércio e desenvolvimento sustentável.

4. Comércio contra o desenvolvimento?

Uma vez dissecados os vários elementos componentes de um conceito contemporâneo de desenvolvimento e as relações que tais elementos podem manter com o comércio internacional, abstratamente considerado, pode-se ainda dedicar alguns parágrafos à relação entre a promoção do desenvolvimento e a atual regulamentação multilateral do comércio. O

---

[22] "The ongoing process of globalization of economic activities has led to a heightened awareness of and concern about international environmental issues and its nexus to economic progress", na visão de Rajan (2001).

[23] Bhagwati, 1993.

foco da análise aqui é sutilmente distinto: o questionamento se centra na capacidade, ou incapacidade, do sistema multilateral do comércio em promover o desenvolvimento.

Observa-se que, em suas origens contemporâneas, o sistema multilateral do comércio reconhecia as relações existentes entre comércio e paz entre comércio e desenvolvimento. A Carta de Havana, que criaria a Organização Internacional do Comércio é, nesse sentido, um documento de inspiração keynesiana, e as referências a desenvolvimento e pleno emprego se multiplicavam naquele texto.[24]

Como se sabe, a Carta de Havana nunca chegou a entrar em vigor, como decorrência de sua não-ratificação pelo Senado norte-americano. O mecanismo normativo que pôde ser criado então, baseado num Acordo Geral sobre Tarifas e Comércio (GATT), reuniu-se ao Banco Internacional para a Reconstrução e Desenvolvimento (BIRD) e ao Fundo Monetário Internacional (FMI) como o tripé que traria estabilidade econômica ao mundo, evitando os erros do período entre-guerras. Ressalte-se aqui a caracterização de estabilidade como o principal desígnio das instituições de Bretton Woods. Não houve pretensão de modificar a arquitetura internacional, mas de consolidá-la numa ordem estável, imune às crises financeiras e cambiais do período anterior.[25]

O período da descolonização e a influência das teorias dependentistas promoveram reações dos países pobres ao sistema, duas décadas depois de Bretton Woods. Os resultados institucionais foram a criação da Comissão das Nações Unidas para o Comércio e Desenvolvimento (Unctad), o "GATT dos pobres", e as declarações por uma nova ordem econômica internacional, na década seguinte.

---

24 A exemplo do art. 8: "The Members recognize that the productive use of the world's human and material resources is of concern to and will benefit all countries, and that the industrial and general economic development of all countries, particularly of those in which resources are as yet relatively undeveloped, as well as the reconstruction of those countries whose economies have been devastated by war, will improve opportunities for employment, enhance the productivity of labour, increase the demand for goods and services, contribute to economic balance, expand international trade and raise levels of real income". Final Act of the United Nations Conference on Trade and Employment (1948).

25 Conforme menciona Sanderson (1992, p. 144): "The Bretton Woods system was plainly designed for the winners in the international system, without much design for the losers in the allocation of economic values in the system".

Particularmente, o debate sobre a Nova Ordem Econômica Internacional foi bastante profícuo. Esta Nova Ordem era conceituada em dois níveis. Num primeiro nível, era meio para alcançar um determinado fim: modificar os termos de intercâmbio entre o Norte e o Sul, no que se referia a comércio, finanças, tecnologia e industrialização. Em outro nível, era um fim em si mesmo, que modificaria o sistema econômico internacional e o processo decisório das organizações multilaterais, "de forma a garantir uma participação mais eqüitativa no progresso econômico e o desenvolvimento de todos os países do mundo",[26] o que seria realizado aumentando o poder de barganha dos países pobres, a cooperação internacional e removendo barreiras ao desenvolvimento do Terceiro Mundo.[27]

O clamor por uma nova ordem econômica internacional, na década seguinte, não se conjugou, contudo, com modificações substanciais na divisão de riqueza no mundo. Foram pífios os resultados das várias tentativas de promover o desenvolvimento – com ênfase então no desenvolvimento econômico – pelo comércio. Tais tentativas materializaram-se em cláusulas excepcionais,[28] tentativas de integração entre países em desenvolvimento, formação de cartéis de exportadores e estratégias de substituição de importações. Afora relatos particulares, não se pode afirmar que essas estratégias trouxeram impactos relevantes na modificação do ritmo de desenvolvimento nos países pobres.

A estrutura legislativa consolidada meio século depois, ao final da Rodada Uruguai, afastou-se muito do espírito desenvolvimentista da Carta de Havana e do discurso de uma nova ordem econômica internacional. A Organização Mundial do Comércio foi criada no auge do consenso sobre

---

[26] Agarwala, 1983, p. 335.

[27] "In the long run, the NIOE must be viewed as a three-pronged attack (national, regional, and international) on the obstacles to modernization and progress of the Third World. International equality among unequals is meaningless unless steps are taken simultaneously to upgrade national productive powers through a series of skill-improvement measures and to increase the collective bargaining power of the developing countries through subregional, regional and interregional cooperation. For the NIEO to be meaningful, a removal of the international constraints on Third World development must be accompanied by collective and self-reliant efforts by developing countries through enhanced subregional, regional and interregional programs of cooperation" (Agarwala, 1983, p. 337).

[28] Sobre a história das regras excepcionais para os países em desenvolvimento no sistema multilateral do comércio, veja-se Jackson, 1998, p. 319-325.

as vantagens então inquestionáveis do livre mercado e da restrição aos instrumentos regulatórios. Os textos aprovados em Marrakesh refletem o ideário político daquele momento, e as referências a desenvolvimento não ultrapassam a praxe diplomática.

Uma década após a histórica conferência de Marrakesh, alguns problemas já foram claramente identificados no sistema multilateral do comércio, e a inserção das preocupações com desenvolvimento na agenda aprovada em Doha não é uma coincidência histórica. Para além da retórica diplomática, entretanto, persistem dúvidas quanto à capacidade do sistema multilateral do comércio em transcender problemas estruturais que podem ser identificados numa análise tanto econômica quanto política e institucional.

Em termos de desenvolvimento econômico, pode-se afirmar que, genericamente, o balanço de concessões derivado da Rodada Uruguai foi negativo para os países mais pobres.[29] Os poucos casos de sucesso engendrado a partir da liberalização comercial não criam ressalva digna de nota em favor do conjunto de países em desenvolvimento. Ademais, questões históricas de acesso a mercados, sobretudo em setores em que os países em desenvolvimento são mais competitivos, criam o espectro da frustração em relação aos resultados da Rodada Uruguai e enfatizam a resistência a qualquer outra concessão antes que ocorra um reequilíbrio em setores tradicionalmente protegidos, como têxteis e agricultura.

Ao lado disso, os países em desenvolvimento parecem perceber que a estratégia fundada na conquista de mercados importadores não é mais possível, diante do aumento da competição e das formas imaginativas de protecionismo. Com efeito, persistem os picos tarifários, vigoram escaladas tarifárias, proliferam novas barreiras imaginativas, contra as quais a maioria dos países em desenvolvimento detém poucos recursos.

---

[29] "By mercantilist economics, the North-South bargain of agriculture, textiles and clothing for new areas, might have turned out to be a fair bargain, export dollar for export dollar. By real economics it had no chance to turn out fair. What the North gave up was, in real economics, of benefit to the North as well as to the South. This is the familiar GATT politics of using an international commitment to achieve useful but politically unpopular domestic reforms. What the South gave up was a benefit to the North but in many cases a cost to the South. This is the politics of imperialism, of extracting from a less powerful party". Cf. Finger e Noges, 2001, p. 15.

Ao lado da persistência do protecionismo, a frustração de propósitos desenvolvimentistas também se funda na constatação de que problemas estruturais do sistema multilateral do comércio não são minimizados, nem constituem fonte de preocupação, nos foros atuais. Dessa forma, ressurgem estudos a propósito dos efeitos negativos da especialização em produtos primários e suas conseqüências negativas para a renda nacional dos países em desenvolvimento. A teoria da deterioração dos termos de troca, guardada nos fundos das bibliotecas, parece ressurgir em novos debates, engatilhada pela expansão dos indecorosos subsídios de países desenvolvidos. Os efeitos econômicos das curvas inelásticas dos produtos primários também são apontados por aqueles que enfatizam o caráter negativo do sistema multilateral do comércio.[30] A resposta a esses problemas estruturais, compreende-se também, depende da conjunção de fatores políticos, e não serão eles minimizados por cartéis de exportação, cuja ineficiência foi testemunhada repetidamente por países em desenvolvimento nas décadas de 1960-70.

A menção a problemas políticos do sistema multilateral de comércio merece um parágrafo à parte. Em grande parte, tais problemas refletem naturalmente os embates políticos internos nos países mais poderosos, em que grupos organizados exigem nível alto de proteção contra competidores estrangeiros. Este embate político interno se reflete no cenário internacional numa contradição entre a retórica liberalizante e a prática protecionista das maiores potências comerciais.

Na prática, em conseqüência, as negociações no sistema multilateral do comércio tendem a ser muito mais mercantilistas do que ricardianas. Prevalece a mentalidade de soma-zero, em que cada negociador tem que justificar as concessões, para seu público interno, em termos de retribuição para os produtos nacionais. Não é difícil identificar conseqüências negativas advindas clima político para os países mais pobres. De um lado, há a suspeita perene entre negociadores que muitas vezes leva ao impasse, conforme se verificou nas últimas conferências ministeriais da OMC. De outro lado, a

---

[30] A exemplo de Gore (2003) e Cronin (2003). Analisando o impacto da abertura econômica no Brasil, Libânio (2003, p. 15) demonstra que a tendência à especialização pode, apesar de possíveis ganhos estáticos com a melhor alocação de recursos, não trazer as melhores perspectivas no longo prazo. O crescimento econômico poderia ser reprimido em razão do baixo nível de mudança tecnológica na maioria dos setores primários e de manufaturas básicas, além da menor renda, da alta elasticidade de preços e da vulnerabilidade externa derivada das flutuações dos preços de *commodities* nos mercados internacionais.

persistência do protecionismo agrava o sentimento de hipocrisia por parte dos países em desenvolvimento, conduzindo à imediata reação contra qualquer nova concessão ou qualquer proposta de alteração do sistema multilateral que não seja claramente favorável aos interesses imediatos desses últimos países.

Outras questões institucionais devem ser indicadas, somando-se ao caráter problemático, sob a ótica do desenvolvimento do atual sistema multilateral do comércio. O grau de desigualdade política faz que, obviamente, o processo de negociação seja mais vantajoso para países mais poderosos e ativos. Isto se percebe facilmente desde pela incapacidade de alguns países pobres em se fazerem representar nas negociações multilaterais até pela carência de recursos humanos disponíveis para a defesa de seus interesses imediatos.

Ao mesmo tempo, o caráter mercantilista das negociações traz inerente desigualdade de resultados, uma vez que o poder de barganha de países em desenvolvimento é evidentemente menor. Essa desigualdade é parcamente reconhecida pelas regras que substanciam o tratamento especial e diferenciado. A maior parte dessas regras simplesmente induz a melhores esforços, sem estipulação de obrigações específicas para os países desenvolvidos.

Tal estrutura política e institucional cria situações que levam mais facilmente ao impasse do que a um papel pró-ativo para os países em desenvolvimento do sistema multilateral do comércio. De fato, as últimas conferências ministeriais permitiram vislumbrar que, mesmo quando adotam um discurso comum e mais enfático, os países em desenvolvimento conseguem no máximo o veto à agenda dos países desenvolvidos.[31] A situação, entretanto, ainda está distante de uma liderança dos países em desenvolvimento no sistema.

5. Desenvolvimento com comércio

O objetivo deste texto foi indicar o espírito do tempo, no que se refere à complexa relação entre comércio e desenvolvimento. Nas páginas finais, pode-se afirmar que, para um conceito contemporâneo de desenvolvimento,

[31] Uma condicionante relevante a esta frase se refere à recente arquitetação entre países em desenvolvimento nas negociações multilaterais, capitaneados por Brasil e Índia, no grupo denominado de G-20.

que abrange outros elementos além do crescimento econômico, a liberalização comercial é percebida como tendo efeitos ambíguos.

Da afirmação acima se podem extrair outras inferências relevantes. A primeira delas é que não há uma correlação direta e inarredável entre comércio e desenvolvimento, ao contrário do que veementemente se repetiu ao longo dos anos 1980-90. Se, em determinadas situações particulares, a abertura ao comércio nacional pode ser uma estratégia viável de promoção do desenvolvimento em determinados países, este não é um enunciado que possa ser estendido indistintamente a todo o mundo em desenvolvimento. Se isto é verdade no que se refere ao crescimento econômico, mais ainda o será em relação aos diversos outros aspectos do processo de desenvolvimento.

O eixo central, portanto, passa a ser como a liberalização se efetiva. Daí a relevância da afirmação de que o comércio pode ser instrumental para um projeto nacional de desenvolvimento. Para isso, é necessário refutar a visão do comércio como fim em si mesmo. Além disso, será obviamente necessário um projeto nacional de desenvolvimento; sem isto, de nada adiantará o discurso de vitimização e os clamores contra o sistema multilateral do comércio.

Sobre este último, uma visão mais realista permite aceitar que o sistema multilateral do comércio pode oferecer relativamente pouco, quando analisados os problemas políticos e institucionais de sua estrutura interna. Além disso, o sistema não possui mecanismos para corrigir outros problemas estruturais dos países pobres: problemas de infra-estrutura, de telecomunicações, obstáculos burocráticos e deficiências institucionais.

Evidentemente, isto não significa diminuir a pressão contra o aumento de subsídios e do neoprotecionismo nos países desenvolvidos. Mas não há como esperar uma mudança radical da estrutura social interna que sustenta esses fenômenos políticos. Se a percepção de hipocrisia no discurso retórico da liberalização reforça a percepção de injustiça, a resposta eficaz é a análise realista das alternativas de mudança e de não-dependência em relação a mercados localizados. Esta análise realista é um componente essencial para estratégias eficientes de desenvolvimento que englobem liberalização comercial.

Tais conclusões fazem apenas ressaltar a relevância de uma visão clara quanto ao papel do comércio, num projeto nacional de desenvolvimento do Brasil. O País é importante demais para voltar a pensar em estratégias isolacionistas, como as que marcaram uma facção do dependentismo. Ao mesmo tempo, sua dimensão econômica e seus interesses políticos refutam as teses deslumbradas com a possibilidade de abertura dependente de mercados estrangeiros em detrimento do crescimento sustentado de seu mercado interno.

Tarefa urgente, portanto, é o debate público sobre as alternativas de desenvolvimento alcançáveis pelo Brasil para, a partir daí, delinear a correta inserção no comércio internacional. Neste sentido, compreender os vários impactos do comércio internacional e construir modelos teóricos autóctones é a tarefa, ainda incompleta, que se pode exigir do meio acadêmico.

Bibliografia

AGARWALA, P. N. *The new international economic order: an overview.* New York: Pergamon Press, 1983.

BARBIERI, Katherine. *The liberal illusion: does trade promote peace?* Ann Arbor: The University of Michigan Press, 2002.

BELLUZZO, Luiz G. de Mello e BATISTA JR., Paulo Nogueira (orgs.). *A luta pela sobrevivência da moeda.* Rio de Janeiro: Paz e Terra, 1992.

BERIK, Gunseli, ORGERS, Yana van der Meulen, ZVEGLICH JR., Joseph E. *International trade and wage discrimination (Policy Research Working Paper WPS3111).* Washington, D.C.: World Bank, 2003.

BHAGWATI, Jagdish. Trade and the environment: does environmental diversity detract from the case for free trade? In: BHAGWATI, Jagdish, HUDEC, Robert (eds.). *Fair trade and harmonization: prerequisites for free trade?* Cambridge: The MIT Press, 1996. p. 159-223.

CAMERON, Maxwell, TOMLIN, Brian. *The making of Nafta: how the deal was done.* Ithaca: Cornell, 2000.

CATAGAY, Nilufer. *Gender, poverty and trade.* University of Utah, 2005.

CRONIN, Patrick, GODDARD, C. Roe, DASH, Kishore C. *International political economy: state-market relations in a changing global order.* 2. ed. Boulder – CO. Lynne Rienner Publishers, 2003.

DALY, Herman E. The perils of free trade. *Scientific American*, v. 269, n. 5, nov. 1993.

DI SENA JR., Roberto. *Comércio internacional e globalização: a cláusula social na OMC.* Curitiba: Juruá, 2002.

DOLLAR, David, KRAAY, Aart. Trade, growth, and poverty. *The Economic Journal*, Royal Economic Society, v. 114, p. 22-49, 2004.

EBRILL, Liam, STOTSKY, Janet, GROPP, Reint. Fiscal dimensions of trade liberalization. In: HOEKMAN, Bernard, MATTOO, Aaditya, ENGLISH, Philip (eds.). *Development, trade, and the WTO*. Washington: The World Bank, 2002. p. 24-28.

FINGER, J. Michael, NOGUÉS, Julio J. *The unbalanced Uruguay Round outcome: the new areas in future WTO negotiations.* Washington, DC: World Bank, dez. 2001.

FORO DEMOCRÁTICO. *La crisis institucional de 1996 en Paraguay.* Washington, DC: OEA, 1996.

FREEMAN, Richard B. Trade wars: the exaggerated impact of trade in economic debate. *The World Economy,* v. 27, n. 1, p. 1-45, jan. 2004.

HIRSCHMAN, Albert O. *National power and the structure of foreign trade*. Berkeley: University of California Press, 1944.

HUANG, Haixiao, LABYS, Walter C. *Environment and trade: a review of issues and methods*. Morgantown: West Virginia University, 2001.

JACKSON, John H. *The world trading system: law and policy of international economic relations.* 2. ed. Boston: MIT, 1998.

KRUEGER, Anne et al. Agricultural incentives in developing countries: measuring the effects of sectoral and economy wide policies. *World Bank Economic Review*, v. 3, n. 2, p. 225-271, 1988.

LIBÂNIO, Gilberto A. *Trade, specialization and growth: a preliminary assessment of the Brazilian experience in the nineties.* Textos para discussão (Cedeplar-UFMG). Belo Horizonte: Universidade Federal de Minas Gerais, 2003.

NICITA, Alessandro, RAZZAZ, Susan. *Who benefits and how much? How gender affects welfare impacts of a booming textile industry (Policy Research Working Paper WPS3029)*. Washington, D.C.: World Bank, 2003.

PREBISCH, Raúl. Commercial policy in the underdeveloped countries. *The American Economic Review*, v. 49, n. 2, p. 251-273, 1959.

RODRIK, Dani. *Globalization, social conflict and economic growth.* Geneva: Unctad (8th Raúl Prebisch Lecture), 24 out. 1997.

SANDERSON, Steven E. *The politics of trade in Latin American development.* Stanford: Stanford University Press, 1992.

TEMPLE, John. Openness, inflation, and the Phillips curve: a puzzle. *Journal of Money, Credit, and Banking,* v. 34, p. 450-468, 2002.

TERRA, Maria Cristina T. Openness and inflation: a new assessment. *Quarterly Journal of Economics*, v. CXIII, p. 641-648, 1998.

WILBER, Charles, JAMESON, Kenneth (eds). *The political economy of development and underdevelopment*. New York: McGraw-Hill, 1983.

WINTERS, L. A., McCULLOCH, N., McKAY, A. Trade liberalization and poverty: the evidence so far. *Journal of Economic Literature*, v. 42, n.1, p. 72-115, 2003.

DIVERSIDADE CULTURAL E SERVIÇOS AUDIOVISUAIS*

RENATO G. FLÔRES JR.**

1. Introdução

Aos 20 de outubro de 2005, durante a 33.ª sessão da Conferência Geral da UNESCO, em Paris, foi aprovada a Convenção sobre a Proteção e a Promoção da Diversidade das Expressões Culturais. A Convenção foi apoiada por 148 membros dentre os 154 presentes, tendo havido apenas 4 abstenções e 2 votos em contrário, pelos Estados Unidos e Israel. Três meses após ser ratificada por 30 países, entrará definitivamente em vigor.

Para os adeptos do argumento de diversidade no contexto do comércio internacional, a Convenção marca importante vitória, em um longo percurso iniciado no terço final da Rodada Uruguai. De fato, entre os problemas que impediam o fechamento da Rodada, estava a disputa pela abertura dos serviços audiovisuais, que colocava, em lados opostos, os dois motores das negociações finais: os Estados Unidos (EUA) e a União Européia (UE).

Embora a metodologia criada para o Acordo sobre Serviços (GATS) permitisse aos membros só incluir em suas ofertas os setores que desejassem, os EUA pressionavam por uma liberalização das normas da UE relativas aos serviços audiovisuais, especialmente quanto ao cinema e aos programas televisivos, liberalização esta que deveria se traduzir em uma oferta. Ante a resistência francesa, a UE se opôs a tais concessões, gerando um dos últimos impasses da Rodada. O Acordo sobre Agricultura, que acabou adquirindo forma diferente da desejada pela Europa, foi uma das moedas de troca que permitiu a manutenção da política européia no setor, com todas as suas nuanças respectivas por Estado-membro.

---

* Texto inspirado em palestra proferida em outubro de 2005, na Bibliothèque Nationale de France, em Paris, no âmbito das comemorações do ano França-Brasil. Agradeço a Hélène Ruiz-Fabri e, especialmente, a Françoise Benhamou por diversas e estimulantes conversas sobre o assunto. As idéias apresentadas são de exclusiva responsabilidade do autor, comprometendo nada ou ninguém além do próprio.

** EPGE / Fundação Getulio Vargas, Rio de Janeiro.

Durante as discussões, a França levantou um argumento de preservação da diversidade cultural. Embora não tenha conseguido, como desejava, inseri-lo na lista de exceções constantes no Art. XIV do GATS, desde então o argumento foi ganhando força e diferentes roupagens nos debates sobre o comércio de bens e serviços com dimensão cultural.

O propósito desse artigo é duplo. Assim, primeiro, procuro examinar o argumento da diversidade sob o ponto de vista econômico, com o objetivo de ver se dele realmente podem ser extraídas justificativas de peso. Como se verá, a relação entre diversidade e boas "virtudes" econômicas é complexa, resultando incertos os seus resultados. Além do mais, o uso irrestrito do argumento pode conduzir a situações indesejáveis, quase até contraditórias. A conseqüência é que uma adesão cega à causa da diversidade cultural pode, ironicamente, levar a resultados contrários aos interesses originais.

Ainda dentro desse primeiro objetivo, e no intuito de mostrar as diversas faces da questão, teço algumas considerações sobre a experiência francesa no audiovisual. Tratando-se do mais importante exemplo de uma política apoiada no argumento, procuro identificar alguns de seus aspectos que me parecem merecer atenção e estudos mais detalhados.

Independentemente de se apoiamos ou não a idéia da diversidade, o debate, e os ataques de lado a lado, ainda não se encerraram. Alguns entusiastas da Convenção chegaram mesmo a crer que esta assinalava uma vitória definitiva.

O meu segundo propósito é chamar a atenção para o fato de que essa é uma avaliação errônea. Aceito este ponto, há ainda trabalhos por fazer, especialmente no seio da OMC, caso se queira não só tornar realmente efetiva a Convenção, como preservar o espaço do argumento da diversidade nas negociações e contenciosos comerciais, além de se preparar para novas pressões de abertura irrestrita, especialmente no âmbito do GATS.

A estrutura do estudo é a seguinte. Na seção 2, abordo diversos pontos relativos ao tema da diversidade cultural, partindo de sua base conceitual e chegando às suas relações com a economia e o progresso (técnico) em geral. A seção 3 estende a anterior, explorando o que chamei de "buracos negros" do argumento; a 4 discute brevemente a experiência francesa, ressaltando pontos que merecem uma análise mais profunda. A 5 examina três importantes "coisas por fazer" e, finalmente, a 6 conclui.

2. Diversidade, diversidade cultural e economia

2.1. Algumas definições

O conceito de diversidade está presente nas ciências naturais, como a física e, particularmente, a biologia e a ecologia. Nesse último ramo, aparece em conjugação com a idéia de robustez de um dado ecossistema, diante dos diversos "acidentes naturais", ou seja, a capacidade de melhor enfrentar – em termos de evitar a desertificação – um choque natural ou exterior, que destrua uma parte das suas espécies. Em síntese, em um ecossistema com uma diversidade elevada de espécies vegetais e/ou animais, os "sobreviventes" poderão, eventualmente, dar início a processos de recuperação que, segundo uma dinâmica em geral complexa, conduzirão a um novo equilíbrio, igualmente rico em termos da diversidade inicial.

Essa mesma linha de raciocínio é retomada pela economia, por exemplo, na teoria da organização industrial, onde é possível falar da diversidade de uma dada estrutura industrial. Weitzman (1992, 2000) estende os usos analisando diferentes problemas, geralmente de interesse econômico-ambiental. O conceito adquire também um outro significado, mais parcial e bastante restritivo para algumas aplicações, em certas representações das preferências do consumidor, em que ele se torna "mais feliz" caso tenha acesso a uma maior variedade de bens.

Restringindo-se à interpretação ecológica, é comum medir a diversidade com a ajuda de índices. O mais conhecido, largamente utilizado na ecologia, na física, na economia e mesmo na teoria da informação – contexto em que, de forma rigorosa, apareceu inicialmente –, é o índice de entropia de Boltzman-Shannon-Wiener. Entretanto, independentemente do índice escolhido, cabe assinalar que a diversidade de suas medidas leva sempre em consideração duas dimensões: o número de casos, categorias ou espécies e a freqüência de ocorrência de cada um deles (ou a distribuição das observações segundo os casos/categorias/espécies).[1] A diversidade é, pois, intrinsecamente ligada a esses dois elementos; um ambiente com um grande número de espécies diferentes, mas onde 95% de seus habitantes

[1] Alguns autores, provavelmente influenciados pela extensa discussão em Stirling (1998), incluem ainda uma terceira dimensão: a distância entre as categorias. Cremos, entretanto, que isso pressupõe dúvidas sobre a qualidade da classificação que está sendo usada, o que, pelo menos em termos teóricos, não deveria ser objeto de questionamento. É esse ponto de vista que assumimos no presente texto.

pertençam a uma mesma categoria, não é diversificado; da mesma forma, um outro, onde a população se distribua igualmente por, apenas, duas ou três espécies, não o será. Não é muito difícil se convencer que, se o número de espécies diferentes é fixado, a diversidade atingirá o seu valor máximo quando a distribuição dos indivíduos segundo as categorias for uniforme, isto é, obtivermos sempre a mesma freqüência por categoria.

Dessa breve digressão extrai-se uma observação fundamental. Na economia da cultura, e no discurso da diversidade cultural em geral emprega-se habitualmente o termo diversidade em um de dois sentidos: como a simples pluralidade de casos/objetos/espécies/produtos, ou como uma forma de permitir, por vezes de modo implícito, a existência da exceção – entendida como uma categoria com baixa freqüência de ocorrência. Ora, como se acabou de explicar, nenhum desses dois significados são autorizados pela diversidade ecológico-econômica. O primeiro guarda basicamente o sentido de pluralidade, enquanto o segundo diz sobretudo respeito à idéia de identidade de uma particular categoria. Faltam, em ambos os casos, um dos dois elementos necessários para caracterizar a diversidade.

O parágrafo anterior leva a duas conclusões importantes. De início, a maioria das discussões sobre a diversidade são, de fato, sobre a preservação seja de uma pluralidade, seja de uma exceção. Além do mais, o uso, em um tal debate, de raciocínios econômicos é em geral errôneo, pois a quase totalidade destes se baseia no conceito de diversidade explicitado acima.

Benhamou (2004) chama a atenção para os deslizamentos conceituais entre diversidade, exceção e identidade, e como eles vêm sendo politicamente utilizados, de forma discutível, no sustento da posição francesa, em particular na questão dos prestadores de serviço no setor do entretenimento e nos atos de concentração. Assim, apoiado nas considerações acima, examino, na próxima subseção, alguns aspectos da diversidade cultural na economia que me parecem lançar luz sobre os perigos e benefícios ligados ao uso do argumento em temas afetos às trocas internacionais de bens e serviços com uma componente cultural.

2.2. Os exemplos da economia

A maioria dos períodos históricos em que uma grande diversidade cultural teve lugar, como o Renascimento na Toscana, o esplendor da Corte Otomana, ou ainda a Argentina na virada do século XIX, nas últimas décadas do seu glorioso "Centenario",[2] está associada a momentos de grande

2 Vide, sobre esse período, Salas (1966), entre outros.

concentração de riquezas e a sistemas econômicos geralmente com boa dose de desigualdade, ligados, muitas vezes, a sistemas políticos injustos, quando não claramente autoritários e repressivos.

O argumento da diversidade, sob uma forma absoluta, é pois uma faca de dois gumes. Não prova ele nada, e nada fica provado, sobre a sua influência na boa organização da economia, ou o bem-estar dos cidadãos ou agentes econômicos.

A Cuba do ditador Fulgencio Batista, pequeno país explorado, assolado pela corrupção e pela brutalidade comum às ditaduras caribenhas, além de pela desigualdade e as injustiças sociais, é a mesma Cuba onde floresceu uma diversidade musical que deu origem a uma música, que influenciou toda a América Central, e teve forte penetração nos EUA e no restante da América Latina.[3] Foram os diversos cassinos, salões e *dancing-halls* da época, onde os grandes escroques, empresários, a elite política e dos negócios, juntamente com os investidores e especuladores estrangeiros, iam à noite gastar seu dinheiro, que permitiram o desenvolvimento de um número significativo de músicos de qualidade e de uma admirável criatividade musical.

Por outro lado, esquece-se também que a diversidade guarda estreitas interações com o processo de crescimento econômico. A sua dinâmica interage com a do progresso técnico, dando lugar a novas formas e a conseqüências em geral irreversíveis. A contribuição da tecnologia, na qual se deve também incluir os métodos de gestão e, particularmente, as técnicas de *marketing*, pode alterar – para melhor ou pior, mas sempre levando a uma mudança de estado, bastante distinto do anterior – uma situação existente de diversidade.

A história da evolução do tapete persa é um exemplo clássico de como as diferentes fases de apogeu e declínio da sociedade onde os artesãos viviam e trabalhavam – fases em que, a partir do século XIX, adquire considerável importância a intervenção européia, com a criação, na Europa, de um mercado para esses tapetes – influenciaram a estrutura, as características e a qualidade dos produtos, bem como a distribuição espacial da produção (Baker, 1995; Helfgott, 1994). Entretanto, é extremamente difícil extrair um julgamento de valor de cada uma dessas influências.[4]

---

3 Música que teve alguns de seus intérpretes e compositores localizados pelo cineasta Wim Wenders, em seu filme "Buena Vista Social Club".

4 Cowen (2002), em seu capítulo 2, extrai uma visão otimista – que me parece discutível e carente de uma base mais sólida – do efeito dessas influências.

Se, por um lado, é correto dizer que o comércio internacional abre vias para os fluxos de informação e a incorporação de novas tecnologias, que podem levar a mudanças profundas – causando, por vezes, melhorias no nível de vida dos artesãos –, por outro análises excessivamente concentradas nos aspectos econômicos tendem a confundir ganhos em *performance* (seja esta medida em receita, lucros ou produtividade, por exemplo) com aumentos na criatividade. Além do mais, infelizmente, melhores condições de vida podem estar relacionadas a um decréscimo na qualidade (e a uma excessiva atenção ao "gosto do mercado").

Em resumo, a correlação entre a diversidade e a boa saúde (inclusive moral) do sistema econômico não é apenas nula, mas a primeira, muitas vezes, necessita uma forte concentração de riqueza para existir. Como se tal não bastasse, ao construir um argumento positivo para a relação entre diversidade e progresso a partir de estudos de caso históricos, nos deparamos com a dificuldade em separar os efeitos econômicos das mutações estéticas e sociais, sem mencionar o papel quase sempre preponderante da cultura – entendida aqui em seu sentido antropológico.[5] O que desponta, de modo claro, é, novamente, uma correlação entre uma dada concentração de riqueza, ou o acesso a um mercado rico e desenvolvido, e a manutenção ou o aumento da diversidade. Os novos aportes tecnológicos, tão favoráveis em certos casos, alteram, em geral, a natureza do bem ou serviço, tornando as comparações difíceis.

3. Os buracos negros da argumentação neutra

O uso da diversidade como um valor em si, absoluto, pode levar a situações ambíguas ou indesejáveis, ou mesmo acobertar comportamentos menos nobres do que se supõe. Dois exemplos ilustram esse ponto.

O primeiro diz respeito a uma questão bastante atual no setor da telefonia celular. Começa a transbordar para a esfera pública, especialmente na Europa, a pressão que os grandes operadores do sistema celular estão fazendo, com o objetivo de introduzir conteúdos pornográficos entre os vários serviços oferecidos pelo sistema.[6] Com todo respeito à classe dos

[5] Sobre a importância de tal papel, os ensaios contidos em Harrison and Huntington (2000), ainda que, corretamente, expondo os prós e contras ao mesmo, não deixam, a meu ver, dúvidas.

[6] Segundo informação constante no jornal *Le Monde* de 9/10 de outubro de 2005, o mercado de conteúdos "para adultos" no celular deverá chegar a 973 milhões de dólares em 2005, podendo atingir a cifra de 2,3 bilhões em 2010.

juristas e advogados militantes, não é muito difícil conceber que um membro criativo dessa classe possa elaborar, em futuro próximo, um juízo a favor da pornografia no sistema celular, apoiado em considerações de diversidade. Poderá ele inclusive, ironicamente, se inspirar em parecer de junho de 1997 da Suprema Corte dos EUA, que considerou o Communication Decency Act, instrumento visando regulamentar os conteúdos "chocantes" ou indecentes na Internet, como instrumento limitador da liberdade de expressão protegida pela Primeira Emenda da Constituição norte-americana. Naturalmente, será sempre possível a parte contrária invocar razões de outra ordem – ou justificativas para uma exceção –, como a moral, ou as leis em vigor, mas ninguém poderá negar que o "novo conteúdo" não contribua para o aumento da diversidade...

Em uma outra vertente, sabe-se que, no comércio internacional, por vezes, o argumento da diversidade, de forma idêntica ao que ocorre, por exemplo, com os de natureza fitossanitária,[7] é utilizado com fins protecionistas, consituindo mesmo uma ferramenta camuflada de discriminação. Mesmo supondo que tal não seja o caso, examinemos uma situação envolvendo três grandes defensores da diversidade cultural: a França, o Canadá e o Brasil. No momento em que, graças sobretudo à ação francesa, a UE permite a imposição de quotas para a exibição de séries estrangeiras na televisão, se, por um lado, essa medida bloqueia os "enlatados" norte-americanos, por outro bloqueia também os produtos brasileiros – as (tele)novelas, por exemplo, cuja competitividade é reconhecida mundialmente[8] – e mesmo os canadenses. Estará o Brasil contente com isso? E, em caso afirmativo, por quanto tempo ainda?

Em outras palavras, será que é possível, sem cair em contradição, abrir parcela de um mercado, protegido sob a égide da diversidade, para "os amigos"? Talvez sim, se eles não forem suficientemente competitivos a ponto de ameaçarem a "minha" diversidade. Caso tal não se dê, as coisas

---

7 Sob o amparo do Acordo sobre a Aplicação de Medidas Sanitárias e Fitossanitárias, da Rodada Uruguai. Vide também o capítulo de autoria de Luizella Branco e Patrícia Vilhena, nessa obra.

8 "A Escrava Isaura", novela baseada em romance sobre a filha branca de uma escrava negra, no Brasil imperial, é um dos melhores exemplos do extraordinário sucesso internacional desse tipo de produto. Lucélia Santos, que desempenhou o papel de Isaura, se tornou uma das atrizes estrangeiras mais conhecidas e amadas na China (entre outros países), onde recebeu diversas honrarias oficiais.

se complicam. Vale ou não a pena acreditar, em absoluto, nas boas virtudes da diversidade para proteger o comércio dos bens e serviços culturais?

4. Breve estudo de caso: os serviços audiovisuais na França

A proporção dos produtos e bens culturais no total das exportações norte-americanas gira em torno de 7%, equivalendo a mais do que o dobro da parte devida aos produtos eletrônicos! Assim, não é nada surpreendente que, desde a Rodada Uruguai, os EUA venham se empenhando na liberalização total dos serviços audiovisuais no seio do GATT/OMC.

A história do desenrolar da Rodada é bastante conhecida e documentada. Se, em seu primeiro terço, o Brasil e a Índia lograram conter a pressão norte-americana por um acordo abrangente e profundamente liberalizante para o comércio dos serviços, a UE, após um *intermezzo* durante o qual se alinhou aos dois opositores, passou para o lado dos EUA, para "fechar" a Rodada. Deu-se então o já descrito "impasse do audiovisual".

Mais de dez anos após a conclusão das negociações, pode-se começar a pensar em avaliações mais consistentes dos resultados de evento tão importante para as relações multilaterais vigentes. Entre esses, a "não oferta" do setor de serviços audiovisuais no GATS, brevemente historiada na Introdução, é ponto cuja atualidade se mantém. Os desdobramentos que provocou na França, em particular, merecem ser estudados em profundidade, se queremos avaliar seriamente o debate sobre a diversidade. Diria inclusive que a "experiência francesa" foi, até agora, examinada de modo insuficiente. Três pontos intrigantes, nessa linha, são levantados a seguir.

Primeiramente, a grande diversidade – por país, e no sentido correto – do lado das importações. No caso do cinema, a França é, talvez, um dos países (ou mesmo o único) onde se encontra uma das diversidades mais elevadas por origem da importação. O contingente de filmes estrangeiros, afora as produções norte-americanas ou inglesas, é numeroso tanto em variedade de países como em produções por origem. Esse fenômeno, interessante e porventura inesperado, coloca algumas questões agudas. Será que as coisas sempre foram assim, e tal fato deve simplesmente ser creditado à "curiosidade cultural" do público francês, ou, no limite, a uma característica da formação cultural dos franceses? Ou será possível que, ao bloquear, ainda que parcialmente, a produção norte-americana, foram criadas novas oportunidades para os filmes de outras procedências?

Uma outra diversidade existe ao lado da acima, também elevada, e diz respeito à programação, ou "orientação", das salas de espetáculo, particularmente as salas de cinema em Paris. Sem dúvida, esse fenômeno está ligado ao anterior, além de ser sabido que, em parte, é viabilizado exatamente pelos subsídios advindos da política cultural. Isto não impede que tenha um aspecto surpreendente, sendo, provavelmente, um dos exemplos mais pungentes das vantagens de uma política de diversidade.[9] Novamente, várias questões se colocam: trata-se, realmente, de uma conseqüência da política de diversidade ou de diversidade da demanda (isto é, os espectadores parisienses, onde encontramos um grande número de turistas, de variadas origens)? Seria essa diversidade sustentável sem os subsídios oficiais? Qual a proporção desses subsídios nas atividades e na contabilidade das salas?

Finalmente, a França conseguiu criar um exemplo concreto do que se costuma chamar de argumento do plano B. Segundo esse raciocínio, aplicável não somente à produção de bens culturais, é interessante existir, para cada tipo de indústria, pelo menos uma segunda implementação, ou versão, no mundo, com uma abordagem – seja em tecnologia, em objetivos, em organização da produção ou, mesmo, em tipo de produto – distinta. Assim, em contrapartida ao colosso industrial que Hollywood representa, é saudável haver uma estrutura (industrial) alternativa que, de forma quiçá distinta, produziria outras variedades do bem "filme".[10]

Sem sombra de dúvida os franceses implementaram um plano B para, no mínimo, a indústria cinematográfica, gerando todas as vantagens e benefícios inerentes a essa decisão. Não é o único exemplo recente de uma alternativa tal, bastando lembrar – em época pré-GATS – a ambiciosa indústria cinematográfica italiana, com a sua Cinecittà e os seus *western spaghetti* (filmados, em sua maioria, no semi-árido castelhano, na Espanha), além da ainda florescente Bollywood, na Índia. Entretanto, a empreitada italiana terminou por não se sustentar, e a indiana se explica pelo gosto peculiar de um grande mercado interno – não-ocidental –, reforçado por considerável diáspora e culturas afins, além da universalidade da língua inglesa.

---

9 O caso da diversidade, do lado da oferta, das salas de cinema de Paris talvez seja único no mundo; nem mesmo cidades como Nova York ou Londres exibem uma tal diversidade.

10 Aqui, o leitor com conhecimentos de microeconomia reconhecerá a idéia de concorrência monopolística, embutida na diferenciação dos produtos do "mesmo gênero". Entretanto, o argumento é mais amplo do que isso.

Permanece, sempre, a questão da sustentabilidade – do ponto de vista financeiro – da "versão gaulesa"; no entanto, conforme a amplitude que seja dada às vantagens e benefícios, os subsídios podem se tornar perfeitamente justificáveis.

Do exame de resultados como os ora citados resulta, para alguns, a idéia de que o protecionismo cultural, apoiado nos argumentos de diversidade, é um protecionismo benéfico, "boa gente" e positivo. Com efeito, de modo análogo ao caso da tarifa ótima, poder-se-ia falar de um protecionismo otimizador, passível de ser avaliado somente no escopo do cálculo econômico. A combinação de tais análises com as preferências da sociedade poderia levar a uma justificativa mais consistente desse tipo de política.

5. As tarefas à frente

Infelizmente, o mundo não espera pacientemente, de braços cruzados, os resultados de (belos) estudos como os sugeridos acima. Mesmo apoiando as políticas atuais, há que delimitar de uma forma mais segura o seu espaço. E aqui se subentende-se, especialmente, sob as regras da OMC, onde, cedo ou tarde, novos desdobramentos ocorrerão. Vislumbro três linhas de ação a merecer análise mais detalhada:

- No âmbito do GATS

Seria conveniente introduzir, no Acordo de Serviços um artigo mais explícito sobre a questão cultural, ainda que mantendo um tom bastante geral.

A modificação de um acordo existente não é coisa simples, embora possível. No caso do GATS, apenas a cláusula da nação mais favorecida (Art. II.1) necessita de maioria absoluta para a aprovação de uma alteração ou acréscimo, todo o restante, inclusive a explicitação sugerida, requerendo apenas maioria de dois terços, quando submetida à Conferência Ministerial. Essa submissão poderia ter origem em proposta depositada junto ao Conselho do Comércio de Serviços, solicitando a introdução, na lista do Art. XIV, da exceção por razões de proteção da diversidade ou valores culturais.[11]

[11] Idéia já tentada pela França, durante a Rodada Uruguai, como mencionado na Seção 1.

Vale ainda lembrar que, na atual Rodada Doha, existem propostas de modificações com respeito aos acordos TRIPS, o de Subsídios e Medidas Compensatórias e o Art. XXIV do GATT 1994.

- No âmbito da Convenção sobre a Diversidade

Conforme mencionado na Introdução, a recentemente aprovada Convenção sobre a Diversidade Cultural é importante instrumento jurídico, de natureza do direito internacional público, cuja existência permite, agora, uma ligação mais nítida e estreita entre a OMC e a UNESCO. Entretanto, como apontado de forma pioneira por Bernier et Ruiz-Fabri (2002), a simples existência da Convenção não é condição suficiente para tal: essa ligação tem que ser construída no seio da OMC, de modo a permitir, sem ambigüidade e quando necessário, o deslocamento de uma questão comercial sobre um bem ou serviço cultural, da OMC à UNESCO.

Procedimentos semelhantes foram estabelecidos com a OMPI (Organização Mundial da Propriedade Intelectual), no contexto do acordo TRIPS, com a OIT (Organização Internacional do Trabalho), para medidas relativas a condições de trabalho – sobretudo no caso de menores e crianças, e no Grupo de Comércio e Meio Ambiente, no tocante às questões envolvendo simultaneamente os dois temas. Bastaria, aqui, introduzir um detalhamento, na forma de novo parágrafo do Art. XXVI.[12] Como este se encontra na Parte V do GATS, pelo Art. X.5 do Acordo de Marrakesh, estabelecendo a OMC, uma vez aprovado o acréscimo por maioria de dois terços, que este passará automaticamente a valer para todos os membros.

Note-se que o mesmo não se aplica à proposta do item anterior, relativa a artigo constante na Parte III do GATS. Nesse caso, a menos que a Conferência Ministerial decida por maioria de três quartos que a alteração aprovada é obrigatória para todos, os membros que votaram contra não estão constrangidos a agasalhá-la.

- Uma atitude precavida

Finalmente, é necessária certa dose de realismo e considerar a possibilidade de que, um dia, a pressão por apresentar uma oferta para o setor dos serviços audiovisuais junto ao GATS poderá atingir níveis insustentáveis, ou

---

12 O Art. XXVI do GATS diz justamente respeito às *Relações com Outros Organismos Internacionais*, mencionando, especificamente, as agências especializadas da ONU.

que, na evolução de um dado quadro de negociações, tal oferta será elemento obrigatório na composição de um pacote abrangente de trocas mútuas. Há ainda que assinalar a sofisticação da "oferta condicional" apresentada pelos EUA aos 30 de março de 2003, na atual Rodada, onde, no setor, os serviços de transmissão são separados dos de produção e licenciamento, além de deslocar os serviços de difusão de TV de "Serviços Audiovisuais" para "Outros Serviços de Comunicação". Tais manobras permitem escalonar a liberalização, abrindo, por exemplo, o mercado para a infraestrutura (transmissão) sem alterar as restrições quanto às quotas de programação.

Membros como a França (e, obviamente, após, a UE), o Canadá e o Brasil deveriam pensar na preparação de uma oferta que se traduziria em uma lista hierarquizada de concessões possíveis, segundo tempos e condições específicas. Um exercício dessa natureza deveria, idealmente, ser feito em conjunto pelos três países, e poderá sugerir novos estudos e perguntas, no gênero das ilustradas na seção anterior, além de uma avaliação ponderada dos desenvolvimentos futuros do setor, onde a digitalização vem alterando rapidamente as estruturas de comercialização vigentes.

As sugestões delineadas acima se apresentam necessárias para montar uma proteção mais sólida às políticas culturais baseadas na diversidade. São caminhos a serem explorados, no âmbito de um comportamento pró-ativo no debate cultura versus comércio internacional. Cabe ressaltar que a última sugestão não implica forçosamente apresentar uma oferta no GATS, em futuro próximo, mas é preciso lembrar que, pior do que fazê-la, é ser obrigado a fazê-la em cima da hora, sem tempo para as reflexões devidas, no calor de uma negociação multilateral.

6. Conclusão

É inegável que o argumento da diversidade conquistou um lugar ao sol dentro do tema do comércio internacional de bens e serviços culturais. Apesar disso, o argumento é geralmente utilizado no sentido de pluralidade ou de identidade/exceção. Se um tal alargamento semântico não representa um problema em si, deve-se porém atentar aos laços que se procuram criar entre o mesmo e o conceito na economia, onde possui um significado preciso e, na maioria dos casos, requer, além do pluralismo, o conhecimento da distribuição das ocorrências por categoria. A maioria das justificativas econômicas atuais é, em vista disso, falsa.

Utilizar o argumento implica também estar consciente dos seus limites, pois é bastante discutível em termos absolutos e pode conduzir a situações contraditórias. Além desse tipo de surpresas, algumas constrangedoras até, a ligação existente – seja em uma perspectiva histórica, seja dentro da dinâmica do progresso ou do crescimento econômico – entre a diversidade cultural e o bem-estar da sociedade é, pelo menos, complexa. Ainda que favorável, em princípio, ao argumento, parece-me fundamental perceber que o mesmo pode levar a situações exatamente opostas às inicialmente desejadas.

A política francesa é, seguramente, um exemplo notável de uma experiência – ou experimento – ancorada nessas considerações. É inclusive possível identificar evidências que sugerem a criação de uma verdadeira diversidade, do lado da oferta, em alguns mercados. Isso não exclui a necessidade de um exame mais aprofundado dessas mesmas evidências.

Bem ou mal-sucedidas, sustentáveis ou não, nada assegura que tais políticas não continuarão a ser ameaçadas pelos seus adversários. Essa constatação implica que a defesa de atitudes semelhantes ainda pede medidas e garantias no âmbito da OMC, ao lado da preparação de um esquema de liberalização específico e cuidadosamente refletido, caso tal gesto se torne inevitável no plano internacional.

O Brasil, que passou a ter um nítido protagonismo nessas questões, e que tem interesses ativos de monta no setor, necessita permanecer atento a tais fatos, possibilidades e desdobramentos. O fortalecimento de alianças, seja no âmbito do Mercosul, seja ampliando – em conteúdo e parceiros – o diálogo já existente com países como o Canadá ou a França, é ação indispensável nesse contexto.

Bibliografia

BAKER, P. L. 1995. *Islamic textiles*. London: British Museum Press.

BENHAMOU, F. 2004. *La politique culturelle française entre exception et diversité*. Esprit, p. 87-111, mai. 2004.

BERNIER, I.; RUIZ-FABRI, H. 2002. *Évaluation de la faisibilité juridique d'un instrument international sur la diversité culturelle*. Québec: Groupe de Travail Franco-Québecois sur la Diversité Culturelle.

COWEN, T. 2002. *Creative destruction: how globalization is changing the world's cultures*. New Jersey: Princeton University Press.

HARRISON, L.; HUNTINGTON, S. P. (eds.). 2000. *Culture matters: how values shape human progress*. New York: Basic Books.

HELFGOTT, L. M. 1994. *Ties that bind: a social history of the Iranian carpet*. Washington, D.C.: Smithsonian Institution Press.

SALAS, H. 1996. *El Centenario – la Argentina en su hora más gloriosa.* Buenos Aires: Editorial Planeta Argentina S.A.I.C.

STIRLING, A. 1998. On the economics and analysis of diversity. *SPRU Electronic Working Paper Series*, Sussex, Science Policy Research Unit, University of Sussex, n. 28 (disponível em: www.sussex.ac.uk/spru/).

WEITZMAN, M. L. 1992. On diversity. *Quarterly Journal of Economics*, 101 (2): 363-406.

WEITZMAN, M. L. 2000. Economic profitability versus ecological entropy. *Quarterly Journal of Economics*, 109 (1): 237-263.

O MECANISMO DE SOLUÇÃO DE CONTROVÉRSIAS DA ALCA E AS LIÇÕES DA OMC

FELIPE BERER*

Introdução

Na primeira coletânea do ABCI,[1] o autor analisou o mecanismo de solução de controvérsias da Organização Mundial do Comércio (OMC), demonstrando que o mesmo apresenta graves deficiências que precisam ser sanadas. O fundamento daquele artigo era chamar atenção para o fato de que as regras atuais incentivam o descumprimento lucrativo das normas da OMC. Concluiu-se, naquele artigo, que alguns dispositivos do Entendimento Relativo às Normas e Procedimentos sobre Solução de Controvérsias (em inglês, *Understanding on Rules and Procedures Governing the Settlement of Disputes*) precisam ser alterados em benefício do sistema multilateral de comércio.

O presente artigo pode ser visto como uma continuação daquele primeiro. Neste trabalho, busca-se fazer uma análise mais aprofundada sobre o mesmo tema, a partir das conclusões do primeiro trabalho. O objetivo aqui é registrar a necessidade de se refletir sobre as deficiências da OMC, a fim de construir o mecanismo de solução de controvérsias para a Área de Livre Comércio das Américas (ALCA).

O mecanismo de solução de controvérsias é um dos aspectos mais proeminentes da ALCA. Um mecanismo forte e adequado é o alicerce central para o sucesso de qualquer acordo de livre comércio. Ele é responsável por tutelar a segurança jurídica e a previsibilidade nas relações comerciais. O seu funcionamento é essencial para que os objetivos do acordo possam ser alcançados com êxito. Além disso, ele garante que as expectativas relacionadas às concessões e regras negociadas serão atendidas.[2]

---

* Advogado, Consultor de Comércio Internacional da firma Bryan Cave LLP e Vice-Presidente do ABCI Institute, em Washington, DC.

1 Felipe Berer, Proposta para Evitar o Descumprimento Lucrativo das Normas da OMC, in *Ensaios em Comércio Internacional: Antidumping, Disputas Comerciais e Negociações Multilaterais*. São Paulo: Singular, 2005. p. 303

2 Michael Reisman e Mark Wiedman, Contextual Imperatives of Dispute Resolution Mechanisms: Some Hypotheses and Their Applications in the Uruguay Round and NAFTA, *Journal of World Trade*, v. 29, p. 10, 1995.

Busca o presente artigo levantar algumas idéias sobre possíveis aperfeiçoamentos à atual minuta do mecanismo de solução de controvérsias da ALCA (MSC da ALCA).[3] Fundamentalmente, o objetivo é garantir um alto grau de observância às regras, assim como a promoção de um *leveled playing field* no âmbito da ALCA.

Este artigo é dividido em duas partes. A primeira parte analisa a tendência ao regionalismo sob o sistema multilateral de comércio; examina o impasse atual nas negociações da ALCA; comenta alguns imperativos para o desenvolvimento do MSC da ALCA e faz uma análise de alguns dos artigos da atual minuta do MSC da ALCA. A segunda parte enfoca determinadas deficiências que vêm afetando o funcionamento do mecanismo de solução de controvérsias da OMC. Referidas deficiências, por terem sido incorporadas à atual minuta do MSC da ALCA, poderão também afetar o funcionamento da ALCA.

PARTE I

A ALCA e seu Mecanismo de Solução de Controvérsias

Em 1947, na esteira dos acordos de Bretton Woods, foi criado o Acordo Geral sobre Tarifas e Comércio (sigla, em inglês, GATT) – inicialmente subscrito por vinte e três países. A ideologia predominante no pós-guerra era de que o aumento da integração e cooperação econômicas entre as nações possibilitaria o desenvolvimento da economia e do nível de vida das pessoas, traria a liberalização gradativa e sustentável do comércio internacional e evitaria a repetição dos conflitos armados que marcaram o século passado. Foi nesse cenário que o antecessor da OMC foi criado. Isto é, o estabelecimento do GATT refletiu o consenso político daquele momento sobre o efeito positivo do fortalecimento do sistema multilateral de comércio para o crescimento da economia mundial e para a prevenção de novos conflitos armados. Pode-se afirmar, portanto, que o multilateralismo foi a força motriz para a criação do GATT.

Atualmente, mais de dez anos após o final da Rodada Uruguai e quase sessenta anos após a criação do GATT, o sistema multilateral de comércio enfrenta um cenário completamente diferente. Estamos vivendo em tem-

[3] Veja a atual minuta do mecanismo de solução de controvérsias da ALCA, no Capítulo XXIII – Solução de Controvérsias da Terceira Minuta do Acordo ALCA, de 21 de novembro de 2003, disponível no seguinte endereço eletrônico: www.ftaa-alca.org/FTAADraft03/ChapterXXIII_p.asp.

pos da prática do "multilateralismo *à la carte*",[4] onde arranjos bilaterais e regionais parecem prevalecer sobre os multilaterais, e onde estes últimos são utilizados de acordo com sua conveniência – somente naqueles casos em que seus benefícios compensam seus custos.

De fato, o número de acordos bilaterais e regionais de comércio (ARCs) celebrados no âmbito do sistema multilateral de comércio é crescente. Quase todos os membros da OMC são partes de ao menos um acordo dessa natureza.[5] Devido à proliferação de tais acordos, existe hoje um debate intenso questionando se esses acordos são complementares e benéficos ao sistema multilateral de comércio, ou se colocam em risco o multilateralismo e a estrutura da OMC.

Aqueles a favor de ARCs argumentam que tais arranjos: (a) promovem a expansão do comércio internacional em função da criação de fornecedores eficientes dentro da área de livre comércio; e (b) facilitam a liberalização do comércio internacional, porque blocos são mais dispostos e capazes de proceder à liberalização comercial do que países individualmente. Ademais, eles afirmam que o sistema multilateral de comércio tem se beneficiado com a proliferação de tais acordos, uma vez que países excluídos têm mais incentivo a liberalizar em um sistema repleto de ARCs.[6]

Segundo aqueles que se opõem a ARCs, ditos arranjos promovem um desvio de comércio em favor de fornecedores ineficientes dentro do bloco e, por conseqüência, em detrimento de fornecedores eficientes fora do bloco.[7] Esse resultado é claramente contrário aos princípios norteadores da

---

[4] Charles A. Kupchan, *The End of the American Era: U.S. Foreign Policy and the Geopolitics of the Twenty-first Century.* New York, NY: Vintage Books, 2002. p. 15.

[5] Sobre o assunto, pode-se encontrar no site da OMC a seguinte afirmação: "Some 250 RTAs have been notified to the GATT/WTO up to December 2002, of which 130 were notified after January 1995. Over 170 RTAs are currently in force; an additional 70 are estimated to be operational although not yet notified. By the end of 2005, if RTAs reportedly planned or already under negotiation are concluded, the total number of RTAs in force might well approach 300" (disponível no seguinte endereço eletrônico: www.wto.org/english/tratop_e/region_e/region_e.htm).

[6] John H. Jackson, William Davey e Alan Sykes, Legal Problems of International Economic Relations. 4. ed. St. Paul, Minn.: West Group, 2002. p. 447-452; e Daniel T. Griswold, *Free-Trade Agreements – Steppingstones to a More Open World*, Trade Briefing Paper n. 18, 10 jul. 2003, disponível em: www.freetrade.org/pubs/briefs/tbp-018es.html.

[7] Jackson, Davey e Sykes, Ibid.

OMC. Devido ao efeito discriminatório produzido pelos ARCs, o Conselho Consultivo do Diretor-Geral da OMC afirmou que a OMC comanda hoje um sistema multilateral de comércio muito diferente daquele vislumbrado pelos arquitetos do GATT.[8] Dentre os autores que criticam essa tendência ao regionalismo sob o sistema multilateral de comércio, podemos citar dois eminentes economistas: Paul R. Krugman[9] e Jagdish Bhagwati.[10]

Não obstante as visões opostas acima descritas, tendo em vista que a tendência ao regionalismo sob o sistema multilateral de comércio é inevitável,[11] devemos ser pragmáticos para extrair o melhor resultado desse cenário. Embora improvável neste momento, a criação da ALCA pode tornar-se factível dentro dos próximos anos de negociações.[12] Enquanto,

---

8 Consultative Board to the WTO Director-General, *The Future of the WTO: addressing institutional challenges in the new millennium.* Geneva, Switzerland: World Trade Organization, 2004. p. 21. Nesse sentido, o Embaixador Rubens Ricupero afirmou que os defensores de acordos regionais não atentam para o fato de que: "to prefer is to choose some to the detriment of others – in other words, to prefer is to discriminate in violation of the first two articles of the General Agreement" (Rubens Ricupero, *Trade Challenges in a Globalizing Imbalanced World*, Address at the Annual Commencement Day Lecture at the Exim Bank of India (10 de março de 2005), p. 10).

9 Krugman aponta determinados riscos de desvio de comércio, sobretudo aqueles que ocorrem quando o bloco comercial se aproveita do seu poder de monopólio para elevar suas tarifas externas comuns para níveis ótimos (Jackson, Davey e Sykes, op. cit., p. 448-450).

10 Bhagwati é ainda mais crítico; além de mencionar os riscos de desvio de comércio, ele afirma que o termo "área de livre comércio" objetiva confundir o seu significado com livre comércio. Ele defende que seria mais apropriado chamar tais arranjos de "acordos preferenciais de comércio". Além disso, Bhagwati assevera que a proliferação de acordos preferenciais transformou o sistema multilateral de comércio em um "prato de espaguete" (*spaghetti bowl*), por conta da intrincada teia de preferências tarifárias sobrepostas que se assemelha a uma porção de fios de espaguete emaranhados (Jagdish Bhagwati, *Free Trade Today*. Princeton, N.J.: Princeton University Press, 2002. p. 107 e 112-118).

11 Ricupero, *Trade challenges*... cit.

12 Muitos especialistas e funcionários de governo acreditam que a motivação original da ALCA ainda existe e que, portanto, ainda vale a pena o esforço pela sua criação. Caso venha a ser criada, a ALCA abrangerá uma população de 800 milhões e uma área na qual 34 nações produzem, aproximadamente, 13 trilhões de dólares norte-americanos em bens e serviços. As nações que participam das negociações são: Antigua e Barbuda, Argentina, Bahamas, Barbados, Belize, Bolívia, Brasil, Canadá, Colômbia, Chile, Costa Rica, Dominica, República Dominicana, Equador, El Salvador, Grenada, Guatemala, Guiana, Haiti, Honduras, Jamaica, México, Nicarágua, Panamá, Paraguai, Peru, São Cristóvão e Névis, Santa Lúcia, São Vicente

de um lado, sempre teremos pessimistas afirmando que a ALCA será mais um ARC contribuindo para o enfraquecimento do sistema multilateral de comércio, de outro, sempre contaremos com aqueles que acreditam no potencial da ALCA de transformar o "prato de espaguete" (*spaghetti bowl*)[13] das Américas em algo menos confuso, tal como um "prato de lasanha".[14]

1.1. O atual impasse nas negociações da ALCA

Nas palavras do professor Kupchan, o governo Bush presume que um país poderoso como os Estados Unidos não precisa de organismos internacionais para disciplinar o cenário internacional; tratam-se de instrumentos utilizados pelos fracos que servem apenas para limitar o poder de barganha norte-americano.[15] Tal comportamento dos Estados Unidos gera determinadas conseqüências. No âmbito do sistema multilateral de comércio, todos os membros da OMC são inevitavelmente infligidos pela conduta norte-americana, excetuados alguns "*global players*" que têm força política e econômica suficientes para defender seus interesses.

Entretanto, enquanto no cenário global os Estados Unidos são uma superpotência hegemônica, nas Américas, os interesses norte-americanos vêm enfrentando crescente resistência por parte do Brasil. Dado o tamanho de sua economia, o Brasil vem exercendo papel de liderança na América do Sul, onde expande sua influência muito além de suas fronteiras e constrói um ambiente regional conveniente para seus interesses. Desde a Reunião Ministerial de

---

e Granadinas, Suriname, Trinidade e Tobago, Estados Unidos, Uruguai e Venezuela (United States Government Accountability Office, Relatório GAO-05-166, *Free Trade Area of the Americas: Missed Deadline Prompts Efforts to Restart Stalled Hemispheric Trade Negotiations* (março de 2005), p. 1 e 29-31).

13 Para maiores detalhes sobre o termo "prato de espaguete", de autoria do Professor Bhagwati, veja Bhagwati, op. cit.

14 Essa análise deriva da possibilidade de estabelecimento de uma ALCA abrangente, a qual sucederia alguns dos acordos preferenciais de comércio atualmente em vigor nas Américas. Os Estados Unidos e outros 13 países declararam, inicialmente, sua preferência por uma ALCA abrangente e ambiciosa. No entanto, os Estados Unidos não aceitavam negociar regras sobre subsídios agrícolas e procedimentos *antidumping*. Como resposta à resistência norte-americana nessas matérias, o Mercosul propôs uma "ALCA *light*". Em função desse impasse, na Reunião Ministerial de Miami, em novembro de 2003, o Brasil e os Estados Unidos acordaram uma nova estrutura para as negociações da ALCA (*two-tier arrangement*). (United States Government Accountability Office, op. cit., p. 8-15).

15 Kupchan, op. cit., prefácio.

Quito, em novembro de 2002, quando Estados Unidos e Brasil, as economias dominantes na América do Norte e do Sul, respectivamente, assumiram a co-presidência[16] nas negociações da ALCA,[17] um impasse se instalou.[18] [19]

Por conta desse impasse, os Estados Unidos têm utilizado uma tática de repartir e conquistar as Américas gradativamente. O pensamento norte-americano deriva claramente da prática do "multilateralismo *à la carte*"[20] acima mencionada. Na visão deles, promover uma estratégia de fragmentação, assinando vários acordos bilaterais e regionais com países latino-americanos menos expressivos,[21] compelirá o Brasil e os demais membros do Mercosul a se reengajarem nas negociações da ALCA.[22]

---

16 A co-presidência dos Estados Unidos e Brasil foi estabelecida a fim de facilitar o diálogo entre os dois países. Alguns especialistas acreditavam que o êxito das negociações da ALCA dependia da capacidade deles de resolver suas diferenças. No entanto, alguns argumentam que a co-presidência, na verdade, inviabilizou o progresso da ALCA, tornando as negociações ainda mais complicadas. De fato, Estados Unidos e Brasil foram incapazes de dar andamento às negociações de maneira imparcial, devido às diferenças crescentes entre eles sobre o escopo e a profundidade das obrigações da ALCA. Por isso, alguns negociadores vêm afirmando que teria sido preferível ter apontado um país neutro para a presidência das negociações (United States Government Accountability Office, op. cit., p. 24-25).

17 Para um melhor entendimento sobre o histórico das negociações da ALCA, veja Ibid., p. 4-17.

18 Jeffrey J. Schott, Whither the Free Trade Area of the Americas?, in *Free Trade in the Americas: Getting There From Here* Washington, DC: Inter-American Dialogue, 2004. p. 18-19, disponível no seguinte endereço eletrônico: www.thedialogue.org/publications/program_reports/trade/ftaa_1004.pdf

19 Além das diferenças entre os Estados Unidos e Brasil sobre o escopo e a profundidade das obrigações da ALCA, um relatório do governo americano aponta dois outros fatores que vêm impedindo o progresso nas negociações da ALCA: (1) outras negociações, como a Rodada Doha da OMC e negociações regionais e bilaterais, foram priorizadas; e (2) os dois mecanismos estabelecidos para facilitar as negociações da ALCA – a co-presidência entre EUA e Brasil e o *two-tier arrangement* – até agora não foram bem-sucedidos (United States Government Accountability Office, op. cit., p. 18-25).

20 Kupchan, op. cit.

21 Até o presente momento (1º de março de 2006), os Estados Unidos já assinaram acordos comerciais com o Chile; República Dominicana, Costa Rica, El Salvador, Guatemala, Honduras e Nicarágua (Acordo de Livre Comércio Centro-Americano – CAFTA-DR); Colômbia e Peru; e estão em negociações com o Equador e Panamá.

22 Schott, op. cit., p. 23. Há visões conflitantes questionando se o número crescente de acordos bilaterais e regionais de comércio nas Américas teria um impacto positivo

Ocorre que a tática norte-americana não está funcionando. A agressiva agenda liberalizante adotada pelos Estados Unidos na América Latina está contribuindo apenas para gerar ainda mais ressentimentos no Mercosul. Pode-se afirmar que, nas atuais negociações da ALCA, Brasil e Estados Unidos estão, na verdade, participando de um "diálogo de surdos"; ambos têm tido muita dificuldade para assimilar os interesses do outro.[23] Bhagwati sintetizou um dos fatores que vêm pavimentando o crescente estranhamento entre Estados Unidos e Brasil nas negociações da ALCA. Segundo ele, o atual impasse acerca do escopo e abrangência das obrigações da ALCA, o qual mascara a luta por hegemonia entre Estados Unidos e Brasil, baseia-se no fato de que acordos regionais de comércio promovem inevitavelmente a politização do comércio.[24]

Além da luta por mais influência política nas Américas, pode-se acrescentar uma outra forte motivação por trás do atual impasse nas negociações da ALCA – a chamada "desigualdade de benefícios" (*imbalance of benefits*) derivados da Rodada Uruguai.[25] Dez anos após a conclusão da Rodada Uruguai e o estabelecimento da OMC, diversos autores e lideranças internacionais acusam os países desenvolvidos de hipócritas.[26] Eles se beneficiaram

---

para a ALCA. De um lado, alguns argumentam que a agressiva agenda liberalizante adotada pelos Estados Unidos formará um conjunto de regras comuns, facilitará o livre comércio e proporcionará um melhor entendimento sobre os benefícios da ALCA. De outro lado, outros argumentam que esses acordos bilaterais e regionais de comércio assinados pelos Estados Unidos vêm (i) desviando a atenção da ALCA; (ii) criando uma teia confusa de preferências comerciais nas Américas; e (iii) elevando desproporcionalmente o padrão para novas regras de comércio (United States Government Accountability Office, op. cit., p. 22-23).

23 Por conta desse cenário, o presidente Luiz Inácio Lula da Silva declarou para um grupo de empresários, em Brasília, em abril de 2005, que a ALCA estaria fora da agenda brasileira (América Latina Expõe Incertezas sobre Futuro *Jornal Gazeta Mercantil,* São Paulo, 25 de abril de 2005, Caderno Internacional).

24 Bhagwati, op. cit., p. 110.

25 Para maiores detalhes sobre a "desigualdade de benefícios" ("*imbalance of benefits*") derivados da Rodada Uruguai, veja Rubens Ricupero, Rebuilding Confidence in the Multilateral Trading System: Closing the "Legitimacy Gap", in *The Role of the World Trade Organization in Global Governance.* Hong Kong: United Nations University Press, 2001. p. 49-54.

26 Joseph E. Stiglitz, Globalization and Its Discontents New York, NY: W.W. Norton & Co., 2003. p. 6-7; Para uma perspectiva diametralmente oposta, veja Kevin C. Kennedy, Book Review: a Review of Globalization and its Discontents: Globalization and Its Discontents – Joseph E. Stiglitz, *George Washington International Law Review*, v. 35, p. 251, 2003.

enormemente com a eliminação das barreiras comerciais que afetavam a exportação de seus produtos industriais para países em desenvolvimento, mas mantiveram suas altas barreiras impedindo a importação de produtos agrícolas provenientes de países em desenvolvimento e, portanto, privando esses países da renda de exportação de que tanto carecem.[27-28]

Em resposta a essa injustiça histórica, o mundo em desenvolvimento começou a angariar forças para reverter esse quadro. Desde a Reunião Ministerial de Cancún, em 2003, com a criação do G-20,[29] o Brasil se tornou, na qualidade de líder dos países em desenvolvimento, o maior defensor da liberalização do comércio no setor agrícola. Embora essa questão seja, em princípio, objeto de negociações multilaterais, o ressentimento do mundo em desenvolvimento que dela deriva é certamente um fator que tem contribuído para tornar as negociações da ALCA ainda mais complicadas.[30]

Outra dificuldade enfrentada nas negociações da ALCA advém da disparidade de interesses comerciais entre Brasil e Estados Unidos. Se encararmos o impasse atual sob uma perspectiva puramente comercial, a sua compreensão torna-se muito simples. Os interesses ofensivos[31] do Brasil e do Mercosul se

---

27 Stiglitz, op. cit., p. 6.

28 Stiglitz sustenta que os críticos da globalização estão corretos. Ele afirma que o mundo desenvolvido garantiu a aquisição de uma parcela desproporcional dos benefícios da liberalização comercial às expensas do mundo em desenvolvimento. O resultado disso, segundo ele, é que alguns dos países mais pobres do mundo ficaram em situação pior do que estavam antes (Ibid., p. 6-7). Não é surpreendente notar que essa opinião é também compartilhada pelo Secretário-Geral das Nações Unidas, Kofi Annan. Ele assevera que "(...) many countries believe that important trade concessions granted by developing countries under the Uruguay Round agreements have not been matched by sufficient improved access to the markets of industrialized countries" (Kofi Annan, Laying the Foundations of a Fair and Free World Trade System, in *The Role of the World Trade Organization in Global Governance.* Hong Kong: United Nations University Press, 2001. p. 21-24 e 30).

29 O G-20 (grupo das 20 nações) foi criado em 2003, na Reunião Ministerial da OMC em Cancún. O grupo é atualmente composto por 20 países em desenvolvimento (Brasil, China, Índia, Paquistão, Bolívia, Argentina, Chile, Cuba, Egito, Guatemala, Indonésia, México, Nigéria, Paraguai, Filipinas, África do Sul, Tanzânia, Tailândia, Venezuela e Zimbábue) que defendem conjuntamente a liberalização do comércio no setor agrícola junto aos membros desenvolvidos da OMC.

30 United States Government Accountability Office, op. cit., p. 12.

31 O termo "interesses ofensivos" compreende os objetivos de liberalizar, ou impor novas regras, sobre mercados de outros países.

opõem aos interesses defensivos[32] dos Estados Unidos. Por exemplo, enquanto a liberalização do comércio agrícola e a negociação de regras de defesa comercial mais justas estão entre as prioridades na agenda ofensiva brasileira, os Estados Unidos têm como prioridade defensiva a proteção de sua indústria agrícola e a manutenção das regras de defesa comercial hoje existentes. Para piorar, os interesses ofensivos da agenda comercial norte-americana também colidem com os interesses defensivos do Brasil e do Mercosul. As prioridades ofensivas norte-americanas são a obtenção de maior proteção de direitos de propriedade intelectual e a negociação de regras mais abrangentes e acesso a mercados nas áreas de serviços, investimentos e compras governamentais. Essas são as prioridades defensivas brasileiras.[33-34]

Contudo, uma questão é bastante clara. Em meio a esse quadro de desavenças entre Brasil e Estados Unidos, fica ainda mais nítida a necessidade de se criar um MSC da ALCA com alto grau de legalidade.[35] Tal necessidade está diretamente relacionada à importância de se obter um mecanismo que seja capaz de eqüalizar as assimetrias de poder e, sobretudo, evitar que a ALCA se torne terreno fértil para abusos norte-americanos.

---

32 O termo "interesses defensivos" compreende os objetivos de preservar o "*status quo*" e, portanto, proteger o mercado doméstico.

33 Para outros fatores determinantes para a colisão de interesses entre Brasil e Estados Unidos nas negociações da ALCA, veja Schott, op. cit.; Jaime Zabludovsky, The Long and Winding Road to Hemispheric Integration: Ten Key Elements in Understanding the FTAA, in *Free Trade in the Americas: Getting There From Here*. Washington, DC: Inter-American Dialogue, 2004. p. 9-12, disponível no seguinte endereço eletrônico: www.thedialogue.org/publications/program_reports/trade/ftaa_1004.pdf; e o United States Government Accountability Office, op. cit., p. 18-21.

34 O Embaixador Rubens Barbosa sintetizou muito bem essa questão, sob a visão do Mercosul. Ele recordou que, nos próximos dez anos, a ALCA teria, na verdade, poucos efeitos sobre as exportações do Mercosul para os Estados Unidos. Ele diz que, em 2004, 68% das exportações do Mercosul para o mercado norte-americano já não enfrentavam nenhuma restrição tarifária ou não-tarifária. Além disso, segundo Barbosa, aproximadamente 30% das exportações que se deparam com barreiras comerciais (produtos agrícolas) não serão liberalizadas dentro do período de transição da ALCA (Rubens Barbosa, A Hora da Verdade, *O Globo,* Rio de Janeiro, 22.fev.2005, Opinião).

35 Contrariamente à opinião deste autor, o Brasil vem buscando um MSC da ALCA "*light*", especialmente no que se refere à proteção de direitos de propriedade intelectual, os quais, segundo a visão brasileira, não devem estar sujeitos à jurisdição do MSC da ALCA (United States Government Accountability Office, op. cit., p. 21).

1.2. Imperativos contextuais para o MSC da ALCA

1.2.1. Aumento da legalidade do mecanismo[36]

Conforme apontado por Julio Lacarte e Jaime Granados, existe uma relação direta entre a profundidade e o nível de ambição de um acordo de livre comércio e o grau de legalidade de seu mecanismo de solução de controvérsias.[37] Segundo Michael Reisman e Mark Wiedman, quanto mais efetivo e abrangente for o acordo, maior será a aspiração, e menor será a resistência, por um mecanismo de solução de controvérsias independente e altamente legalizado.[38] Isso porque no âmbito de um processo de integração aprofundado, no qual há um alto grau de comprometimento e consenso entre as partes, cria-se maiores expectativas em função da abrangência das concessões e regras negociadas. Nesse contexto, as partes tendem a buscar a adoção de um mecanismo de solução de controvérsias capaz de garantir que essas expectativas serão atendidas com êxito.

Todavia, ainda há, neste momento, muitas incertezas quanto ao escopo e a abrangência das obrigações da ALCA. A atual minuta do acordo reflete as dificuldades enfrentadas no curso das negociações. Os Estados Unidos e outros 13 países declararam, inicialmente, sua preferência por uma ALCA abrangente e ambiciosa. No entanto, os Estados Unidos não aceitavam negociar regras sobre subsídios agrícolas e procedimentos antidumping. Como resposta à resistência norte-americana nessas matérias, o Mercosul propôs uma "ALCA *light*". Na Reunião Ministerial de Miami, em novembro de 2003, Brasil e Estados Unidos chegaram, aparentemente, a um denominador

---

36 Para um melhor entendimento sobre o conceito de legalidade e seus três elementos (o grau de obrigatoriedade das regras, a precisão das regras e a delegação das funções de interpretação, monitoramento e implementação para um órgão neutro), veja Kenneth W. Abbott, Robert O. Keohane, Andrew Moravcsik, Anne-Marie Slaughter e Duncan Snidal, The Concept of Legalization, *54 International Organization, v. 54, p. 401, junho de 2000.*

37 Julio Lacarte e Jaime Granados, General Conclusions, *in Inter-Governmental Trade Dispute Settlement: Multilateral and Regional Approaches*. London, UK: Cameron May, 2004. p. 609.

38 Reisman e Wiedman, op. cit., p. 13; Reisman e Wiedman asseveram que a efetividade do mecanismo de solução de controvérsias é um fator de suma importância para o funcionamento do acordo de livre comércio (op. cit.).

comum. A fim de dar a cada país mais flexibilidade para compatibilizar seus interesses negociadores, os co-presidentes acordaram uma nova estrutura para as negociações, chamada de "*two-tier arrangement*". De acordo com essa nova estrutura, haveria (1) um conjunto comum e equilibrado de direitos e obrigações, aplicáveis a todos os 34 países, o qual incluiria as nove áreas que vêm sendo negociadas desde 1998; e (2) um outro conjunto de obrigações e benefícios adicionais, a serem negociados de forma voluntária por países interessados.[39]

Note-se, todavia, que a análise do presente artigo baseia-se no fato de que o *two-tier arrangement* não foi capaz de recolocar as negociações da ALCA nos trilhos[40] e, ainda, na suposição de que a ALCA abrangente e ambiciosa pretendida pelos Estados Unidos e outros será, ao final, o modelo aceito por todos.

Diante disso, e em função da potencial abrangência do modelo de ALCA perseguido pelos Estados Unidos e outros – o qual pode vir a incluir disciplinas que não são reguladas pela OMC, como, por exemplo, disposições trabalhistas e ambientais – a conclusão deste artigo é que o MSC da ALCA deve ser, portanto, um mecanismo adequado em face da potencial profundidade desse processo de integração.[41]

Outro aspecto importante que deve ser levado em consideração na elaboração do MSC da ALCA foi explicado por Lacarte e Granados. Eles lembram que os países mais fracos e em desenvolvimento seriam certamente beneficiados por um mecanismo legalizado, uma vez que esse (a) funciona como um nivelador de condições de competitividade e (b) auxilia na superação dos problemas derivados das desigualdades políticas e econômicas entre os países.[42] Além disso, esse serviria, também, para fortalecer a confiança

[39] United States Government Accountability Office, op. cit., p. 8-15. Ao final da Reunião Ministerial de Miami, a questão crucial sobre o nível de ambição da ALCA permanecia indefinida. Diversos países expressaram seu descontentamento com a nova estrutura de negociação. Eles entendem que tal estrutura deveria ter natureza temporária, dado que ela reduz o potencial de seus ganhos (United States Government Accountability Office, op. cit., p. 15).

[40] Ibid., p. 23-24.

[41] Reisman e Wiedman, op. cit., p. 8-15.

[42] Lacarte e Granados, op. cit., p. 619; Para maiores detalhes sobre a relação entre assimetrias de poder e legalidade, veja Miles Kahler, Conclusion: The Causes and Consequences of Legalization, *International Organization,* v. 54, p. 665-666, junho de 2000.

dos investidores e exportadores na região, beneficiando, sobretudo, os países de menor desenvolvimento relativo das Américas.[43]

Desse modo, em face da potencial abrangência da ALCA e das disparidades em tamanho e em nível de desenvolvimento econômico entre as trinta e quatro nações que participam das negociações, pode-se concluir que seria preferível o estabelecimento de um MSC da ALCA que seja altamente legalizado.[44]

1.2.2. Mecanismo adjudicativo e as assimetrias de poder

A fim de alcançar o maior grau possível de segurança jurídica e previsibilidade sob a ALCA, um dos objetivos prioritários do MSC da ALCA deve ser evitar que os Estados Unidos exerçam uma influência dominante sobre as demais partes da ALCA. É indiscutível que conter as decisões norteadas exclusivamente pelo poder e autoritarismo que volta e meia acometem as autoridades norte-americanas será um dos maiores desafios do MSC da ALCA.

Nesse sentido, Jeffrey J. Schott afirmou que o estabelecimento da ALCA simboliza a árdua tarefa de se construir um acordo de livre comércio entre trinta e quatro países que vão desde os maiores e mais ricos do mundo até os menores e mais pobres.[45] Nesse contexto de acentuadas assimetrias de

---

[43] Segundo Miles Kahler: "Traders and investors demand a stable policy environment, guaranteed by legalized commitments, and prefer predictable dispute-settlement procedures over intergovernmental bargaining. Investors, in particular, often seek legalized international agreements as a compensation or substitute for shaky legal systems in host countries" (op. cit., p. 668).

[44] Vale mencionar aqui as desvantagens atribuídas ao aumento de legalidade: aumento de custos para as partes contratantes (custos pós-assinatura de monitoramento e observância dos compromissos assumidos), custos de soberania (restrições que a legalidade impõe sobre a liberdade que todo país possui de desenvolver políticas públicas), incertezas futuras (altos custos que a legalidade impõe sobre a habilidade de cada país de lidar com crises internacionais ou mudanças inesperadas nas políticas nacionais) e outros (Kenneth W. Abbott & Duncan Snidal, Hard and Soft Law in International Governance, *International Organization,* v. 54, p. 434-444, jun. 2000); e Kahler, op. cit., p. 663-665. Para uma análise cética sobre os efeitos da legalidade dos mecanismos de solução de controvérsias do GATT e da OMC, veja Judith Goldstein e Lisa L. Martin, Legalization, Trade Liberalization, and Domestic Politics: A Cautionary Note, *International Organization,* v. 54, p. 626-630, junho de 2000.

[45] Schott, op. cit., p. 17; e United States Government Accountability Office, op. cit., p. 4.

poder, a única forma de impedir que os mais poderosos utilizem sua força econômica e política como poder de barganha para descumprir as normas da ALCA ou para influenciar o resultado de disputas comerciais é estabelecer um mecanismo adjudicativo de solução de controvérsias.

Como defendido por Robert E. Hudec, o objetivo de tal mecanismo deve ser a criação de um ordenamento jurídico por meio do qual disputas possam ser dirimidas pela aplicação de regras acordadas por todos e não pela prevalência da "lei do mais forte".[46] Isto é, tal mecanismo deve ser adjudicativo e *rule-oriented* ao invés de diplomático e *power-oriented*.[47] O seu funcionamento deve garantir a igualdade de condições (*leveled playing field*) e, portanto, impedir que as partes mais poderosas sejam favorecidas sob o amparo da ALCA.[48] Esse mecanismo beneficiaria enormemente os países mais fracos e menos desenvolvidos, os quais, de outra maneira, seriam vítimas freqüentes de sua incapacidade de compelir outras partes a observarem as regras e as decisões emanadas da ALCA.

Acima de tudo, o MSC da ALCA deve promover a observância às regras. Sob a tutela de um mecanismo adjudicativo,[49] todas as partes

---

46 Robert E. Hudec, Transcending the Ostensible: Some Reflections on the Nature of Litigation Between Governments, *Minnesota Law Review*, v. 72, p. 211, 1987.

47 Para maiores detalhes sobre a dicotomia entre um sistema *power-oriented* e um sistema *rule-oriented*, veja John H. Jackson, *The World Trading System: law and policy of international economic relations*. Cambridge, MA: MIT Press, 2d ed. 1997, p. 109-111. Para maiores detalhes sobre os riscos de se estabelecer um mecanismo de solução de controvérsias "*power-oriented*" para dirimir disputas entre partes com profundas assimetrias de poder, veja Reisman e Wiedman, op. cit., p. 8-10.

48 Isso representaria a realização de um dos objetivos do sistema multilateral de comércio. Nas palavras do Professor Jackson, esse objetivo é nivelar condições de competitividade entre países grandes e poderosos e países pequenos e relativamente fracos (John H. Jackson, International Law Status of WTO Dispute Settlement Reports: Obligation to Comply or Option to "Buy Out"? *American Journal of International Law*, v. 98, p. 120, 2004).

49 Jackson, Davey e Sykes apontam, dentre outros, os seguintes benefícios de um mecanismo adjudicativo para a promoção da observância às regras: (a) aumento do custo das violações, via responsabilização legal e desconforto diplomático em futuras negociações; e (b) criação de um corpo normativo e jurisprudência, com uma tendência natural de consolidação das regras e diminuição das violações. Para um melhor entendimento sobre a matéria, veja Jackson, Davey e Sykes, op. cit., p. 251-252.

da ALCA, independente de seu poderio econômico e político, serão sempre levadas a respeitar as normas e a observar as decisões emitidas pelo MSC da ALCA.[50]

1.3. A atual minuta do acordo[51]

Um dos objetivos estabelecidos para as negociações da ALCA sobre solução de controvérsias foi levar em consideração, dentre outras coisas, o Entendimento Relativo às Normas e Procedimentos sobre Solução de Controvérsias (em inglês, *Understanding on Rules and Procedures Governing the Settlement of Disputes* ou *DSU*) da OMC.[52] Por essa razão, a atual minuta do MSC da ALCA espelha o DSU. Pode-se afirmar que, salvo poucas exceções, seus dispositivos são quase idênticos àqueles hoje aplicados pelo mecanismo de solução de controvérsias da OMC.

Contudo, nota-se que a minuta ainda reflete as dificuldades que vêm sendo enfrentadas no curso das negociações da ALCA. Há inúmeras lacunas, o que denota uma grande quantidade de questões em aberto e ressalvas em geral. Alguns autores justificam essa situação sugerindo que os negociadores não sabem ao certo qual tipo de mecanismo de solução de controvérsias eles realmente desejam.[53] Embora tais incertezas limitem a capacidade de se fazer uma análise aprofundada da minuta, há dois dispositivos muito

---

[50] Ter um mecanismo adjudicativo de solução de controvérsias é sem dúvida importante. Porém, a fim de delinear o mecanismo mais apropriado para a ALCA, os negociadores devem levar em consideração as demais regras do acordo. Tendo em vista as diferenças entre o Brasil e os Estados Unidos sobre o escopo e a abrangência das obrigações da ALCA, cada capítulo do acordo poderá contar com um nível de apoio diferenciado. Em função disso, alguns capítulos do acordo poderão ter dispositivos desprovidos de força judicante (*soft law*), enquanto outros poderão ter caráter obrigatório (*hard law*). À luz dessas diferenças, os negociadores da ALCA poderão eventualmente optar pela adoção de mecanismos de solução de controvérsias diferenciados para refletir essas variantes.

[51] Veja a nota 3 supra.

[52] Rosine M. Plank-Brumback, Dispute Settlement, in *Toward Free Trade in the Americas* Washington, DC: Brookings Institution Press, 2001, p. 273.

[53] Debra Steger, Ricardo Ramirez e Luis Olavo Baptista, Round Table: Do Current Procedural Proposals for Dispute Settlement in the FTAA Meet the Needs of the Participating Countries?, in *Inter-Governmental Trade Dispute Settlement: Multilateral and Regional Approaches*. London, UK: Cameron May, 2004, p. 411-415.

interessantes, os quais não possuem paralelo no DSU e, portanto, merecem a nossa atenção.

1.3.1. Medidas liminares

Conforme previsto no artigo 19 da atual minuta do MSC da ALCA, um painel poderá conceder medidas liminares para remediar uma situação em que uma das partes envolvidas em uma disputa esteja na iminência de sofrer dano grave e irreparável. A possibilidade de concessão de tais medidas nos casos em que *periculum in mora* e *fumus boni iuris* forem evidenciados é de extrema importância para dar maior credibilidade ao mecanismo de solução de controvérsias da ALCA.

Note-se, porém, que, embora essa prerrogativa seja a realidade nos sistemas judiciários da maioria dos países ao redor do mundo, infelizmente, a concessão de medidas liminares não é permitida segundo as regras existentes do DSU. Isto é, no âmbito do mecanismo de solução de controvérsias da OMC, não existe a possibilidade de um painel ou o Órgão de Apelação remediar liminarmente o membro-réu, mesmo nos casos em que resta evidenciado (a) que o mesmo sofrerá dano irreparável se não for concedida, de imediato, uma medida liminar e (b) que há probabilidade de êxito no mérito do caso.[54] É irrefutável que essa omissão nas regras da OMC já prejudicou, e vem prejudicando, diversos membros da OMC no decorrer de contendas submetidas ao mecanismo de solução de controvérsias. Por tudo isso, seria muito desejável a manutenção desse artigo na minuta final do MSC da ALCA.

1.3.2. Multa

Assim como ocorre na OMC, de acordo com a minuta atual do MSC da ALCA, caso o relatório de um painel não seja devidamente implementado (porque a parte demandada manteve práticas inconsistentes com as normas da ALCA), a parte demandante terá o direito de exigir compensação da parte demandada ou autorização para retaliá-la (suspender benefícios, concessões ou outras obrigações previamente acordadas com aquela parte).

[54] Em razão disso, o governo mexicano fez a seguinte crítica: "*Under the current [WTO] system, there is no recourse for Members to deal with the situations in which the challenged measure is causing damage that would be difficult to repair*" (Proposta do México, TN/DS/W/23, 4 de novembro de 2002, p. 4).

Entretanto, o artigo 34.1 da atual minuta do MSC da ALCA oferece uma alternativa que não é disponibilizada pelo DSU. Em uma disputa sob a ALCA, as partes envolvidas na controvérsia, a fim de evitar a aplicação do instrumento da retaliação, poderão negociar o pagamento, pela parte demandada para a parte demandante, de uma multa anual. Nessa hipótese, as partes teriam que alcançar uma solução mutuamente satisfatória acerca do montante da multa. Caso as partes envolvidas sejam incapazes de chegar a um acordo dentro de trinta dias (situação essa que, provavelmente, ocorrerá com freqüência), o montante da multa em questão será fixado em um valor correspondente a cinqüenta por cento do nível de prejuízos sofridos pela parte demandante.

Além disso, o artigo 34.2 prevê que, de acordo com as circunstâncias, as partes poderão estipular que a multa seja depositada em um fundo criado por elas mesmas. Nesse caso, os valores depositados no fundo seriam despendidos em iniciativas que visem à facilitação do comércio entre as partes envolvidas na contenda, incluindo a redução de barreiras ilegítimas ao comércio ou a concessão de assistência à parte demandada para que esta tenha condições de observar suas obrigações assumidas sob a ALCA.

Essa alternativa de pagamento de multa anual representa um considerável avanço, se compararmos com as disposições do DSU. Diversos autores já denunciaram os efeitos perniciosos gerados pela retaliação, assim como a ineficácia deste instrumento para a promoção do cumprimento de decisões na OMC (especialmente naquelas disputas em que há assimetria de poder entre as partes).[55] O pagamento de multas poderá oferecer uma alternativa eficiente em substituição à retaliação.

Logo, pode-se afirmar que o artigo 34 será capaz de "matar dois coelhos com uma cajadada só". Primeiro, porque oferecerá uma alternativa para um instrumento malquisto e duramente criticado (a retaliação). Segundo, porque enfocará a facilitação do comércio (efeito oposto gerado pela retaliação) e a promoção de programas de capacitação técnica em comércio internacional, que são iniciativas que convergem rumo à busca do objetivo último da ALCA, qual seja, a liberalização do comércio nas Américas.[56]

---

[55] Veja, por exemplo, Steve Charnovitz, Rethinking WTO Trade Sanctions, *American Journal of International Law,* v. 95, p. 792, 2001.

[56] Veja o artigo 2.1., Capítulo II, da atual minuta do MSC da ALCA.

Embora pareça ser uma alternativa inteligente à retaliação, não se pode afirmar que a aplicação de multas, tal como previsto na atual minuta do MSC da ALCA, será uma solução absolutamente justa e perfeita. Isso porque nao há uma justificativa clara para o fato de o montante da multa anual ser fixado em um valor correspondente a cinqüenta por cento (e não cem por cento) do nível de prejuízos sofridos pela parte demandante. Fica a impressão de que o mecanismo não foi criado para reparar os danos incorridos pela parte demandante em função de práticas ilegais cometidas pela parte demandada. Parece que o mecanismo busca apenas encorajar que a parte demandada elimine rapidamente suas práticas inconsistentes com as regras da ALCA.

Outro problema que precisa ser apontado refere-se ao caráter opcional da multa. Conforme dispõe o artigo 34, fica a critério da parte demandada optar entre sujeitar-se à retaliação ou obrigar-se ao pagamento de multa. Seria obviamente mais justo que o pagamento fosse obrigatório ou, caso opcional, que a opção coubesse à parte demandante.

Neste momento, é extremamente difícil prever as implicações dessas falhas da norma. Porém, vale ressaltar o precedente que foi aberto pelo Acordo de Livre Comércio Centro-Americano (CAFTA-DR). Na minuta final do mecanismo de solução de controvérsias do CAFTA-DR existe dispositivo idêntico ao artigo 34 da minuta do MSC da ALCA.[57] Portanto, talvez tenhamos, no futuro, a oportunidade de analisar, empiricamente, a eficácia desse dispositivo com vistas à sua adoção no texto final da ALCA.[58]

Não obstante esses dois dispositivos apontados nos itens 1.3.1 e 1.3.2 supra, os quais não possuem paralelo no DSU, não há dúvida de que existem algumas lições da OMC que precisam ser apontadas e compreendidas. Isso porque determinadas deficiências do mecanismo de solução de controvérsias da OMC foram infelizmente incorporadas à atual minuta do MSC da ALCA. A parte II do presente artigo abordará essas deficiências que vêm afetando o funcionamento do sistema multilateral de comércio e que, se não remediadas a tempo, poderão também afetar o funcionamento da ALCA.

---

[57] Veja o artigo 20.16.6 e seguintes, Capítulo Vinte, do acordo CAFTA-DR.

[58] Essa afirmação baseia-se na presunção de que o CAFTA-DR será, em breve, implementado por todas as suas partes contratantes.

PARTE II

Lições da OMC para a Construção do MSC da ALCA[59]

Um mecanismo de solução de controvérsias forte, legalizado e adjudicativo é um mecanismo capaz de equalizar as assimetrias de poder entre as partes da ALCA; é um mecanismo capaz de emitir decisões de caráter obrigatório; é um mecanismo capaz não só de dirimir controvérsias de maneira sistemática e ordenada, mas também capaz de fazer com que todas as partes da ALCA, independente de seu poder, sejam legalmente responsabilizadas pelas conseqüências de suas práticas desleais.

Uma das lições práticas que podemos tirar do funcionamento do mecanismo de solução de controvérsias da OMC é que lidar com países desiguais requer um mecanismo capaz de neutralizar diferenças de forma eficiente. Caso isso não aconteça, esse mecanismo ensejará comportamentos oportunistas e desleais.

Outra questão importante é que, em geral, as pessoas tendem a dar mais importância para negociações de acesso a mercados do que para negociações de regras. Todavia, enganam-se aqueles que acham que negociar regras e, em especial, regras de solução de controvérsias é menos relevante. Concessões e benefícios arduamente negociados podem ser facilmente neutralizados através da aplicação de regras de solução de controvérsias mal negociadas.

O que vem acontecendo no âmbito da OMC deve servir de modelo para as futuras negociações da ALCA. O mecanismo de solução de contro-

---

[59] Embora este artigo enfoque apenas lições negativas tiradas do funcionamento do mecanismo de solução de controvérsias da OMC, há determinadas lições positivas que devem ser reconhecidas. Ele representa o mecanismo de solução de controvérsias mais abrangente e ambicioso estabelecido no mundo. Considerado, por diversos autores, uma das maiores realizações da Rodada Uruguai, a criação do mecanismo de solução de controvérsias da OMC promoveu, dentre outras coisas: (a) o estabelecimento de um mecanismo único ao qual todos os membros da OMC, sem exceção, estão sujeitos; (b) o estabelecimento de um órgão permanente, o Órgão de Solução de Controvérsias (OSC), que administra o funcionamento do mecanismo; (c) a garantia de automaticidade no requerimento de abertura de um painel (exceto se houver consenso em contrário); e (d) a criação de um procedimento de apelação para ser gerido por um Órgão Permanente de Apelação constituído por sete membros apontados para mandatos de quatro anos. Para maiores informações sobre este assunto, veja Jackson, The World Trading System: law and policy of international economic relations. Cambridge, MA: MIT Press, 2. ed. 1997, p. 124-127; e Consultative Board to the WTO Director-General, op. cit., p. 49-51.

vérsias da OMC não tem reagido, de forma apropriada, em face a violações das normas da OMC. Isso vem afetando a capacidade da OMC de promover justiça sob o sistema multilateral de comércio. Há determinadas causas para esse problema e algumas delas foram infelizmente incorporadas à atual minuta do MSC da ALCA.

2.1. O mecanismo de solução de controvérsias da OMC ainda baseia-se excessivamente em soluções diplomáticas

Dentre outras obrigações, segundo o artigo XVI.4 do *Acordo de Estabelecimento da Organização Mundial do Comércio*,[60] cada um dos membros da OMC deve assegurar que suas leis, regulamentos e procedimentos administrativos estejam em conformidade com suas respectivas obrigações descritas nos acordos anexos.

Quando um membro deixa de observar tal determinação, este ficará sujeito ao procedimento de consulta formal, que pode ser solicitado por outros membros afetados ou de alguma forma preocupados com suas práticas inconsistentes. Dito procedimento poderá culminar na abertura de um painel para o exame da questão.

Os paineis, estabelecidos segundo o artigo 6.1 do DSU, são sempre norteados pelos dois maiores objetivos do mecanismo de solução de controvérsias da OMC, quais sejam: (a) resolver controvérsias de forma amigável, a fim de prevenir tensões e conflitos internacionais e (b) restabelecer o equilíbrio das concessões comerciais sob o sistema multilateral de comércio.[61-62]

Em outras palavras, de acordo com as regras do DSU, a solução perfeita para uma disputa é a negociação diplomática de um acordo mutuamente aceitável para as partes envolvidas. Caso isso se mostre inatingível, a segunda melhor solução passa a ser eliminar as práticas inconsistentes

---

[60] Em inglês, *Marrakesh Agreement Establishing the World Trade Organization.*

[61] Jackson, Davey e Sykes, op. cit., p. 311.

[62] Esses objetivos podem ser facilmente notados através da leitura do artigo 3.7 do DSU: "(...) The aim of the dispute settlement mechanism is to secure a positive solution to a dispute. A solution mutually acceptable to the parties (...) is clearly to be preferred [objetivo 'a']. In the absence of a mutually agreed solution, the first objective of the dispute settlement mechanism is usually to secure the withdrawal of the measures concerned if these are found to be inconsistent with the provisions of any of the covered agreements [objetivo 'b']".

mantidas pelo membro-réu ou colocá-las em conformidade com as regras da OMC.[63] Logo, conclui-se que, no âmbito do DSU, a solução diplomática de contendas ainda é mais valorizada que a observância às regras.[64] Por isso, pode-se afirmar que o mecanismo de solução de controvérsias da OMC está mais para um mecanismo diplomático e *power-oriented* do que para um adjudicativo e *rule-oriented*.

Esse viés diplomático vem minando a habilidade da OMC de promover a observância de suas regras entre os seus membros. Enquanto o maior objetivo for oferecer um caminho diplomático para a solução de controvérsias, o mecanismo de solução de controvérsias da OMC continuará sendo injusto e parcial.

O objetivo principal do mecanismo de solução de controvérsias da OMC deveria ser promover a observância às suas regras. Incentivar negociações diplomáticas entre membros litigantes abre um espaço perigoso para o predomínio da "lei do mais forte". Por meio de negociações diplomáticas, os países desenvolvidos e mais poderosos têm sempre a prerrogativa de utilizar seu poder político para tirar vantagem. Por outro lado, os países em desenvolvimento ou de menor desenvolvimento relativo são vítimas freqüentes de sua incapacidade de forçar outros membros a observarem as regras e as decisões de disputas comerciais. De fato, eles não têm alternativa senão acatar o que lhes é imposto pelos países poderosos.[65]

Por causa das similitudes entre o MSC da ALCA e o DSU e, principalmente, tendo em vista a importância de se buscar um meio efetivo de limitar a influência dos Estados Unidos sobre contenciosos na ALCA, essa é certamente uma importante lição da OMC que devemos considerar atentamente em futuras negociações da ALCA sobre solução de controvérsias.

2.2. Determinações retroativas

Assim como ocorre sob o mecanismo de solução de controvérsias da OMC, de acordo com a minuta atual do MSC da ALCA, nao é permitida a

---

63 Nesse sentido, o artigo 19.1 do DSU estipula que: "Where a panel or the Appellate Body concludes that a measure is inconsistent with a covered agreement, it shall recommend that the Member concerned bring the measure into conformity with that agreement."

64 Steve Charnovitz, The WTO's Problematic "Last Resort" Against Noncompliance, *Aussenwirtschaft*, v. 57, p. 412, 2002.

65 Steger, Ramirez e Baptista, op. cit., p. 412.

concessão de medidas de caráter retroativo em benefício da parte demandante. Por conta disso, não haverá, em princípio, incentivo às partes para o cumprimento das regras da ALCA.

Na OMC, os membros demandados perante um painel ou perante o Órgão de Apelação sentem-se encorajados a utilizar estratégias protelatórias. Com isso, eles podem se beneficiar por mais tempo de práticas ilegais, visto que descumprir as regras é lucrativo. Por exemplo, quando o governo de um membro qualquer percebe que as medidas permitidas pelo DSU não têm cunho retroativo e só estarão disponíveis muito tempo depois da abertura de um painel (o que representa um longo período de impunidade), esse governo sente-se tentado a violar as regras da OMC. De fato, o membro que viola as regras da OMC não tem nada a perder. Se um outro membro contestar e solicitar o estabelecimento de um painel para o exame da questão, o pior cenário possível é ver-se obrigado a eliminar a medida inconsistente dentro de aproximadamente doze meses (*time-frame* estipulado pelo artigo 20.1 do DSU).

Por isso, pode-se argumentar que o mecanismo de solução de controvérsias da OMC não funciona como instrumento para a promoção da observância de suas regras. Pelo contrário, o seu funcionamento serve de estímulo para a utilização de estratégias protelatórias e de descumprimento lucrativo.

Como afirmado pelo professor William J. Davey: "At present, because remedies are prospective, there is an incentive initially to delay the time at which point they might be implemented [compensation or retaliation], such as by seeking a long reasonable period of time for compliance and then forcing the victor to go through an article 21.5 panel (and Appellate Body) proceeding"[66] Ainda nessa linha, os professores Busch e Reinhardt declararam: "(...) there is ample room for a defendant to benefit from a protectionist measure for years while a case is heard, without fear that an arbitration panel would hold it accountable for its pre-ruling actions".[67]

Ora, em outras palavras, pode-se inferir que, como regra geral, o DSU funciona como um incentivo perverso para os membros da OMC. Esses podem se beneficiar da violação às regras, por no mínimo doze meses, com

[66] Jackson, Davey e Sykes, op. cit., p. 311.

[67] Marc Busch e Eric Reinhardt, *Transatlantic Trade Conflicts and GATT/WTO Dispute Settlement*, Conference on Dispute Prevention and Dispute Settlement in the Transatlantic Partnership European University Institute/Robert Schuman Centre, Florença, Itália, 3-4 de maio de 2002, p. 23, disponível no seguinte endereço eletrônico: www.law.berkeley.edu/cenpro/ils/publications.html.

conseqüências legais insignificantes, quando há alguma. Esse incentivo é perverso porque oferece uma recompensa que desvirtua a finalidade do DSU, encorajando a adoção de estratégias oportunistas de descumprimento ao invés de promover o cumprimento das regras.

O governo mexicano identificou esse problema como uma dispensa de fato (*de facto waiver*), como pode ser notado neste trecho extraído da proposta de reforma do DSU defendida por eles no âmbito das negociações da Rodada Doha: "There is currently no mechanism available for a Member challenging a WTO-inconsistent measure to recover the losses resulting from that measure. Illegal measures may be in place for more than three years before a complainant party can obtain compensation or suspend concessions or other obligations. (...) This amounts to a de facto waiver in which a Member can maintain a WTO-inconsistent measure which unduly harms exporters, service suppliers or holders of intellectual property rights of other Members and seriously undermines the objectives of security and predictability that the DSU seeks to pursue".[68]

Logo, pode-se afirmar que o mecanismo de solução de controvérsias da OMC possui sérias falhas no que se refere ao seu papel de promover observância às regras e eqüidade sob o sistema multilateral de comércio. Em suma, não se pode deixar de concluir que as medidas hoje disponibilizadas por esse mecanismo, lamentavelmente, não são eficientes o bastante para incentivar a observância às regras. Muito pelo contrário, elas oferecem estímulo perverso para que membros da OMC adotem estratégias que visem ao descumprimento lucrativo das normas.

Portanto, é certo que são necessários aperfeiçoamentos. A melhor forma de tornar o mecanismo de solução de controvérsias da OMC apto a induzir o cumprimento de regras e decisões é permitir a concessão de reparação retroativa de danos. Dita reparação deve ser calculada desde a data de início da prática ilegal pertinente. Dessa forma, o membro reclamante receberá compensação por todos os prejuízos que lhe foram causados.[69]

---

[68] Proposta do México, op. cit., p. 1 e 2.

[69] Vários autores defendem que seja permitida a concessão de reparação retroativa de danos pelo mecanismo de solução de controvérsias da OMC. Nesse sentido, veja, por exemplo, Petros C. Mavroidis, Remedies in the WTO: between a rock and a hard place, *European Journal of International Law*, v. 11, p. 763-814, 2000; e Joost Pauwelyn, Enforcement and Countermeasures in the WTO: Rules Are Rules--Toward a More Collective Approach, *American Journal of International Law*, v. 94, p. 335, 2000.

O mecanismo de solução de controvérsias da OMC deve focar não apenas na eliminação *ex nunc* da prática ilegal, como também no restabelecimento do *status quo ante*, como se tal prática nunca tivesse existido. Para essa finalidade, deve ser feito um cálculo dos danos econômicos incorridos pelo membro reclamante desde o início da medida ilegal, assim como dos lucros cessantes (oportunidades e lucros comerciais perdidos), de forma a possibilitar a solicitação subseqüente de uma compensação pecuniária do membro-réu no valor do referido cálculo.[70]

Essa é mais uma importante lição da OMC que deve ser analisada para as futuras negociações da ALCA sobre solução de controvérsias. Permitir a concessão de medidas retroativas para a parte demandante seria, certamente, um eficiente instrumento para inibir infrações às normas da ALCA.

Como mencionado no item 1.3.2 supra, a atual minuta do MSC da ALCA prevê o pagamento de uma multa anual em determinadas situações em que o relatório de um painel não seja devidamente implementado pela parte demandada. No entanto, como dito anteriormente, esse instrumento não parece ter sido criado para reparar os danos incorridos pela parte demandante em função de práticas ilegais cometidas pela parte demandada. Parece que o mecanismo é apenas uma alternativa à retaliação para encorajar que a parte demandada elimine rapidamente suas práticas inconsistentes com as regras da ALCA. Logo, os problemas da OMC, acima apontados, tendem a repetir-se na ALCA.

2.2.1. A perspectiva do Direito Internacional Público

É interessante notar que a reforma do DSU proposta no item 2.2 supra encontra abrigo em documento intitulado "Responsabilidade dos Estados por Atos Ilícitos Internacionais",[71] elaborado pela Comissão de Direito Interna-

---

70 Alguns autores argumentam que essa solução é inexecutável, porque seria muito complicado e complexo fazer a quantificação dos efeitos de medidas ilegais sobre o fluxo de comércio potencial. Nesse sentido, veja John H. Jackson, International Law Status of WTO Dispute Settlement Reports: Obligation to Comply or Option to "Buy Out"? *American Journal of International Law*, v. 98, p. 121, 2004

71 Comissão de Direito Internacional, *Draft Articles on Responsibility of States for internationally wrongful acts,* adotados pela Comissão de Direito Internacional na sua 53a sessão (Setembro de 2001), *Report of the International Law Commission on the work of its 53rd session, Official Records of the General Assembly, Fifty-sixth session, Supplement No. 10 (A/56/10), chp.Iv.E.1* (veja os artigos 1, 2, 31 e 34).

cional das Nações Unidas. Através desse documento, a comissão expõe de forma clara e contundente o mesmo entendimento defendido neste artigo de que todo Estado tem o dever e a responsabilidade de oferecer reparação pelos prejuízos causados por suas práticas a outro(s) Estado(s).

Nesse sentido, os professores Palmeter e Mavroidis afirmaram que o direito público internacional há muito reconheceu a responsabilidade dos governos de repararem os prejuízos por eles causados.[72] Como base para isso, eles citam a jurisprudência da Corte Permanente de Justiça Internacional (*Permanent Court of International Justice*), a qual, na decisão do caso *Factory at Chorzow*, determinou que "reparation must, as far as possible, wipe out all the consequences of the illegal act and re-establish the situation which would, in all probability, have existed if that act had not been committed",[73] bem como a jurisprudência da Corte Internacional de Justiça (*International Court of Justice*), a qual, no caso *Corfu Channel*, determinou que a Albânia compensasse o Reino Unido pelos prejuízos por este incorridos.[74]

2.2.2. UE e NAFTA

É também interessante notar que a concessão de reparação retroativa de danos é, há muito, uma realidade tanto na União Européia (UE) quanto no âmbito do Acordo de Livre Comércio da América do Norte (NAFTA). De acordo com a lei costumeira da UE, uma nação pode se ver obrigada a conceder reparação retroativa de danos oriundos de suas práticas ilícitas. De fato, a Corte de Justiça Européia (*European Court of Justice*) já prolatou diversas decisões nesse sentido, tendo o precedente mais renomado ocorrido em 1989 (*Factortame case*).

Já no âmbito do NAFTA, conforme previsto em seu capítulo 11, um investidor privado pode acionar um governo signatário do NAFTA e submeter à arbitragem suas alegações de que o último violou suas obrigações assumidas sob as disposições sobre investimentos do NAFTA. Sob a égide desse mecanismo de solução de controvérsias entre investidores e governos, um tribunal especial pode determinar o pagamento de repa-

[72] David Palmeter and Petros C. Mavroidis, *Dispute Settlement in the World Trade Organization*. Cambridge, UK: Cambridge University Press, 2d ed., 2004, p. 262.

[73] Idem, ibidem.

[74] Idem, ibidem.

ração retroativa de danos para compensar os prejuízos incorridos por um investidor privado como resultado de violações cometidas por um governo signatário do NAFTA.[75]

2.3. Procedimentos na OMC são demasiadamente longos

A última lição da OMC que será abordada neste artigo, da qual os negociadores da ALCA certamente poderão se beneficiar, refere-se à necessidade de se garantir procedimentos mais sumários no âmbito do MSC da ALCA.

Como bem apontado pelo professor Luis Olavo Baptista: "Without a doubt, the speed of the decision making process is as important as the quality of the very decision. (...) a slow dispute settlement system will soon be stripped of any legitimacy, driving parties towards other alternatives to resolve their problems".[76]

Na OMC, ainda que se reconheça que "*speedier procedures with stricter time limits are thought to boost confidence in the DSU by delivering "justice" more promptly*",[77] o que acontece é, de fato, exatamente o oposto. Embora o artigo 20.1 do DSU estipule um período máximo de doze meses para a prolação de decisões (contados a partir do estabelecimento de um painel até a emissão de um relatório final pelo Órgão de Apelação), o período de tempo necessário para a conclusão de casos submetidos à jurisdição da OMC é geralmente muito mais longo. Em paralelo ao problema da não-retroatividade comentado no item 2.2 supra, esse é inegavelmente um dos maiores problemas enfrentados pelo mecanismo de solução de controvérsias da OMC, o qual contribui para que os membros tenham interesse em adotar estratégias de descumprimento lucrativo.

Uma das razões para esse problema é que o cronograma de prazos processuais estipulado pelo artigo 20.1 não engloba os procedimentos re-

---

75 Veja o acordo NAFTA, artigo 1.135. Para maiores detalhes sobre o assunto, veja Debra Steger, Dispute Settlement Under the North American Free Trade Agreement, *in Inter-Governmental Trade Dispute Settlement: Multilateral and Regional Approaches*. London, UK: Cameron May, 2004, p. 291-293.

76 Luis Olavo Baptista, The FTAA: An Uncertain Dispute Settlement System in an Age of Uncertainties, in *Inter-Governmental Trade Dispute Settlement: Multilateral and Regional Approaches*. London, UK: Cameron May, 2004. p. 362.

77 Busch e Reinhardt, op. cit., p. 3.

lativos aos artigos 21.3 (procedimento que envolve a concessão de "prazo razoável" para implementação de relatório pelo membro-réu),[78] 21.5 (o painel que examina a adequação das medidas adotadas pelo membro-réu para o cumprimento de relatório)[79] e 22.6 (procedimento de arbitragem executado pelo painel original para determinação do nível de "retaliação"). Outro procedimento que pode atrasar o cronograma de um painel é a escolha dos árbitros pelas partes. No caso de antidumping envolvendo exportações de cimento provenientes do México, por exemplo, Estados Unidos e México levaram mais de um ano para ultrapassar essa fase processual.[80]

Esses procedimentos, em conjunto, podem levar a um período de tempo total (da abertura do painel original até a emissão do relatório de um "painel do artigo 21.5" ou de um "painel do artigo 22.6") de mais de vinte e quatro meses[81] e, em certos casos, mais de sessenta meses.[82]

Essa morosidade na prestação jurisdicional é claramente inaceitável e incompatível com um mecanismo de solução de controvérsias que busca oferecer justiça sob o sistema multilateral de comércio. Sob a ALCA, a situação pode ser ainda pior, se levarmos em consideração que a atual minuta do MSC da ALCA possui diversas lacunas ao invés de um cronograma de prazos específicos.

Porém, há de se ressaltar que, ainda mais importante do que estipular um cronograma de prazos processuais exeqüível, é estabelecer regras rígidas para garantir a sua observância. Aqueles países que desrespeitarem os prazos repetidamente, o que acontece com freqüência na OMC, terão que arcar com duras conseqüências. Essa é uma dolorosa lição que tiramos da OMC.

---

78 O tempo médio concedido como "prazo razoável de tempo" sob o artigo 21.3 do DSU é de aproximadamente nove meses (artigo 21.3(b)) e aproximadamente doze meses (artigo 21.3(c)). Veja a seção denominada *WTO Dispute Settlement Tables and Statistics*, disponível em: www.WorldTradeLaw.net.

79 O tempo médio que um painel do artigo 21.5 leva para circular um relatório final é de aproximadamente seis meses. Veja a seção denominada *WTO Dispute Settlement Tables and Statistics*, disponível em: www.WorldTradeLaw.net.

80 Veja *United States – Anti-dumping Measures on Cement from Mexico* (WT/DS281).

81 Veja a seção denominada *WTO Dispute Settlement Tables and Statistics*, disponível em: www.WorldTradeLaw.net.

82 Veja, por exemplo, os seguintes casos: *United States – Import Prohibition of Certain Shrimp and Shrimp Products* (WT/DS58/AB/RW) e *European Communities – Regime for the Importation, Sale and Distribution of Bananas* (WT/DS27).

Os negociadores da ALCA devem dar maior atenção para essa questão nas próximas negociações sobre solução de controvérsias.

2.4. Conclusão

Como afirmado anteriormente, o objetivo deste artigo é chamar atenção para a importância de se levar em consideração determinadas deficiências do mecanismo de solução de controvérsias da OMC a fim de construir o melhor mecanismo possível para a ALCA. Para alcançar esse objetivo, os negociadores devem atentar para a necessidade de construir um mecanismo:

(a) que tenha força suficiente para limitar, de maneira eficiente, o poder de barganha dos Estados Unidos em contenciosos econômicos;

(b) adjudicativo, *rule-oriented* e com alto grau de legalidade, o qual terá capacidade de promover, de maneira eficiente, a observância às normas e que, por conseqüência, garantirá o mais alto grau possível de segurança jurídica e previsibilidade sob a ALCA;

(c) apto a emitir decisões de caráter *ex tunc* e, portanto, apto a exigir que a parte demandada, no âmbito de uma contenda, compense a parte demandante em valor correspondente a todos os prejuízos que lhe foram causados. Dita reparação deve ser calculada retroativamente, desde a data de início da prática ilegal pertinente;

(d) apto a conceder medidas liminares para remediar liminarmente a parte demandante nos casos em que resta evidenciado (a) que a mesma sofrerá dano irreparável se não for concedida, de imediato, uma medida liminar e (b) que há probabilidade de êxito no mérito da disputa; e

(e) que ofereça regras rígidas no que se refere a observância de prazos, sendo certo que essas serão respeitadas em todos os casos, exceto em circunstâncias muito excepcionais. Procedimentos mais céleres, com prazos mais rígidos tornarão o MSC da ALCA mais justo e eficiente.

2.5. Bibliografia

Artigos

ABBOTT, Kenneth W.; KEOHANE, Robert O.; MORAVCSIK, Andrew, SLAUGHTER, Anne-Marie; SNIDAL, Duncan. The concept of legalization, *International Organization*, v. 54, p. 401, jun. 2000.

ABBOTT, Kenneth W.; SNIDAL, Duncan. Hard and soft law in international governance, *International Organization*, v. 54, p. 421, jun. 2000.

AMÉRICA LATINA EXPÕE INCERTEZAS SOBRE FUTURO, *Jornal Gazeta Mercantil*, São Paulo, 25 abr. 2005, Caderno Internacional.

ANNAN, Kofi, Laying the foundations of a fair and free world trade system. *The role of the World Trade Organization in global governance*. Hong Kong: United Nations University Press, 2001.

BAPTISTA, Luis Olavo. The FTAA: an uncertain dispute settlement system in an age of uncertainties. *Inter-governmental trade dispute settlement: multilateral and regional approaches*. London, UK: Cameron May, 2004.

BARBOSA, Rubens. A hora da verdade. *O Globo*, Rio de Janeiro, 22 fev. 2005, caderno Opinião.

BERER, Felipe. Proposta para evitar o descumprimento lucrativo das normas da OMC, *Ensaios em comércio internacional: antidumping, disputas comerciais e negociações multilaterais*. São Paulo: Singular, 2005.

BUSCH, Marc; REINHARDT, Eric. Transatlantic trade conflicts and GATT/WTO dispute settlement. Conference on Dispute Prevention and Dispute Settlement in the Transatlantic Partnership European University Institute/Robert Schuman Centre, Florença, Itália, 3-4 maio 2002. Disponível em: www.law.berkeley.edu/cenpro/ils/publications.html.

CHARNOVITZ, Steve. Rethinking WTO trade sanctions. *American Journal of International Law*, v. 95, p. 792, 2001.

_______. *The WTO's problematic "last resort" against noncompliance, Aussenwirtschaft*, v. 57, p. 409, 2002.

GOLDSTEIN, Judith; MARTIN, Lisa L. Legalization, trade liberalization, and domestic politics: a cautionary note, *International Organization*, v. 54, p. 603, jun. 2000.

GRISWOLD, Daniel T. Free-trade agreements – steppingstones to a more open world, Trade Briefing Paper, n. 18, 10 jul. 2003. Disponível em: www.freetrade.org/pubs/briefs/tbp-018es.html.

HUDEC, Robert E. The adequacy of WTO dispute settlement remedies: a developing country perspective. *Development, Trade, and the WTO: a handbook*. Washington, DC: The World Bank, 2002.

_______. Transcending the ostensible: some reflections on the nature of litigation between governments, *Minnesota Law Review*, v. 72, p. 211, 1987.

JACKSON, John H. International law status of WTO dispute settlement reports: obligation to comply or option to "buy out"? *American Journal of International Law*, v. 98, p. 109, 2004.

KAHLER, Miles. Conclusion: the causes and consequences of legalization, *International Organization*, v. 54, p. 661, jun. 2000.

KENNEDY, Kevin C. Book review: a review of globalization and its discontents: globalization and its discontents. Joseph E. Stiglitz. *George Washington International Review*, v. 35, p. 251, 2003.

LACARTE, Julio; GRANADOS, Jaime. General conclusions. *Inter-governmental trade dispute settlement: multilateral and regional approaches*. London, UK: Cameron May, 2004.

MAVROIDIS, Petros C. Remedies in the WTO: between a rock and a hard place, *European Journal of International Law,* v. 11, p. 763, 2000.

PAUWELYN, Joost. Enforcement and countermeasures in the WTO: rules are rules – toward a more collective approach, *American Journal of International Law*, v. 94, p. 335, 2000.

PLANK-BRUMBACK, Rosine M. Dispute settlement. *Toward free trade in Americas*. Washington, DC: Brookings Institution Press, 2001.

_______. The GATT/WTO dispute settlement system and the negotiations for a free trade area of the Americas. *Trade rules in the making: challenges in regional and multilateral negotiations*. Washington, DC: Brookings Institution Press, 1999.

REISMAN, Michael; WIEDMAN, Mark. Contextual imperatives of dispute resolution mechanisms: some hypotheses and their applications in the Uruguay round and NAFTA, *Journal of World Trade*, v. 29, p. 10, 1995.

RICUPERO, Rubens. Rebuilding confidence in the multilateral trading system: closing the "legitimacy gap". *The role of the World Trade Organization in global governance*. Hong Kong: United Nations University Press, 2001.

SCHOTT, Jeffrey J. Whither the free trade area of the Americas? *Free trade in the Americas: getting there from here.* Washington, DC: Inter-American Dialogue, 2004. p. 17.

STEGER, Debra. Dispute settlement under the North American free trade agreement. *Inter-governmental trade dispute settlement: multilateral and regional approaches*. London, UK: Cameron May, 2004. p. 287.

STEGER, Debra; RAMIREZ, Ricardo; BAPTISTA, Luis Olavo. Round table: do current procedural proposals for dispute settlement in the FTAA meet the needs of the participating countries? *Inter-governmental trade dispute settlement: multilateral and regional approaches.* London, UK: Cameron May, 2004. p. 411.

ZABLUDOVSKY, Jaime, The long and winding road to hemispheric integration: ten key elements in understanding the FTAA. *Free trade in the Americas: getting there from here*. Washington, DC: Inter-American Dialogue, 2004. p. 7.

Livros

BHAGWATI, Jagdish. *Free trade today.* Princeton, N.J.: Princeton University Press, 2002.

HENKIN, Louis. *How nations behave.* 2. ed. New York, NY: Columbia University Press, 1979.

HUDEC, Robert E. *Enforcing international trade law: the evolution of the modern GATT legal system*. Salem, NH: Butterworth Legal Publishers, 1993.

_______. *The GATT legal system and world trade diplomacy.* 2 ed. Salem, NH: Butterworth Legal Publishers, 1990.

JACKSON, John H. *The world trading system: law and policy of international economic relations*. 2. ed. Cambridge, MA: The MIT Press, 1997.

JACKSON, John H.; DAVEY, William; SYKES, Alan O. *Legal problems of international economic relations*. 4. ed. St. Paul, Minn.: West Group, 2002.

KUPCHAN, Charles A. *The end of the American era: U.S. foreign policy and the geopolitics of the twenty-first century.* New York, NY: Vintage Books, 2002.

PALMETER, David; MAVROIDIS, Petros C. *Dispute settlement in the World Trade Organization*. 2. ed. Cambridge, UK: Cambridge University Press, 2004.

PETERSMANN, Ernst-Ulrich. *The GATT/WTO dispute settlement system: international law, international organizations and dispute settlement.* London, UK: Kluwer Law International, 1997.

STIGLITZ, Joseph E. *Globalization and its discontents*. New York, NY: W.W. Norton & Co., 2003.

Documentos

CONSULTATIVE BOARD TO THE WTO DIRECTOR-GENERAL. *The Future of the WTO: addressing institutional challenges in the new millennium*. Geneva, Switzerland: World Trade Organization, 2004.

INTERNATIONAL LAW COMMISSION. *Draft articles on responsibility of states for internationally wrongful acts,* adopted by the International Law Commission at its 53trd session (September 2001). Report of the International Law Commission on the work of its 53rd session, Official Records of the General Assembly, Fifty-sixth session, Supplement n. 10 (A/56/10), chp.Iv.E.1.

Proposta do México, TN/DS/W/23, de 4 de novembro de 2002.

RICUPERO, Rubens. *Trade challenges in a globalizing imbalanced world*, Address at the Annual Commencement Day Lecture at the Exim Bank of India, 10 mar. 2005.

Terceira Minuta do Acordo ALCA, de 21 de novembro de 2003. Disponível em: www.ftaa-alca.org/FTAADraft03/ChapterXXIII_p.asp.

UNITED STATES GOVERNMENT ACCOUNTABILITY OFFICE. Report n. GAO-05-166, *Free trade area of the Americas: missed deadline prompts efforts to restart stalled hemispheric trade negotiations*, mar. 2005.

OUTRAS FONTES

www.WorldTradeLaw.net

www.wto.org

ATRAÇÃO DE INVESTIMENTOS E OS LIMITES IMPOSTOS PELOS ACORDOS DE COMÉRCIO INTERNACIONAL

GILBERTO AYRES MOREIRA*

> "Quão 'soberano' é um país cuja economia é tão dependente do comércio internacional com outros países que seu governo não pode livremente estabelecer a taxa de juros doméstica, implementar a política tributária de sua preferência ou instituir um programa eficiente de incentivo para empresas e pessoas?" (JACKSON, John H.; DAVEY, William J. Davey; SKYKES JR., Alan O. *Legal problems of international economic relations*. 4. ed. New York: West Group, 2002. p. 1.)

1. Introdução

O Direito do Comércio Internacional tem importância impar na integração econômica observada no mundo contemporâneo. Neste processo, a Organização Mundial do Comércio (OMC) é reconhecida como a grande responsável pela globalização e a administradora de uma rede de tratados internacionais que tem como função maior restringir o uso de barreiras comerciais pelos países-membros.

Entretanto, os limites que esses tratados internacionais impõem às políticas econômicas que influenciam o comércio de mercadorias, serviços e conhecimento não são tão visíveis aos olhos dos menos atentos. E parece que estas restrições são ainda menos evidentes no campo da política tributária.

Apesar da relação intrínseca entre os acordos de comércio internacional e os sistemas tributários nacionais, os pontos de intersecção entre essas duas matérias são muitas vezes analisados com reservas, em especial pelos especialistas em tributação.

* Advogado, ITP pela Harvard Law School (Cambridge), Pós-Graduado em Direito Tributário pelo IBDT/IBET (São Paulo) e Bacharel em Direito pela Faculdade Mineira de Direito (Belo Horizonte).

Organizações internacionais dedicadas à análise de questões tributárias, tais como o Centro para Política e Administração Tributária da Organização para Cooperação e Desenvolvimento Econômico (OCDE), se manifestam contra a negociação de amplas obrigações internacionais que restrinjam o poder de tributar, em especial na área internacional.

A preocupação da OCDE se refere às restrições reais resultantes da discussão de assuntos da seara tributária pelos painéis do Órgão de Solução de Controvérsias (OSC) da OMC, principalmente no que tange aos tributos sobre a renda e o capital.[1] Este entendimento é compartilhado por certos pesquisadores dedicados às questões tributárias, os quais gostariam de ver minimizada a influência do Direito de Comércio Internacional sobre o Direito Tributário.[2]

Entretanto, uma vez que os tributos são poderosas ferramentas de distorção de comportamento[3] de produtores, comerciantes e consumidores em nível doméstico e internacional,[4] a inclusão de medidas tributárias entre os assuntos objeto de limitação pelos acordos de comércio internacional administrados pela OMC é impreterível.

Querendo ou não, esses tratados internacionais representam uma efetiva e abrangente restrição à soberania tributária dos países-membros. E podem até mesmo ser considerados como parte do "mais amplo sistema

---

1 A OCDE administra e divulga Convenção Modelo para Evitar a Dupla-Tributação da Renda, que é utilizada como base para a negociação de tratados bilaterais na área de tributação internacional. A OCDE sugere a introdução de um dispositivo nesses tratados que limita o acesso ao OSC nos parágrafos 44.5 e 44.6 dos comentários à convenção modelo (OCDE. *Model tax convention on income and on capital*. Paris: OCDE, 2003).

2 GREEN, Robert A. *The interaction of tax and non-tax treaties: conference proceedings, tax treaties in the 21st century*. Boletim do International Bureau of Fiscal Documentation, Amsterdã, n. 56, 2002, p. 254.

3 "Governos utilizam impostos para arrecadar receitas para financiar despesas públicas, para afetar a distribuição de renda na sociedade e para influenciar comportamento" (EASSON, Alex; ZOLT, Eric M. Tax incentives. In: BANCO MUNDIAL. *Course on practical issues of tax policy in developing countries*. Washington: Banco Mundial, 2003).

4 "Impostos são reconhecidos como fator de influência ao comércio internacional" (WHALLEY, John. Taxes and trade. In: BANCO MUNDIAL. *Course on practical issues of tax policy in developing countries*. Washington: Banco Mundial, 2003).

de limites negociados internacionalmente ao poder de tributar e os únicos acordos multilaterais em matéria tributária".[5]

O objetivo é garantir a neutralidade fiscal, que inclusive é vista como um dos mais importantes critérios a ser perseguido quando da adoção de políticas tributárias.[6] Ao firmarem os tratados internacionais, os países-membros assumiram a obrigação de não introduzir normas tributárias que afetem os fluxos de comércio, ou seja, "o fiel da balança é o comércio internacional".[7]

Alguns artigos dos tratados de comércio internacional têm ampla aplicação às questões tributárias, englobando os princípios da não-discriminação e da não-distorção. Guardadas certas especificidades envolvendo mercadorias, serviços e conhecimento, a política tributária dos países-membros não pode ser desenvolvida de forma a afetar exportações, importações e investimentos.

Os limites acordados não são meras aspirações, mas sim regras que devem ser seguidas, como já destacado por diversas vezes pelo OSC,[8] o que deveria ser levado em consideração por todos aqueles envolvidos com matérias tributárias e de comércio internacional.

Barreiras tarifárias e não-tarifárias impostas nas fronteiras vão sendo eliminadas paulatinamente por meio das grandes rodadas de negociações internacionais. E, diante da redução de barreiras fronteiriças, questões que antes seriam analisadas sob um ponto de vista doméstico passam a ter

5 MCLURE JR, Charles E. *Globalization, tax rules and national sovereignty*. Boletim do International Bureau of Fiscal Documentation, Amsterdã, n. 55, 2001, p. 330.

6 De acordo com o princípio da neutralidade, os tributos deveriam influenciar o comportamento de produtores, comerciantes e consumidores o mínimo possível porque "se o sistema tributário não é neutro, produção e comércio internacional não serão otimizados, e perdas de bem-estar serão observadas. A Neutralidade fiscal pode ser afetada em diversos aspectos da tributação: (1) o tratamento das transações transfronteiriças envolvendo jurisdições competidoras, (2) a apuração da base tributável, (3) as alíquotas e estruturas tributárias e (4) o sistema tributário" (WHALLEY, John, op. cit.).

7 FISCHER-ZERNIN, Justus. GATT versus tax treaties? The basic conflicts between international taxation methods and the rules and concepts of GATT. *Journal of World Trade Law*, London, n. 21, 1987, p. 39.

8 Desde a instituição da OMC há pouco mais de 10 anos, o OSC registrou mais de 50 casos relacionados a medidas tributárias tidas como incompatíveis com as obrigações assumidas no âmbito da OMC.

importância maximizada para aqueles que têm interesse nos fluxos internacionais de comércio.[9]

Parte da doutrina especializada demonstra interesse acerca da questão,[10] e a jurisprudência brasileira já reconheceu algumas das restrições impostas por tratados de comércio internacional sobre a liberdade dos legisladores tributários.[11] Todavia, a extensão dessas obrigações ainda não vem sendo devidamente reconhecida de forma a evitar disputas no Brasil e o no exterior. Tal desconhecimento pode inclusive trazer graves prejuízos para o esforço exportador nacional.

Por exemplo, é sabido que pressões políticas e econômicas sofridas pelos legisladores impedem a implementação de reformas efetivas na legislação tributária com o objetivo de reduzir ineficiências econômicas e aumentar a competitividade da indústria brasileira no exterior. Muitas vezes, essas pressões resultam na busca de "atalhos", mudanças legislativas que beneficiam alguns poucos grupos econômicos. Tais "atalhos" geralmente não eliminam as ineficiências causadas e, o que é pior, são implementados sem observância das obrigações assumidas internacionalmente.

Esta assertiva é bem ilustrada pelos eventos envolvidos na apresentação da Medida Provisória 252, rotulada de "MP do Bem", cujo conteúdo foi incluído na Lei 11.196/2005. O diploma legal em questão traz em seu bojo um programa de estímulo a investimentos em projetos de incremento das exportações: Regime Especial de Aquisição de Bens de Capital (RECAP).

Nos termos do Acordo Geral de Tarifas e Comércio (GATT), posteriormente complementado pelo Acordo sobre Medidas de Investimento Relacionadas ao Comércio (TRIMS) e pelo Acordo sobre Subsídios e Medidas Compensatórias (ASMC), o legislador tributário não estaria autorizado a introduzir medidas consideradas distorcivas ao comércio de mercadorias para atrair investimentos voltados ao fortalecimento do esforço exportador.

Essas medidas ilegais podem resultar em questionamentos junto ao OSC ou na adoção de medidas unilaterais pelos países importadores. Ademais, representam um desrespeito às obrigações assumidas pelo Brasil. Os

---

[9] COHEN, Stephen; BLECKER, Robert; WHITNEY, Peter. *Fundamentals of US foreign trade policy*. Boulder: Westview, 2003.

[10] SØRENSEN, Karsten Engsig. Direct Taxation and the WTO Agreements. European Taxation, Amsterdã, n. 206, 2002, p. 42.

[11] Súmulas 20 e 71 do STJ e Súmula 575 do STF.

responsáveis pela política tributária deveriam levar isso em consideração quando da definição de suas políticas, de forma a trazer desenvolvimentos efetivos e melhores condições ao esforço exportador brasileiro.

Na segunda parte do presente trabalho, as obrigações assumidas perante o GATT que dispõem que os tributos internos não podem ser discriminatórios ou distorcivos são analisadas de forma geral. Na terceira parte, é examinado o cenário nacional de desestímulo a investimentos e a introdução do RECAP. Já a quarta parte analisa o conflito entre as medidas de incentivo ao investimento e os acordos de comércio internacional. Por fim, após uma síntese conclusiva, é apresentada proposta de correção legislativa objetivando garantir a adequação da legislação brasileira às normas internacionais e o aumento da competitividade das exportações brasileiras.

2. O GATT e os princípios da não-discriminação e não-distorção

Em 1947 foi firmado o GATT, acordo internacional resultante do entendimento de que deveriam ser evitados os efeitos negativos do uso excessivo de políticas discriminatórias que restringem o acesso a mercados estrangeiros, pois tais políticas levavam invariavelmente à beligerância como instrumento para o alcance de interesses comerciais.

Na medida em que o livre comércio resultaria em ganhos para todas as nações, as partes contratantes reconheceram que este deveria ser um objetivo a ser perseguido. Segundo a Teoria das Vantagens Comparativas de David Ricardo,[12] caso cada nação se dedicasse à produção e exportação dos produtos em que tivesse maior capacidade competitiva, importando aquelas mercadorias em que tivesse reduzida capacidade competitiva, seria observada uma melhor alocação dos recursos econômicos e um aumento da riqueza mundial.[13]

De forma a alcançar seu objetivo maior, o GATT limita a utilização de barreiras comerciais não-tarifárias, consideradas menos transparentes, e incentiva a gradual eliminação do imposto de importação. Para a redução do

---

[12] RICARDO, David. *Principles of political economy and taxation.* 3. ed. New York: Barnes & Nobles, 1821.

[13] De acordo com o preâmbulo do GATT, as partes contratantes reconhecem que: "suas relações no domínio comercial e econômico devem ser orientadas no sentido de elevar os padrões de vida, de assegurar o emprego pleno e um alto e sempre crescente nível de renda real e de procura efetiva, para uma mais ampla exploração dos recursos mundiais e a expansão da produção e das trocas de mercadorias".

imposto de importação, é utilizado um mecanismo que isenta as importações segundo sucessivas rodadas de negociações.[14]

O ideal é a criação de um ambiente no qual apenas barreiras transparentes representadas por impostos de importação fossem utilizadas até que o livre comércio fosse alcançado. É vedado o uso de barreiras indiretas, tais como tributos internos discriminatórios, os quais limitam e distorcem o comércio internacional.

É necessário destacar que, com exceção do imposto de importação, uma barreira efetiva ao comércio internacional, o GATT não visa eliminar tributos ou restringir a soberania tributária das nações. O que se restringe é o emprego de políticas tributárias que obstaculizem a liberalização do comércio e os benefícios advindos da adoção do tratado internacional.[15] A capacidade competitiva dos produtos deveria ser o único fator a orientar o consumidor no mercado internacional,[16] daí a necessidade de que a legislação tributária respeite o princípio da não-discriminação.[17]

Nesse sentido, o GATT inclui uma cláusula de tratamento nacional de ampla aplicação. O tratamento discriminatório seria autorizado apenas em conformidade com rígidas exceções expressas no tratado de comércio internacional, ou seja, o tratamento menos favorável não poderia ser conferido exclusivamente porque a medida se mostra razoável segundo alguma política doméstica.

---

[14] "[Um] princípio 'engrenagem', por meio do qual contínuas rodadas de negociação reduzem barreiras comerciais gradualmente, e uma vez que estas são removidas, não podem mais ser restauradas" (WALLACE JR., Don; BAILEY, David B. Exceptions and conditions: the inevitability of national treatment of foreign direct investment with increasingly few and narrow exceptions. *Cornell International Law Journal*, Ithaca, n. 31, 1998, p. 616).

[15] "Os membros da OMC são livres para perseguir suas próprias políticas internas por meio de tributos internos ou normas regulatórias, desde que eles não o façam de forma que viole (...) qualquer uma das obrigações que eles assumiram no acordo da OMC" (OMC. Relatório do Órgão de Apelação, Japão – Impostos sobre Bebidas Alcoólicas. WT/DS8/AB/R-WT/DS10/AB/R-WT/DS11/AB/R, Genebra, 1996).

[16] ZEDALIS, Rex J. A theory of the GATT "like" product common language cases. *Vanderbilt Journal of Transnational Law*, Nashville, n. 23, 1994, p. 94.

[17] Para uma análise comparativa das regras de tratamento nacional dos acordos da OMC, em face do princípio da isonomia e das cláusulas de não-discriminação dos tratados para evitar a dupla tributação, veja AYRES MOREIRA, Gilberto. trade and tax aspects of offshore outsourcing, *Diritto e Pratica Tributaria Internazionale*, Milano, n. 2/05, 2005, p. 575.

O GATT, em especial seu artigo III, é indiferente às razões políticas que levam à adoção das medidas tidas como discriminatórias. Um país-membro poderia alterar a legislação tributária de modo a aumentar suas receitas ou encorajar/desencorajar uma certa atividade, mas não poderia fazê-lo de forma que resultasse em menores condições competitivas para produtos importados.[18]

Nesse sentido, a jurisprudência dos painéis do então Conselho do GATT adotou o Princípio das Condições Competitivas, enfatizando que "risco de discriminação é uma forma de discriminação", sendo irrelevante o impacto que uma medida discriminatória venha a causar aos fluxos de comércio internacional.[19] Isto demonstra a amplitude da restrição imposta à utilização de medidas discriminatórias.

Também é limitada a utilização de certas espécies de medidas distorcivas como os incentivos fiscais, pois estes poderiam ser utilizados para aumentar a competitividade dos produtos nacionais, muitas vezes compensando sua ausência de vantagens comparativas.

Incentivos fiscais poderiam ser utilizados para corrigir falhas de mercado, de forma a maximizar a produção nacional e incentivar o crescimento.

---

[18] "A jurisprudência do GATT é clara no sentido de que qualquer benefício desta natureza (aqui incentivos fiscais) não pode ser condicionado a qualquer critério que não seja relacionado ao próprio produto importado" (OMC. Relatório do Painel, Indonésia – Certas medidas afetando a indústria automotiva. WT/DS54, 55, 59 & 64/R, Genebra, 1998).

[19] "Brasil – Impostos Internos. O Brasil reconhecia que sua legislação tributária discriminava produtos importados em face de produtos nacionais similares. Todavia, desde que a medida tributária resultava em reduzido ou nenhum impacto no volume de importações, o Brasil argumentou que a medida não 'implicava em proteção a produtos nacionais' (...). Este argumento foi rejeitado pelas partes contratantes sob o entendimento de que o que é relevante é o efeito da medida impugnada sobre as oportunidades de comércio internacional. O Artigo III era 'igualmente aplicável se as importações de outras partes contratantes fossem substanciais, pequenas ou inexistentes' (...). EUA – Tributos sobre Petróleo e Certas Substâncias Importadas. Os EUA não contestaram a alegação (...) de que um imposto exigido sob uma alíquota majorada sobre devidos de petróleo importados em comparação com produtos nacionais seria inconsistente (...). Sua defesa era no sentido de que uma diferença tributária de 3,5 centavos de dólar por barril era tão pequena que seus efeitos sobre o comércio internacional seriam mínimos ou inexistentes (...). O painel rejeitou a alegação, asseverando que a magnitude do efeito sobre o comércio internacional era irrelevante para se constatar a anulação ou redução de concessões" (CHUA, Adrian T. L. Precedent and principles of WTO panel jurisprudence. *Berkeley Journal of International Law*, Berkeley, n. 16, 1998, p. 186).

No entanto, diante da dificuldade de medir a dose de subsídio que seria necessária, muitas vezes a adoção dessas medidas acaba criando distorções de mercado ainda maiores. E, o que é pior, causando prejuízo aos interesses de outros países. Assim, estas razões se mostraram mais que suficientes para que as partes contratantes do GATT reconhecessem a importância do princípio da não-distorção.

Quando produtores específicos são beneficiados com generosos incentivos fiscais, um *spread* entre o preço doméstico e o preço internacional acaba sendo criado. As mercadorias produzidas localmente acabam sendo vendidas por valores inferiores aos preços médios do mercado internacional, implicando a redução de importações e aumento de exportações. O dano é ainda maior quando os subsídios são concedidos com tais finalidades.

De acordo com as regras do sistema multilateral de comércio, em especial o artigo XVI do GATT, os produtores deveriam competir num mundo de igualdade de condições, não importa o quão nobre seja a razão política por traz da introdução do subsídio.[20]

Estas e outras normas componentes do GATT foram desenvolvidas e estendidas ao tratamento de serviços e conhecimento (de acordo com o Acordo Geral sobre o Comércio de Serviços – GATS e o Acordo sobre Aspectos de Direitos de Propriedade Intelectual Relacionados ao Comércio – TRIPS) quando da criação da OMC. Na mesma oportunidade, o próprio GATT foi revisado, recebendo diversos acordos acessórios, tais como o TRIMS e o ASMC, todos com ampla aplicação sobre medidas que venham a incentivar investimentos e distorcer fluxos de comércio de mercadorias.[21]

3. Atraindo investimentos em um ambiente de desestímulo à iniciativa privada

Atualmente as empresas multinacionais são responsáveis por mais de dois terços do fluxo total de comércio internacional.[22] Isto demonstra a

[20] OMC. Relatório do Órgão de Apelação, Brasil – Programa de Financiamento às Exportações de Aeronaves. WT/DS46/AB/R, Genebra, 1999.

[21] Para um exame mais apurado sobre as limitações impostas pelos tratados da OMC sobre a legislação tributária, veja: AYRES MOREIRA, Gilberto. *International Trade and taxation: restrictions on tax sovereignty*. Dissertação (I.T.P.). Cambridge: Law School, Harvard University, 2004.

[22] UNCTAD. World Investment Report 2003: FDI policies for development: national and international perspectives, New York, 2003.

importância destes agentes econômicos na realização de investimentos,[23] vistos como grandes propulsores do desenvolvimento.[24]

No que se refere à localização de novos projetos, seja nos países de residência das multinacionais seja no exterior, a evidência demonstra que essas empresas levam em consideração um conjunto de fatores na decisão. Entre esses fatores se destacam infra-estrutura, mercado de trabalho, cultura, condições macroeconômicas, risco político, questões geográficas e comportamento em face da iniciativa privada, geralmente nesta ordem.[25]

A carga tributária se relaciona com as condições macroeconômicas e o comportamento em face da iniciativa privada. Sua importância na escolha do local de instalação de um novo projeto depende muito da natureza do investimento a ser realizado e sua aversão à majoração de custos.

Os investimentos se classificam entre investimentos voltados à exploração do mercado doméstico (investimento de acesso a mercados) e investimentos direcionados à exploração do mercado internacional (investimento de acesso a recursos).

O investimento de acesso a mercados é menos sensível a custos, entre os quais o custo fiscal. O investidor já se decidiu pela instalação no país para explorar o seu mercado consumidor. Altos custos e desvantagens envolvidos com o fornecimento diretamente do exterior não lhe garantiriam os ganhos vinculados a uma operação local. A diferença entre o preço do produto no mercado doméstico e seu preço internacional lhe permitiria repassar o custo fiscal aos consumidores.

Já o investimento de acesso a recursos é altamente sensível a custos. O investidor busca se instalar em uma jurisdição na qual possa usufruir da proximidade de mercados consumidores e recursos naturais, mão-de-obra barata e outras vantagens comparativas. O objetivo é obter maior competiti-

---

[23] "Investimento externo direto, como a principal forma de se fornecer mercadorias e serviços a mercados estrangeiros, e o principal fator de organização da produção internacional, influencia cada vez mais o tamanho, a direção e a composição do comércio internacional" (UNCTAD, World Investment Report 1996: Investment, trade and international policy arrangements, New York, 1996, p. 73).

[24] BHALA, Raj; KENNEDY, Kevin. *World trade law: the GATT/WTO system, regional arrangements, and the U.S. law*. Albany: Lexis Law, 1998, p. 132.

[25] SINGLE, Louise E.; KRAMER, John L. Tax policy and the allocation of plants and profits. In RIAHI-BELKAOUI, Ahmed. *Significant current issues in international taxation*. Canberra: Quorum, 1998, p. 38.

vidade no mercado internacional. Neste modelo de negócios há uma aversão maior a custos (inclusive fiscais), os quais invariavelmente reduziriam o retorno do investimento.[26]

O Brasil se apresenta como um dos grandes captadores de investimentos no mundo. Diante de sua extensão continental, sua localização estratégica, seus recursos naturais e em especial o tamanho de seu mercado doméstico, o país atrai especialmente investimentos de acesso a mercados.

Entretanto, deficiências quanto à infra-estrutura e diversos aspectos negativos de seus sistemas legal e tributário funcionam como desestímulo para investimentos, em particular para investimentos de acesso a recursos.

No que se refere ao sistema tributário, um dos problemas que reduzem a atratividade do Brasil é a grande pressão que o sistema imprime sobre os investimentos, o que desincentiva a instalação de novos projetos e a revitalização do parque industrial.

Enquanto muitos países mantêm um *mix* de tributos que onera os investimentos de forma mais branda em muitos casos, o Brasil insiste na pluritributação econômica dos investimentos (diversos tributos incidem sobre os investimentos).

No que tange ao Imposto de Renda Corporativo (no caso brasileiro o IRPJ), observa-se um tratamento relativamente uniforme internacionalmente. Por exemplo, os Estados Unidos, os países da União Européia e o Brasil estabelecem que os desencaixes a título de investimento não são dedutíveis da base tributária. Estes países autorizam apenas a dedução da depreciação de máquinas e equipamentos da base do imposto, e não a dedução integral do custo de aquisição dos bens de capital quando da realização do investimento.[27]

---

[26] "Quando a penetração de Mercado é o principal objetivo, considerações referentes a custo são menos importantes [Rolfe e White, 1992]. No entanto, (...) considerações de custo, inclusive custo fiscal, se tornam mais importantes para os investimentos relacionados com exportações onde várias alternativas de localização são apresentadas [Helleiner 1973; Wells, 1987]. Nestes casos, considerações mercadológicas auxiliam na escolha da região geográfica e considerações de custo são levadas em consideração para definir qual país, cidade ou local que receberá o investimento" (SINGLE, Louise E.; KRAMER, John L., Tax policy and the allocation of plants and profits... cit., p. 28).

[27] Conforme se observa do Conceito de Renda definido por Schanz, Haig e Simons, a base de cálculo do imposto de renda corresponde ao acréscimo patrimonial

O problema surge em relação aos tributos indiretos sobre vendas e consumo.[28] Enquanto os Estados Unidos e os países da União Européia geralmente não tributam investimentos realizados pelas empresas localizadas em seus territórios, o Brasil o faz de forma excessiva em nível estadual e federal.

Nos Estados Unidos, o Imposto sobre Vendas é cobrado pela maioria dos estados e governos locais exclusivamente no varejo (vendas diretas a consumidores), sem incidir na venda de máquinas e equipamentos à indústria.

Já nos países da União Européia, o Imposto sobre Vendas é cobrado em todos os elos da cadeia produtiva por meio de um Imposto sobre o Valor Adicionado (IVA) do tipo consumo. Segundo esta sistemática, é garantida a restituição imediata do imposto pago nas aquisições realizadas pelas empresas, inclusive de máquinas e equipamentos. Ou seja, observa-se a desoneração tributária da aquisição de máquinas e equipamentos pela indústria e a incidência do imposto exclusivamente sobre o consumo do produto final quando da venda a varejo.[29]

Todavia, no Brasil adota-se uma abordagem totalmente diferente. Apesar de os tributos sobre vendas (ICMS no âmbito estadual; PIS/COFINS e IPI no âmbito federal) também serem cobrados segundo a sistemática do IVA, não se observa a desoneração integral da aquisição de máquinas e equipamentos verificada na estrutura do IVA do tipo consumo europeu.

Não se restitui o tributo pago na aquisição de máquinas e equipamentos no caso do IPI (IVA do tipo receita bruta[30]) e se restitui parceladamente

adicionado aos desembolsos relacionados ao consumo. Ou seja, no que se refere às pessoas jurídicas, a base de cálculo corresponde às receitas deduzidas das despesas necessárias ao objeto social da empresa. Como a aquisição de bens de capital corresponde apenas à imobilização de capital e não a uma redução patrimonial, investimentos não são excluídos da base de incidência tributária do imposto.

28 Estes tributos são estruturados de forma que incidam exclusivamente sobre o consumo, não abarcando fatores econômicos como a renda ou o capital.

29 Devido à estrutura tributária adotada pelo IVA, o imposto incide sobre uma base tributária composta pela receita das pessoas jurídicas, deduzido de despesas necessárias (excluídas aquelas atinentes a salários, juros e depreciação) e investimentos produtivos. Como a aquisição de bens de capital corresponde à imobilização de capital produtivo, investimentos são excluídos da base de incidência tributária do imposto.

30 Devido à estrutura tributária adotada, o imposto incide sobre uma base tributária composta pela receita das pessoas jurídicas, deduzida de despesas relacionadas à aquisição de insumos consumidos diretamente na produção. Como a aquisição de

(em 48 meses) o tributo pago na aquisição de bens de capital no caso do PIS/COFINS e do ICMS (IVA do tipo renda[31]).

A razão por trás das regras estruturais do sistema tributário brasileiro está muito mais voltada às necessidades arrecadatórias estaduais e federal do que aos efeitos econômicos dos tributos, o que resulta no desestímulo ao consumo e ao investimento.

A estrutura tributária adotada pelo Brasil onera as exportações e reduz a competitividade dos produtos brasileiros no exterior. Ou seja, todos os países analisados isentam as exportações dos tributos indiretos diretamente, de acordo com a sistemática do ajuste tributário de fronteira aceita pelo GATT.[32] Entretanto, o Brasil tributa indiretamente as exportações, pois o custo fiscal representado pela incidência de tributos indiretos sobre investimentos compõe o preço das mercadorias exportadas pelas indústrias brasileiras.

Esta situação traz problemas ainda maiores num cenário de integração econômica internacional, em que o capital é um fator econômico relativamente móvel. Nesse ambiente se observa uma concorrência internacional entre o país sede das empresas multinacionais e os possíveis países hospedeiros dos novos investimentos. O Brasil acaba, então, afugentando investimentos domésticos e externos ao aumentar o custo de um novo projeto.

Diante desse cenário desfavorável, os exportadores brasileiros e os setores do governo voltados à atração de investimentos externos fazem pres-

---

bens de capital corresponde à imobilização de capital produtivo e não à aquisição de insumos consumidos diretamente na produção, investimentos são incluídos na base de incidência tributária do imposto.

31 Apesar da peculiaridade de que o ICMS incide somente sobre operações com mercadorias, transporte e telecomunicações, e o PIS/COFINS sobre mercadorias e serviços, estes tributos são exigidos sobre uma base tributária similar àquela definida para o imposto de renda: a receita das pessoas jurídicas, reduzida das despesas necessárias, inclusive depreciação (excluídas aquelas atinentes a salários e juros). Como a aquisição de bens de capital corresponde apenas à imobilização de capital e não a uma despesa necessária, investimentos não são excluídos da base de incidência tributária.

32 Segundo a sistemática do ajuste tributário de fronteira autorizada pelos artigos II, parágrafo 2, alínea *a*, e XVI, nota suplementar, ambos do GATT, produtos importados podem ser submetidos a tributos indiretos cobrados em operações domésticas, e produtos exportados podem ser isentados de tributos indiretos. Conseqüentemente, as mercadorias (importadas ou não) seriam tributadas (segundo as mesmas regras e alíquotas) apenas no país de consumo, o que resulta em neutralidade fiscal.

são por reformas na legislação tributária. O pleito de redução do custo fiscal sobre investimentos em projetos voltados às exportações é recorrente.

E estas pressões resultaram na introdução do RECAP, regime que beneficia apenas as empresas exportadoras, definidas como as empresas que aufiram mais de 80% de suas receitas em operações de exportação ou que assumam o compromisso de alcançar essa meta.

O RECAP prevê a desoneração do PIS/COFINS sobre os investimentos em projetos voltados às exportações mediante a suspensão/isenção dos tributos na aquisição de bens de capital que venha a ser realizada num período de três anos contados da adesão ao regime.

As empresas optantes do RECAP se comprometem a manter seu status de exportadoras (nos termos da lei) por um período de no mínimo dois anos, que se estende até dois anos contados do início da utilização das máquinas e equipamentos adquiridos. Em caso de descumprimento da condição, as empresas arcarão com o pagamento do débito fiscal inicialmente perdoado acrescido de juros e multa.

Ou seja, os legisladores encontraram uma saída fácil. Ao introduzirem a nova legislação, se resumiram a amenizar de forma pontual o problema dos exportadores em vez de introduzir um sistema tributário eficiente que permitisse ao País melhorar as condições competitivas no exterior. Tudo por meio de um regime especial que se utiliza de incentivos fiscais à exportação e da exigência de exportações para distorcer fluxos de comércio internacional.

4. A ilegalidade dos incentivos fiscais à exportação e requisitos de exportação

Em resposta aos anseios dos membros da OMC, o ASMC foi firmado como um dos acordos acessórios ao GATT. O ASMC resulta da preocupação com o uso excessivo de incentivos fiscais e outros subsídios e seus efeitos sobre investimentos e fluxos de comércio.[33]

O ASMC representa mudança radical na forma como o sistema multilateral de comércio lida com subsídios. Além de o novo acordo obrigar todos

[33] ANDERSON, M Jean; HUSSIAN, Gregory. The Subsidies Agreement, WTO in: STEWART, Terence P. *The World Trade Organization: the multilateral trade framework for the 21st century and US implementing legislation*. Washington: ABA, 1996.

os países-membros da OMC, bane subsídios manifestamente distorcivos e regula a concessão de outros que sejam potencialmente distorcivos.[34]

O ASMC tem ampla aplicação sobre qualquer forma de ajuda estatal (entendida como uma medida que coloca o "recipiente em uma posição mais vantajosa do que aquela na qual estaria não fosse a medida estatal"[35]), inclusive tratamentos preferenciais que possam ser reconhecidos segundo uma definição ampla de incentivo fiscal.[36]

De acordo com o ASMC, um incentivo fiscal corresponde a um tributo devido que seria recolhido não fosse o tratamento preferencial concedido pelo governo,[37] que outorga um benefício aos produtores domésticos.[38]

Por exemplo, uma montadora de automóveis que seja agraciada com a isenção do ICMS devido sobre a venda de automóveis, imposto este que seria exigido não fosse a lei que o desobrigou em razão da instalação da indústria num específico estado, estaria recebendo um subsídio segundo o conceito adotado pelo ASMC. Este benefício permite que a montadora mantenha um preço de venda competitivo sem reduzir suas margens de lucro, o que resulta em um ganho para o produtor por meio de um favor fiscal.

Cabe observar que, nos termos do acordo internacional, um tratamento tributário preferencial não se restringiria a uma redução direta do tributo devido por meio de isenções, restituições, créditos presumidos ou anistias fiscais. Configuraria subsídio qualquer benefício que resulte na redução efetiva da carga tributária, seja por meio da postergação do recolhimento

---

34 Subsídios agrícolas estão submetidos à disciplina especial pelo Acordo em Produtos Agrícolas.

35 OMC. Relatório do Órgão de Apelação, Canadá – Medidas afetando a exportação de aeronaves civis. WT/DS70/AB/R, Genebra, 1999.

36 "1. Para os fins deste Acordo, considerar-se-á a ocorrência de subsídio quando: (a) (i) haja contribuição financeira por um governo ou órgão público no interior do território de um Membro (denominado, a partir daqui, 'governo'), i.e., (ii) quando receitas públicas devidas são perdoadas ou deixam de ser recolhidas (por exemplo, incentivos fiscais tais como bonificações fiscais)" (ASMC); (...)."

37 OMC. Relatório do Órgão de Apelação, Estados Unidos – Tratamento fiscal das *Foreign Sale Corporations*. WT/DS108/AB/R, Genebra, 2000.

38 OMC. Relatório do Órgão de Apelação, Estados Unidos – Exigência de direitos compensatórios sobre certos produtos de aço carbono *hot-rolled lead* e *bismuth* originados do Reino Unido. WT/DS138/AB/R, Genebra, 2000.

do tributo ou de qualquer regime especial que reduza ou elimine um ônus tributário que de outra forma deveria ser satisfeito.

A caracterização de uma medida como subsídio para os fins do ASMC não se prende ao texto da lei ou à técnica legislativa utilizada. É necessária a análise da substância econômica da medida fiscal para que se possa confirmar se há tratamento preferencial.[39]

Como bem observado pelo Órgão de Apelação no caso Estados Unidos – Tratamento Tributário das *Foreign Sale Corporations* (Companhias Estrangeiras de Vendas):

"A expressão do tratado 'devida' implica comparação da medida com 'uma estrutura conceitual definida'. O propósito desta comparação é distinguir entre uma situação em que a receita perdoada é 'devida' e situações em que a receita não seria 'devida'. Os membros, em princípio, têm a autoridade soberana para determinar suas próprias regras tributárias, e a comparação segundo o artigo 1.1(a)(1)(ii) do ASMC necessita ser feita entre as regras tributárias contidas na medida questionada e as outras regras tributárias do membro em questão. Esta comparação permite aos painéis e ao Órgão de Apelação alcançar uma conclusão objetiva, de que, de acordo com a legislação tributária do membro, por sua própria escolha, a medida impugnada envolve perdão de receitas que seriam devidas em qualquer outra situação, nas palavras do ASMC, 'devida'".[40]

Dessa forma, deve-se analisar se: (i) um tributo seria cobrado do produtor tido como beneficiado caso não houvesse a medida; e (ii) se este tratamento é conferido a todos de forma geral ou apenas a um grupo específico como resultado de uma regra de exceção.

---

[39] "Inventivos fiscais são usualmente reconhecidos de acordo com o conteúdo dos dispositivos legais por meio dos quais foram concedidos. No entanto, não é fácil identificar todos os dispositivos do imposto de renda corporativo que constituem incentivos fiscais. Uma diferenciação feita exclusivamente com base na técnica legislativa, por exemplo incluindo apenas dispositivos de leis de incentivos fiscais, seria totalmente inadequada. A diferenciação deve ser fundamentada no conteúdo econômico de cada dispositivo, em que pese a área cinzenta que não tem como ser evitada" (VIHERKENTTÄ, Timo. *Tax incentives in developing countries and international taxation*. Amsterdã: Kluwer, 1991, p. 18).

[40] OMC. Relatório do Órgão de Apelação, Estados Unidos – Tratamento fiscal das *Foreign Sale Corporations*. WT/DS108/AB/R, Genebra, 2000.

Para compreender o quão abrangente são as obrigações assumidas no âmbito da OMC o exemplo do RECAP se mostra oportuno. Neste, as empresas exportadoras estariam adquirindo máquinas e equipamentos por valores inferiores àqueles que seriam pagos por empresas que não se dedicam preponderantemente ao mercado externo. A desoneração do PIS/COFINS devido na venda dos bens de capital implica a redução do valor que seria desembolsado quando da aquisição de mercadorias.

É certo que as empresas em geral também recebem a restituição dos tributos pagos, mas em prazo superior a 48 meses. Não arcar com a despesa tributária no presente ou pagar o débito e se ver restituído parceladamente poderia até parecer indiferente. Afinal, tanto os exportadores quanto as demais empresas estariam sendo desoneradas. Todavia, se levado em consideração que a taxa média de juros para o mercado corporativo é superior a 40% a.a., o tratamento favorável aos exportadores torna-se evidente. Como bem destacado pelo Órgão de Apelação do OSC, os membros da OMC são livres e soberanos para tributar ou não um certo evento, no caso a realização de investimentos. No entanto, se o país-membro resolve fazê-lo, a estrutura introduzida se torna a "estrutura conceitual definida" para verificar se uma preferência tributária está ou não sendo oferecida. Não fosse pelo RECAP, a indústria exportadora estaria numa posição menos privilegiada, e, assim, o regime especial deve ser visto como um incentivo fiscal para os fins do ASMC.

Apesar de a legislação de instituição do RECAP não restringir o benefício a um setor específico da indústria, o que poderia levar à uma conclusão de que seria um benefício geral, o fato é que o incentivo fiscal é relacionado à exportação. A empresa optante deve exportar produtos que gerem ingresso de divisas correspondentes a no mínimo 80% de suas receitas totais.

Apesar do regime especial não representar um incentivo fiscal concedido em razão da exportação propriamente dita, sua concessão está condicionada ao status de exportador do beneficiário. Somente aqueles que exportam grande parte de sua produção têm acesso ao tratamento preferencial. O tratamento preferencial é concedido a quem produz mercadorias destinadas ao mercado externo e não àqueles que produzem mercadorias destinadas ao mercado interno.[41]

---

[41] "O Painel concluiu que apesar de muitas das práticas poderem ser entendidas como efeitos indiretos dos princípios tributários franceses ao invés de um resultado de uma política intencional, eles, no entanto, constituem um subsídio às exportações porque os benefícios às exportações mencionados acima não são concedidos às

Este é um incentivo contingente à exportação nos termos do ASMC. Segundo o acordo internacional, a concessão de incentivos fiscais em razão da exportação ou condicionadas à exportação é um subsídio à exportação.[42] O ASMC estabelece que o simples fato de o incentivo fiscal ser condicionado à exportação o torna ilegal *per se*.[43] Existe uma irrefutável presunção de que tais subsídios distorcem o comércio internacional, uma vez que eliminam a igualdade de condições competitivas pretendidas pelo sistema multilateral de comércio.

Não é com surpresa que se observa que o ASMC se refere a casos como o RECAP ao apresentar lista exemplificativa de incentivos fiscais ilegais à exportação. O item (g) do Anexo I assevera que isenções ou ressarcimentos de tributos indiretos exigidos segundo a sistemática do IVA não podem trazer tratamento preferencial à produção voltada à exportação.[44]

Nem se poderia alegar que, como grande parte dos produtos é destinada à exportação, a Sistemática de Ajuste Tributário de Fronteira autorizaria a concessão do RECAP como forma de desonerar as exportações. O ASMC impede que os países-membros possam se utilizar disfarçadamente da estruturação de um sistema de ajuste de fronteira para introduzir uma medida distorciva.

Nesse sentido, há de se destacar que, no que se refere aos tributos que compõem o custo dos insumos de produção, tais como tributos cumulativos e impostos de importação, não há um mecanismo geral de desoneração aplicável a insumos destinados ao mercado interno e à exportação. Nesses casos

---

operações domésticas" (GATT. Relatório do Painel, Práticas do Imposto de Renda mantidas pela França. 23S/114, Genebra, 1976).

42 Adicionalmente, de forma a verificar se o benefício é condicionado à exportação, é necessário identificar a carga tributária que seria suportada se o produto fosse vendido domesticamente ou no exterior. Também deveria ser analisado se o incentivo fiscal em exame seria conferido em razão do cumprimento de vários requisitos, entre os quais as exportações. Veja OMC. Relatório do Órgão de Apelação, Estados Unidos – Tratamento fiscal das *Foreign Sales Corporations* – Recurso do artigo 21.5 do Entendimento Relativo às Normas e Procedimentos sobre Solução de Controvérsias (ENPSC). WT/DS108/AB/RW, Genebra, 2002.

43 Artigo 3.1 e nota de rodapé 4 do ASMC.

44 "(g) A isenção ou remissão (que inclui devolução e redução de tributos segundo a nota de rodapé 58) de impostos indiretos sobre a produção e a distribuição de produtos exportados, além daqueles aplicados sobre a produção ou distribuição de produto similar vendido para consumo interno" (Anexo I, ASMC).

até é possível a desoneração das exportações, mas os itens (h) e (i) do Anexo I e os Anexos II e III do ASMC deixam claro que apenas os insumos consumidos no processo de industrialização podem ser desonerados dos tributos, não havendo extensão aos bens de capital utilizados nesse processo.[45]

Se um país-membro faz opção pela manutenção de uma alta carga tributária, os produtores e produtos desta jurisdição devem arcar com as conseqüências que tal medida trará a sua competitividade internacional. O ASMC não permite a concessão de um incentivo fiscal sob o argumento de que outros países-membros também subsidiam as exportações por meio de benefícios fiscais.[46] O ASMC também não autoriza tal subsídio sob o fundamento de que seja necessário para igualar o custo fiscal dos produtores e produtos exportados àquele suportado em outras jurisdições.[47]

Nestes termos, o RECAP caracteriza-se como um incentivo ilegal à exportação, o qual tem a sua concessão vedada pelo ASMC, nos termos do seu artigo 3, parágrafo 1, alínea A, e dos seus Anexos I, II e III.

Por outro lado, a desoneração de investimentos condicionada ao compromisso de exportação também resulta em distorção do comércio internacional, e como tal também é vista com reservas pelo sistema multilateral de comércio.

Questões relacionadas à intervenção no comportamento dos investidores sempre estiveram presentes nas negociações comerciais, mesmo à época do então Conselho do GATT. Entretanto, consenso nunca foi

45 Como se observa da nota de rodapé 61, "insumos consumidos no processo produtivo são insumos incorporados fisicamente, combustíveis e óleos, utilizados no processo produtivo, e catalisadores, que são consumidos ao longo do processo de obtenção do produto exportado" (ASMC).

46 "O Painel não aceita que uma distorção possa se justificar em razão da existência de uma outra distorção e considera que se os Estados Unidos entendem que outras partes contratantes violaram o GATT, que ele se socorresse aos remédios oferecidos pelo GATT" (GATT. Relatório do Painel, Legislação Tributária dos Estados Unidos (DISC). 3S/98, Genebra, 1976).

47 "Exigir um imposto de renda de, vamos dizer, 75 por cento, e depois argumentar que uma alíquota especial de 25 por cento para exportadores é necessária porque a alíquota geralmente aplicável pelos outros membros seria de 25% seria considerado um incentivo fiscal" (OMC. Relatório do Painel, Estados Unidos – Tratamento FIscal das *Foreign Sales Corporations*. WT/DS108/R, Genebra, 1999).

alcançado em relação à questão, e aqueles em oposição ao tratamento dos investimentos pelo GATT sempre saíram vitoriosos das mesas de negociação.[48]

Houve uma única disputa relacionada a questões de investimento perante o Conselho do GATT anterior à criação da OMC e ao funcionamento do OSC. Esta envolvia regras canadenses que restringiam o acesso de investimento externo direto por meio de medidas obrigando a observância de níveis de conteúdo nacional.

À época, reconheceu-se que as medidas tendentes a influenciar decisões referentes a investimentos eram estranhas ao sistema multilateral de comércio.[49] O painel, no entanto, destacou que medidas distorcivas de investimento relacionadas ao comércio de mercadorias representam uma violação ao acordo internacional porque também distorcem fluxos de comércio internacional.

Em vista dessas limitações do GATT, os países exportadores de capitais tentaram estender os compromissos assumidos no seu âmbito de forma que questões relacionadas a investimentos pudessem ser regidas por regras multilaterais quando da rodada uruguaia de negociações. Todavia, entendimento foi alcançado exclusivamente em relação às medidas de in-

[48] Em 1955, as partes contratantes assinaram a Resolução sobre Investimentos Internacionais para Desenvolvimento Econômico. Reconhecia-se a importância do investimento externo direto e dos acordos internacionais sobre assuntos relacionados, tais como tratados de investimento e acordos para evitar a dupla tributação da renda. Todavia, recomendou-se que as partes contratantes firmassem tais acordos fora do âmbito do GATT.

[49] "O Painel não considera que seja relevante ou se acha competente para julgar como os investidores externos são afetados pelos requerimentos de aquisição, como a obrigação de tratamento nacional (...) do GATT não se aplica a pessoas ou companhias estrangeiras, mas a produtos importados, e serve para proteger os interesses dos produtores e exportadores estabelecidos no território de qualquer uma das partes contratantes. Se o investidor estrangeiro decide ou não comprar mercadorias canadenses numa dada situação prática não está em questão. O propósito [do GATT] não é proteger os interesses dos investidores estrangeiros mas garantir que mercadorias originadas de qualquer uma das partes contratantes se beneficiam do tratamento não menos favorável em relação às mercadorias domésticas (canadenses)" (GATT. Relatório do Painel, Canadá – Administração da Lei de Investimento Estrangeiro. 30S/140, Genebra, 1994).

vestimento relacionadas ao comércio de mercadorias,[50] as quais, aliás, já eram regidas pelo GATT.[51]

O TRIMS resultou dessas negociações, acordo internacional que dispõe que medidas de investimento relacionadas ao comércio de mercadorias são inconsistentes com o GATT, em especial com as Cláusulas de Tratamento Nacional e de Eliminação de Restrições Quantitativas. O tratado repisa mais uma vez que os países-membros não devem interferir nas decisões dos investidores domésticos e estrangeiros quanto à aquisição de mercadorias nacionais ou importadas ou importação ou exportação de mercadorias.

Ou seja, mais uma vez o RECAP se apresenta como um regime ilegal, pois interfere na decisão dos investidores quanto ao destino das mercadorias produzidas pelos exportadores beneficiados. O regime estabelece que os beneficiários têm de exportar mais de 80% do valor de sua produção, sob pena de arcarem com multas e encargos moratórios.

5. Considerações para o desenvolvimento de políticas sólidas

As restrições impostas pelos tratados de comércio internacional ao poder de tributar dos países-membros são reais e resultam do reconheci-

---

50 "Uma medida de investimento relacionada ao comércio é uma medida imposta pelo governo (geralmente, mas não exclusivamente, de um país em desenvolvimento) sobre um investidor externo (freqüentemente, mas nem sempre, uma empresa multinacional) como condição para investir no país hospedeiro. Medidas de investimento relacionadas ao comércio podem ser positivas ou negativas. Exemplos de medidas positivas (incentivos ao investimento) incluem incentivos financeiros, tais como isenções temporárias ou subsídios, para investir num país hospedeiro de forma geral ou especificamente em uma certa região menos desenvolvida do país hospedeiro. Exemplos de medidas negativas (requisitos de *performance*) incluem requerimentos de capital nacional, requerimentos de obtenção de licença, restrições à remessa de lucros para o exterior, restrições para fechamento de câmbio, condições de transferência de tecnologia, condições de vendas internas, condições de balança comercial, condições de conteúdo local, condições de exportação e condições de substituição de importações" (KENNEDY, Kevin C. A WTO agreement on investment: a solution in search of a problem?, *University of Pensilvanya Journal of Internacional Economic Law*, Filadélfia, n. 24, 2003, p. 77).

51 CRISTY III, P. Bryan; PRICE, Daniel M. Agreement on trade related investment measures (TRIMS): limitations and prospects for the future in The World Trade Organization. In: STEWART, Terence P. *The World Trade Organization: the multilateral trade framework for the 21st century and US implementing legislation*. Washington: ABA, 1996, p. 446.

mento de que a neutralidade tributária é de vital importância para o sistema multilateral de comércio. Exige-se atenção aos princípios da não-discriminação e da não-distorção, especialmente no que se refere aos produtos industrializados.

Tributos não podem ser utilizados para reduzir o potencial competitivo dos produtos estrangeiros no mercado doméstico, e muito menos para aumentar a competitividade dos produtos nacionais nos mercados local ou internacional. Esta é uma realidade que precisa ser reconhecida pelos responsáveis pelo desenvolvimento das normas que compõem o sistema tributário nacional.

Pode até parecer inoportuna a análise do RECAP, pois como diriam aqueles analistas mais pragmáticos: o regime especial tem validade limitada e efeito restrito, e mesmo representando uma agressão às normas do sistema multilateral de comércio, boa parte dos parceiros comerciais do Brasil se utiliza de medidas ilegais para alcançar objetivos domésticos.

Todavia, a história nos demonstra que não existe nada mais definitivo do que uma situação temporária (nesse sentido relembremo-nos do Acordo Multifibras e da Contribuição Provisória sobre Movimentação Financeira – CPMF). Ademais, por menor que seja a renúncia fiscal do ponto de vista internacional (inferior a três bilhões de reais segundo projeções do governo federal), o Brasil assumiu compromisso em face dos demais países-membros da OMC e, portanto, deve respeitar suas obrigações.

Ao invés de manter um sistema tributário ultrapassado, que reduz e até mesmo elimina as vantagens comparativas dos produtos brasileiros no exterior, os legisladores deveriam se esforçar no sentido de introduzir regras progressistas, que tragam maior eficiência econômica à legislação tributária.

Os legisladores deveriam adotar política de desoneração irrestrita e incondicional dos investimentos, ao menos no que se refere aos tributos sobre vendas e consumo, e não oferecer tratamento preferencial paliativo aos exportadores como forma de compensação pelas ineficiências do sistema tributário nacional.

No caso ora analisado, tributos indiretos como o ICMS, o IPI, o PIS e a COFINS, os quais respeitam a estrutura do IVA, deveriam ser restituídos imediatamente a todas as empresas que realizassem investimentos, tudo de forma que não fossem descumpridas as obrigações assumidas perante a OMC. O exemplo do IVA europeu, que já serviu de modelo para o ICMS (Lei Complementar 87/1996), deveria ser observado (mais uma vez) para que tributos indiretos deixem de onerar as exportações indiretamente.

Regimes como o RECAP deveriam ser eliminados, pois incentivos fiscais à exportação representam uma distorção ao comércio internacional, pois trazem prejuízo aos produtores estrangeiros atuando nos territórios dos parceiros comerciais do Brasil.

Os prejuízos do RECAP não se resumem apenas à concorrência, mas podem até mesmo se estender indiretamente aos próprios beneficiários do regime, na medida em que estes fariam investimentos e poderiam acabar registrando capacidade ociosa.

Ao exigir que empresas brasileiras exportem 80% do valor de sua produção a qualquer custo, sob pena de arcarem com o pagamento de penalidades, muitas operações de venda terão que ser realizadas a valores inferiores àqueles normalmente praticados pela empresa no mercado brasileiro. Vendas abaixo do preço normalmente praticado no Brasil ou no exterior podem até mesmo ameaçar a posição da indústria doméstica de outros países ou quando menos gerar oportunidades legais para medidas protecionistas.

Esta ameaça a produtores estrangeiros poderia dar origem a contenciosos no âmbito da OMC ou a medidas unilaterais como imposição de direitos *antidumping* e compensatórios. Como se verifica da prática internacional, a imposição desses direitos acaba restringindo o acesso de mercadorias brasileiras a outros mercados por prazo indeterminado.[52]

A introdução de medidas como o RECAP funciona como instrumento de "propaganda" para o governo, que sinaliza que o ambiente econômico brasileiro seria amigável ao capital produtivo, em especial o investimento externo direto. Entretanto, os efeitos dessas normas podem ser nocivos para o país e especialmente para os investidores envolvidos, o que poderia resultar em perdas e prejuízos para os inadvertidos.

"Atalhos" que objetivam mascarar as ineficiências do sistema tributário nacional acabam produzindo resultados inferiores àqueles pretendidos e deveriam ser evitados. O Brasil necessita de reformas estruturais que venham efetivamente preparar um campo fértil para o investimento e desenvolvimento.

Bibliografia

ANDERSON, M Jean; HUSSIAN, Gregory. The subsidies agreement, WTO. In: STEWART, Terence P. *The World Trade Organization: the multilateral trade framework for the 21st century and US implementing legislation*. Washington: ABA, 1996.

[52] LIMA-CAMPOS, Aluisio; VITO, Adriana. Abuse and Discretion – the impact of anti-dumping and countervailing duty proceedings on Brazilian exports to the United States, *Journal of World Trade*, New York, n. 38(1), 2004.

AYRES MOREIRA, Gilberto. *International trade and taxation: restrictions on tax sovereignty*. Dissertação (I.T.P.). Cambridge: Law School, Harvard University, 2004.

_______. Trade and tax aspects of offshore outsourcing. *Diritto e Pratica Tributaria Internazionale*, Milano, n. 2/05, 2005.

BHALA, Raj; KENNEDY, Kevin. *World trade law: the GATT/WTO system, regional arrangements, and the U.S. law.* Albany: Lexis Law, 1998.

CHUA, Adrian T. L. Precedent and principles of WTO panel jurisprudence. Berkeley *Journal of International Law,* Berkeley, n. 16, 1998.

COHEN, Stephen; BLECKER, Robert; WHITNEY, Peter. *Fundamentals of US foreign trade policy.* Boulder: Westview, 2003.

CRISTY III, P. Bryan; PRICE, Daniel M. Agreement on trade related investment measures (TRIMS): limitations and prospects for the future in the World Trade Organization. In: STEWART, Terence P. *The world trade organization: the multilateral trade framework for the 21st century and US implementing legislation.* Washington: ABA, 1996.

EASSON, Alex; ZOLT, Eric M. Tax incentives. In: BANCO MUNDIAL. *Course on practical issues of tax policy in developing countries.* Washington: Banco Mundial, 2003.

FISCHER-ZERNIN, Justus. GATT versus tax treaties? The basic conflicts between international taxation methods and the rules and concepts of GATT. *Journal of World Trade Law,* Londres, n. 21, 1987.

GATT. Relatório do Painel, Canadá – Administração da Lei de Investimento Estrangeiro. 30S/140, Genebra, 1994.

_______. Legislação Tributária dos Estados Unidos (DISC). 3S/98, Genebra, 1976.

_______, Práticas do Imposto de Renda mantidas pela França. 23S/114, Genebra, 1976.

GREEN, Robert A. *The interaction of tax and non-tax treaties: conference proceedings, tax treaties in the 21st century.* Boletim do International Bureau of Fiscal Documentation, Amsterdã, n. 56, 2002.

JACKSON, John H.; DAVEY, William J. Davey; SKYKES JR., Alan O. *Legal problems of international economic relations*. 4. ed. New York: West Group, 2002.

KENNEDY, Kevin C. A WTO Agreement on investment: a solution in search of a problem?, *University of Pennsilvanya Journal of International Economic Law*, Filadélfia, n. 24, 2003.

LIMA-CAMPOS, Aluisio; VITO, Adriana. Abuse and discretion – the impact of anti-dumping and countervailing duty proceedings on Brazilian exports to the United States. *Journal of World Trade*, New York, n. 38(1), 2004.

MCLURE JR, Charles E. Globalization, tax rules and national sovereignty. *Boletim do International Bureau of Fiscal Documentation,* Amsterdã, n. 55, 2001.

OCDE. *Model tax convention on income and on capital.* Paris: OCDE, 2003.

OMC. Relatório do Órgão de Apelação, Brasil – Programa de Financiamento às Exportações de Aeronaves. WT/DS46/AB/R, Genebra, 1999.

_______. Relatório do Órgão de Apelação, Canadá – Medidas afetando a exportação de aeronaves civis. WT/DS70/AB/R, Genebra, 1999.

_______. Relatório do Órgão de Apelação, Estados Unidos – Exigência de direitos compensatórios sobre certos produtos de aço carbono *hot-rolled* lead e bismuth originados do Reino Unido. WT/DS138/AB/R, Genebra, 2000.

_______. Relatório do Órgão de Apelação, Estados Unidos – Tratamento fiscal das *Foreign Sale Corporations*. WT/DS108/AB/R, Genebra, 2000.

_______. Relatório do Órgão de Apelação, Estados Unidos – Tratamento FIscal das Foreign Sales Corporations – Recurso do artigo 21.5 do Entendimento Relativo às Normas e Procedimentos sobre Solução de Controvérsias (ENPSC). WT/DS108/AB/RW, Genebra, 2002.

_______. Relatório do Órgão de Apelação, Japão – Impostos sobre Bebidas Alcoólicas. WT/DS8/AB/R-WT/DS10/AB/R-WT/DS11/AB/R, Genebra, 1996.

_______. Relatório do Painel, Estados Unidos – Tratamento Fiscal das *Foreign Sales Corporations*. WT/DS108/R, Genebra, 1999.

_______. Relatório do Painel, Indonésia – Certas medidas afetando a indústria automotiva. WT/DS54, 55, 59 & 64/R, Genebra, 1998.

RICARDO, David. *Principles of political economy and taxation*. 3. ed. New York: Barnes & Nobles, 1821.

SINGLE, Louise E.; KRAMER, John L. Tax policy and the allocation of plants and profits. In: RIAHI-BELKAOUI, Ahmed. *Significant current issues in international taxation*. Camberra: Quorum, 1998.

SØRENSEN, Karsten Engsig. Direct taxation and the WTO agreements. *European Taxation*, Amsterdã, n. 206, 2002.

UNCTAD, World Investment Report 1996: investment, trade and international policy arrangements, New York, 1996.

_______. *World Investment Report 2003: FDI policies for development: national and international perspectives,* New York, 2003.

VIHERKENTTÄ, Timo. *Tax incentives in developing countries and international taxation.* Amsterdã: Kluwer, 1991.

WALLACE JR., Don; BAILEY, David B. Exceptions and conditions: the inevitability of national treatment of foreign direct investment with increasingly few and narrow exceptions. *Cornell International Law Journal,* Ithaca, n. 31, 1998.

WHALLEY, John. Taxes and trade. In: BANCO MUNDIAL. *Course on practical issues of tax policy in developing countries*. Washington: Banco Mundial, 2003.

ZEDALIS, Rex J. A theory of the GATT "like" product common language cases. *Vanderbilt Journal of Transnational Law,* Nashville, n. 23, 1994.

PROTEÇÃO CONTRA DESAPROPRIAÇÃO EM ACORDOS DE INVESTIMENTOS: AMEAÇA À REGULAÇÃO EM DEFESA DE INTERESSES PÚBLICOS? - LIÇÕES DO CAPÍTULO 11 DO NAFTA

ANGELA T. GOBBI ESTRELLA*

I - Introdução

O Brasil assinou, durante a década de 1990, uma série de acordos internacionais sobre proteção a investimentos. Foram 14 instrumentos de tipo bilateral, conhecidos como Acordos de Promoção e Proteção de Investimentos (APPIs),[1] e 2 protocolos multilaterais sobre proteção de investimentos no âmbito do Mercosul.[2-3] Todos esses acordos contêm normas visando à

* Procuradora da Fazenda Nacional (Ministério da Fazenda). Professora de Comércio Internacional (UNISINOS/RS) e Conselheira do Grupo Temático de Defesa Comercial do CONCEX/FIERGS. E-mail <angela.estrella@fazenda.gov.br>. As opiniões expressas neste artigo são exclusivamente da autora e não coincidem necessariamente com o entendimento do Ministério da Fazenda.

1 Os APPIs firmados pelo Brasil baseiam-se no acordo de investimentos modelo da Organização para Cooperação e Desenvolvimento Econômico (OCDE), mais especificamente utilizando o padrão conhecido como "modelo OCDE-1959". Vide Flavio Marega, *O mecanismo arbitral de solução de controvérsias investidor estrangeiro – Estado nos acordos internacionais sobre investimentos: implicações para o Brasil*, Tese não publicada, Curso de Altos Estudos do Instituto Rio Branco, Ministério das Relações Exteriores do Brasil, janeiro 2005, p. 10 (arquivada com o autor). Tais APPIs foram celebrados com a República Portuguesa (9 de fevereiro de 1994), a República do Chile (22 de março de 1994), o Reino Unido da Grã-Bretanha e Irlanda do Norte (19 de julho de 1994), a Confederação Suíça (11 de novembro de 1994), a República da Finlândia (28 de março de 1995), a República Italiana (03 de abril de 1995), o Reino da Dinamarca (4 de maio de 1995), a República Francesa (21 de maio de 1995), a República da Venezuela (4 de julho de 1995), a República da Coréia (1.° de setembro de 1995), a República Federal da Alemanha (21 de setembro de 1995), a República de Cuba (26 de julho de 1997), o Reino dos Países Baixos (25 de novembro de 1998), e o Reino da Bélgica e Luxemburgo (6 de janeiro de 1999).

2 Protocolo de Colônia para a Promoção e Proteção Recíproca de Investimentos no Mercosul (11 de janeiro de 1994) e Protocolo de Buenos Aires sobre Promoção e Proteção de Investimentos Provenientes de Estados não-Partes do Mercosul (5 de agosto de 1994).

3 Vide Marega, supra, nota 1, p. 10.

proteção do investimento estrangeiro contra nacionalização e desapropriação e disciplinando o pagamento de indenização, e prevêm a possibilidade de o investidor estrangeiro acionar diretamente o Estado receptor do investimento por via arbitral para questionar eventuais violações daqueles compromissos.[4] Este mesmo padrão de regras é encontrado também na minuta do acordo para a constituição da Área de Livre Comércio das Américas (Minuta do Acordo da ALCA), que está em negociação pelo Brasil. O Capítulo XVII da Minuta do Acordo da ALCA projeta o estabelecimento de compromissos específicos em matéria de proteção a investimentos estrangeiros intrabloco econômico, incluindo a proteção contra nacionalização/desapropriação e a possibilidade de recurso a sistema arbitral para solução de controvérsias investidor estrangeiro-Estado.[5]

A assunção destes compromissos internacionais em matéria de proteção a investimentos estrangeiros integra a ordem do dia da agenda da política comercial brasileira, ainda que a evolução da questão venha se dando de forma lenta, marcada por avanços e recuos. Os APPIs celebrados durante a década de 1990 e os Protocolos do Mercosul (Protocolo de Colônia e Protocolo de Buenos Aires)[6] não foram aprovados pelo Congresso Nacional brasileiro. Seis APPIs e o Protocolo de Buenos Aires chegaram a tramitar perante o Poder Legislativo e levantaram objeções de parlamentares especialmente em relação ao mecanismo arbitral de solução de controvérsias investidor estrangeiro-Estado, e foram posteriormente retirados da apreciação legislativa por solicitação do Poder Executivo.[7] Os demais APPIs e o Protocolo de Colônia nunca chegaram a ser submetidos ao obrigatório referendo do Congresso Nacional.[8] Por sua vez, os compromissos sobre investimentos a serem

---

4 Idem, ibidem, p. 7.

5 Vide ALCA – Área de Livre Comércio das Américas, Terceira Minuta do Acordo (Terceira Minuta do Acordo da ALCA), Capítulo XVII, FTAA.TNC/w/133/Rev.3, 21 de novembro de 2003, disponível em: http://www.ftaa-alca.org/FTAADraft03/ChapterXVII_p.asp.

6 Vide supra nota 2.

7 Vide Marega, supra, nota 1, p. 8-11. Os APPIs foram retirados da apreciação do Poder Legislativo ao final de 2002, a pedido da equipe de transição do governo (Poder Executivo), cujo mandato se iniciaria em janeiro de 2003. Vide Flávio Marega, supra, nota 1, p. 10. O Protocolo de Buenos Aires foi retirado da apreciação do Poder Legislativo no primeiro semestre de 2004.

8 Vide Marega, supra, nota 1, p. 10.

negociados pelo Brasil na ALCA tornaram-se uma incógnita após ter sido permitida a adoção de graus distintos de obrigações e benefícios no âmbito do bloco econômico e admitida uma base menos estrita de compromissos comuns.[9] Não obstante, no plano interno, a Câmara de Comércio Exterior (CAMEX) criou, em dezembro de 2003, um Grupo de Trabalho Intermininisterial sobre os APPIs (GTAPPIs) encarregado de reavaliar as disciplinas constantes do Protocolo de Buenos Aires e dos APPIs firmados pelo Brasil na década de 1990.[10] No plano internacional, em qualquer hipótese de evolução efetiva das negociações da ALCA ou de outro acordo comercial com os EUA, a adoção de disciplinas mais estritas sobre proteção a investimentos tende a ser a principal moeda de troca brasileira para obtenção de concessões norte-americanas.[11]

Tais circunstâncias, somadas à escassa discussão pública no Brasil sobre as disciplinas legais envolvidas nos acordos de investimento, motivaram a elaboração do presente estudo, que tem por foco as normas que regulamentam o pagamento de indenização resultante de desapropriação e sua aplicação no âmbito de sistemas arbitrais de solução de controvérsias investidor-Estado. Mais especificamente, este estudo discute o conceito de desapropriação estabelecido nos acordos de investimento, e seus potenciais efeitos limitadores sobre a habilidade dos governos de exercerem suas competências regulatórias no interesse público. Este tema tem sido um dos mais controversos em matéria de proteção ao investimento estrangeiro, especialmente após o advento do Capítulo 11 do North American Free Trade

---

9 Esta estratégia negociadora, que ficou conhecida como "ALCA *light*", visava possibilitar a evolução das negociações para a constituição da ALCA paralisadas pelo impasse entre interesses defensivos brasileiros e norte-americanos, e foi consolidada na Declaração Ministerial de Miami, de 20 de novembro de 2003, disponível em: http://www.ftaa-alca.org/Ministerials/Miami/Miami_p.asp,

10 Vide Marega, supra, nota 1, p. 10.

11 A combinação entre os interesses ofensivos e defensivos norte-americanos e brasileiros no âmbito das negociações para a constituição da ALCA sugere que o Brasil poderia concordar com o estabelecimento de disciplinas de proteção ao investimento estrangeiro para obter concessões norte-americanas em matéria de defesa comercial. Vide Angela T. Gobbi Estrella, Uma proposta para a ALCA em *antidumping*, medidas compensatórias e salvaguardas: revisão por painel binacional em alternativa à revisão judicial, in Aluisio de Lima-Campos, *Ensaios em comércio internacional:* antidumping, *disputas comerciais e negociações multilaterais 167, 167-70*, São Paulo: Singular, 2005.

Agreement (NAFTA), que disciplina a proteção ao investimento estrangeiro dentro daquele bloco regional.[12]

A estrutura do Capítulo 11 do NAFTA segue um padrão comum em APPIs.[13] No entanto, a combinação de uma abrangente definição de investimento com a redação dada às normas sobre desapropriação tem gerado preocupações em relação às possíveis implicações das normas estabelecidas naquele instrumento internacional. Discute-se o potencial efeito restritivo das regras inseridas no Capítulo 11 do NAFTA sobre o exercício de competências regulatórias pelos governos nacionais dos Estados-Partes daquele bloco econômico.[14] A questão posta é, mais precisamente, se, à luz do Capítulo 11 do NAFTA, medidas regulatórias estabelecidas de boa-fé e adotadas por razões de interesse público podem vir a ser consideradas "desapropriação indireta" ou "medidas equivalentes a desapropriação", caso tenham um impacto significativo sobre os investimentos de investidores de outro Estado-Parte.[15] Nesse caso, o Estado receptor do investimento

---

[12] O Capítulo 11 do NAFTA disciplina a proteção a ser conferida aos investimentos de investidores de um dos Estados Partes do NAFTA nos outros Estados-Partes. Para referência sobre as controvérsias relacionadas a conflitos entre regulação e proteção a investimentos no NAFTA vide Daniel Price, The management and resolution of cross border disputes as Canada/US enter the 21st century: chapter 11 – Private Party vs. Government, investor-state dispute settlement: frankestein or safety valve?, 26 *Canada-US Law Journal* 107, 2000. Vide também Christopher Wilkie, Origins of NAFTA investment provisions: economic and policy considerations, in Laura R. Dawson ed., *Whose rights? The NAFTA chapter 11 debate*, 6, 23, 2002.

[13] Normas sobre tratamento nacional (Artigo 1102), tratamento de nação mais favorecida (Artigo 1103), *standard* mínimo de tratamento (Artigo 1105) e desapropriação (Artigo 1110), e um mecanismo arbitral para solução de controvérsias entre o investidor estrangeiro e o Estado recebedor do investimento (Seção B do Capítulo 11, Artigos 1115 a 1138).

[14] Vide Price, supra, nota 12. Vide também Wilkie, supra, nota 12.

[15] Por exemplo, o governo proíbe a produção de certo produto que seja a base do negócio de um investidor. Tal regulação teria um impacto significativo sobre o investimento dedicado à produção do produto proibido, retirando virtualmente todo o seu valor. Poderia tal medida vir a ser considerada "desapropriação indireta" ou "equivalente a uma desapropriação"? A discussão não é retórica: em período relativamente recente, governos de vários países decidiram proibir a produção, utilização e venda de amianto por entenderem que existe evidência científica demonstrando que o produto é cancerígeno. Esta proibição foi objeto de discussão no âmbito da Organização Mundial do Comércio, com base em outros fundamentos. Vide WTO *European Communities – Measures Affecting Asbestos and Asbestos-Containing Products*,

estaria obrigado a indenizar o investidor "expropriado" pela regulação,[16] o que tenderia a restringir a capacidade dos governos de regularem segundo o interesse público em função do temor de questionamentos de medidas regulatórias por investidores, potencialmente comprometendo a tutela de bens públicos, tais como a proteção do meio ambiente, da segurança e da saúde pública.[17]

Não obstante a evidente relevância da discussão sobre o conceito de desapropriação sob o enfoque de seus efeitos sobre a habilidade dos governos de regularem no interesse público, este aspecto das normas de proteção a investimentos parece ter passado despercebido nos debates sobre o tema no Brasil. As questões relativas às normas sobre desapropriação levantadas durante a apreciação dos APPIs e do Protocolo de Buenos Aires pelo Congresso Nacional brasileiro diziam respeito essencialmente à diferenciação entre investimento produtivo e outras aplicações de recursos,[18] e à forma de pagamento da indenização.[19] Assim, este estudo tem, em primeiro lugar,

WT/DS135/R and WT/DS135/AB/R, adotado em 5 de abril de 2001. Poderia tal proibição ser considerada uma medida equivalente à desapropriação de fábricas de amianto cujos proprietários fossem investidores estrangeiros?

16 Vide NAFTA, Artigo 1110: "No Party may directly or indirectly nationalize or expropriate an investment of an investor of another Party in its territory or take a measure tantamount to nationalization or expropriation of such an investment ('expropriation'), except: (a) for a public purpose; (b) on a non-discriminatory basis; (c) in accordance with due process of law and Article 1105(1); *and* (d) on payment of compensation in accordance with paragraphs 2 through 6" (sem itálicos no original).

17 Vide Howard Mann & Julie Soloway, *Untangling the expropriation and regulation relationship: is there a way forward*?, Report to the ad hoc expert group on investment rules and the Department of Foreign Affairs and International Trade, 12, March 31, 2002, 1, disponível em: http://www.dfait-maeci.gc.ca/tna-nac/documents/untangle-e.pdf.

18 Alguns parlamentares criticaram o conceito de investimento estabelecido nos APPIs e no Protocolo de Buenos Aires por ser suficientemente amplo para incluir qualquer tipo de ativo, real ou financeiro, o que implicaria o estabelecimento de total liberdade de fluxo de capitais "especulativos" (*hot money*), não diferenciando o capital produtivo que atenda a sua função social. Vide Marega, supra, nota 1, p. 95-98.

19 No entendimento de alguns parlamentares, a obrigação de pagamento de indenização "justa, adequada e imediata", constante da maioria dos APPIs, seria incompatível com as prescrições da Constituição brasileira sobre o uso de títulos da dívida agrária resgatáveis no prazo de até vinte anos para pagamento de indenização relativa a

o objetivo de inserir no debate brasileiro sobre acordos de investimento o tema da relação entre a atividade regulatória governamental e o conceito de desapropriação. Também tem o objetivo de oferecer sugestões para a abordagem dessa questão, de forma a conciliar a proteção do investimento com a proteção do interesse público, como subsídio para a avaliação das opções de encaminhamento para os APPIs no Brasil. A discussão é desenvolvida tendo como parâmetro o Capítulo 11 do NAFTA, a respeito do qual o debate tem ocorrido de forma mais contundente, e que tende a ser modelo para acordos de investimentos negociados pelos Estados Unidos da América (EUA) acoplados a acordos regionais de comércio (como é o caso da ALCA).

A primeira parte deste estudo discute se as regras estabelecidas no Capítulo 11 do NAFTA e nos acordos de investimento negociados pelo Brasil permitem que medidas regulatórias de boa-fé, não discriminatórias e adotadas por fins de interesse público sejam consideradas compreendidas no conceito de desapropriação, sujeitando o Estado a indenizar o investidor estrangeiro. O conceito de desapropriação definido nas regras do Capítulo 11 do NAFTA e nas decisões arbitrais que as interpretam é analisado em contraste com o conceito de desapropriação desenvolvido no âmbito do direito internacional. Esta análise comparativa sugere que as regras do NAFTA permitem que medidas regulatórias de boa-fé e não discriminatórias sejam consideradas equivalentes a desapropriação. A seguir, comparando-se as normas do Capítulo 11 do NAFTA com as regras sobre desapropriação constantes do Capítulo XVII da Minuta do Acordo da ALCA, dos Protocolos do Mercosul e dos APPIs firmados pelo Brasil, identificam-se semelhanças e distinções entre as normativas. A natureza dos elementos em comum indica que a hipótese de regulação não discriminatória ser considerada equivalente à desapropriação é possível no caso da Minuta da ALCA, e não é totalmente excluída no caso dos Protocolos do Mercosul e dos APPIs.

A segunda parte do estudo explora então se um teste de "fins e efeitos" poderia ser introduzido na análise do conceito de desapropriação para determinar que tipo de regulação está sujeita à regra sobre indenização. Discute-se se a aplicação de um teste de "fins e efeitos" possibilitaria distinguir medidas

desapropriação para fins de reforma agrária (Artigo 184), bem como sobre o uso de títulos da dívida pública municipal resgatáveis em até dez anos para pagamento da indenização referente a desapropriação realizada pelo Poder Público Municipal (Artigo 182, par. 4.º, inciso III). Vide Marega, supra, nota 1, p. 129.

regulatórias implementadas no interesse público, de boa-fé e de maneira não discriminatória, e excepcionar tais regras do conceito de desapropriação. O artigo examina, nesse contexto, os testes de "fins e efeitos" desenvolvidos na jurisprudência norte-americana sobre "desapropriação regulatória" e na jurisprudência do NAFTA sobre tratamento nacional.

O estudo conclui que um teste de "fins e efeitos" pode e deve ser introduzido na análise do conceito de desapropriação em acordos de proteção a investimento. Dessa forma, é possível assegurar um balanço mais adequado entre a proteção do investimento estrangeiro e a necessidade de garantir às autoridades nacionais a possibilidade de desenvolver políticas de interesse público. Tal espaço de atuação no interesse público fica ameaçado quando a definição das medidas passíveis de serem compreendidas no conceito de desapropriação têm por base teste que leva em conta apenas o grau de impacto da medida regulatória sobre o investimento, como ocorre no NAFTA e nos acordos de investimento em discussão pelo Brasil, pois a limitação ao exercício do poder regulatório estatal pode vir a ser um efeito colateral desses acordos. Assim, este estudo sugere que, caso se prossiga no caminho de implementação de acordos de investimento pelo Brasil, deve ser considerada a introdução de um teste de "fins e efeitos" nessas normativas internacionais. Esta sugestão pode ser implementada por meio da inserção, no texto dos acordos de investimento, de cláusula esclarecendo que existe um permissivo para a edição de regulação não discriminatória de boa-fé, a qual não pode ser abrangida pelo conceito de desapropriação.

II – Conceito de desapropriação em acordos de proteção a investimentos e limitações à capacidade dos governos de regularem no interesse público

A. *Desapropriação e a regra dos poderes de polícia*

1. *Direito internacional*

A normativa internacional visando à proteção do investimento estrangeiro foi configurada pela primeira vez em um momento histórico no qual não havia muitas dúvidas sobre o que constituía uma desapropriação. Sob o impacto das chamadas "nacionalizações" ocorridas durante os primeiros anos do século XX, quando a propriedade privada foi tomada pelo Estado em larga escala, após as revoluções mexicana e russa, a principal preocupação era assegurar que a desapropriação, quando realizada, se conformasse a certos parâmetros mínimos de proteção ao investimento.[20] A fórmula criada à época, e que continua a ser repetida nos atuais acordos de proteção a investimentos, estabelece que, para ser legítima no âmbito do direito internacional, a desapropriação deve ser acompanhada pelo pagamento de "pronta, adequada e efetiva compensação".[21]

O mesmo enfoque predominava quando a estrutura básica das regras sobre desapropriação foi desenhada nos primeiros APPIs, entre os anos 1960 e 1970. Os APPIs eram concebidos como "instrumentos para proteger propriedade privada que investidores estrangeiros possuíssem no exterior", em uma época na qual os investimentos estrangeiros diretos em indústrias extrativas e manufatureiras situados em ex-colônias européias enfrentavam uma crescente tendência de nacionalismo econômico, que sugeria o advento de uma segunda onda de nacionalizações/desapropriações.[22] Provavelmente, a tensão entre os Estados recém-tornados independentes e seus antigos Estados coloniais foi o elemento que determinou a adição dos qualificativos "não discriminatória" e "visando a um interesse público" à lista dos requisitos para uma desapropriação legítima à luz do direito internacional consuetudinário.[23]

---

[20] Vide United Nations Conference on Trade and Development, *Taking of property*, UNCTAD series on issues in international investment agreements, p. 5, 2000, disponível em: http://www.unctad.org. As desapropriações realizadas durante o período das "nacionalizações" não foram acompanhadas pelo pagamento de indenização e, assim, causaram conflitos entre os países receptores do investimento e os países de origem dos investidores desapropriados (idem, ibidem). A partir desses conflitos, foi formulada, pela primeira vez, a idéia de que as desapropriações deveriam seguir alguns parâmetros mínimos determinados pelo direito internacional, os quais protegiam o interesses do investidor e incluíam o pagamento de indenização (idem, ibidem).

[21] Estes parâmetros mínimos assim formulados tornaram-se conhecidos como a "fórmula Hull" ("prompt, adequate and effective compensation"), em homenagem ao Secretário de Estado norte-americano Cordell Hull, que a articulou pela primeira vez em um comunicado ao governo do México, em 1938. Vide United Nations Conference on Trade and Development, supra, nota 20, p. 5.

[22] Vide Roberto Echandi, Bringing investment to the aegis of the multilateral trade system: steps taken in the context of the FTAA, in Marco Bronckers & Reinhard Quick eds., *New directions in international economic law, essays in honor of John H. Jackson* 391, 396, 2000 (sem itálicos no original). Vide também United Nations Conference on Trade and Development, supra, nota 20, p. 5.

[23] Vide United Nations Conference on Trade and Development, supra, nota 20, p 1.

Os modernos acordos de proteção a investimentos, isto é, aqueles realizados desde os anos 1980, têm estendido a aplicação das regras que protegem investimentos contra "nacionalização ou desapropriação" também a medidas referidas como "desapropriações indiretas" ou "equivalentes" a nacionalização ou desapropriação.[24] O significado destas expressões tem sido construído com base no critério do grau de interferência na propriedade, de forma a compreender quaisquer medidas governamentais que sejam o equivalente funcional de uma desapropriação.[25]

Esta definição de "equivalência" à desapropriação baseada apenas na extensão em que a medida afeta os direitos de propriedade em princípio abre o caminho para que se construa qualquer medida governamental como um ato de desapropriação. Não obstante, o direito internacional consuetudinário tem reconhecido uma exceção para aplicação das regras sobre desapropriação no que se refere a medidas regulatórias adotadas de boa-fé, de maneira não discriminatória, compreendidas no âmbito do conceito tradicional de direito internacional sobre o exercício de poderes de polícia.[26] Em outras palavras, distingue-se o exercício de poderes de polícia, compreendidos como regulação normal, não discriminatória, visando à proteção de bens públicos, tais como o meio ambiente, a saúde ou interesses de bem-estar público, de atos que podem ser considerados equivalentes a uma desapropriação.[27]

---

24 Vide idem, p. 6.

25 I.e., "measure[s] attributable to a government that interfere[s] with the rights flowing from the foreign-owned property *to an extent* that the property has been functionally expropriated". Vide Julie Soloway, Environmental expropriation under NAFTA chapter 11: the phantom menace, in John J. Kirton & Virginia W. Maclaren eds. *Linking trade, environment and social cohesion* 133-5 (sem itálicos no original).

26 Vide Howard Mann & Konrad von Moltke, *Protecting investor rights and the public good: assessing NAFTA's chapter 11*, Background Paper to the ILSD Tri-National Policy Workshops, p. 16 (Mexico City: March 13; Ottawa: 18 de Março; Washington: 11 de Abril), disponível em: http://www.iisd.org/trade/ILSDWorkshop). Vide também Soloway, supra, nota 25, p. 136-138.

27 I.e., regulação *legítima e não discriminatória* não pode ser considerada "desapropriação indireta" ou "equivalente a desapropriação", e não pode implicar responsabilidade no âmbito do direito internacional. Vide Soloway, supra, nota 25, p. 136-138. Vide também Mann & Moltke, supra, nota 26, e J. Anthony VanDuzer, NAFTA chapter 11 to date: the progress of a work in progress, in Laura R. Dawson ed., *Whose rights? the NAFTA chapter 11 debate*, 47, 86, 2002.

2. *Capítulo 11 do NAFTA*

O Artigo 1110 do NAFTA proíbe que os Estados-Partes do acordo nacionalizem ou desapropriem, direta ou indiretamente, um investimento de um investidor de outro Estado-Parte do NAFTA em seu território ou adotem medidas equivalentes, exceto para um propósito público, em bases não discriminatórias, de acordo com o devido processo legal, e mediante o pagamento de indenização.[28] O tipo de medidas que podem ser compreendidas no conceito de "nacionalização ou desapropriação indireta" ou "medidas equivalentes a nacionalização ou desapropriação" não é definido no Artigo 1110.

A regra geral sobre as normas relativas a investimentos, estabelecida no Artigo 1101 determina que a normativa do Capítulo 11 do NAFTA se aplica a "medidas adotadas ou mantidas" ("measures adopted or maintained") por um Estado-Parte, as quais são definidas no Artigo 201(1) do Acordo como incluindo "qualquer lei, regulamento, procedimento, requerimento ou prática" ("any law, regulation, procedure, requirement or practice") de um Estado-Parte do NAFTA.[29] Como esta definição não é exaustiva, as medidas cobertas pelas normas relativas a desapropriação abrangem uma larga margem de ações governamentais, não sendo limitadas a regras e procedimentos com efeito expropriatório direto.[30] Este entendimento é reforçado pelo fato de que as regras proibindo desapropriação ilegítima no Artigo 1110 do NAFTA se aplicam a investimentos compreendidos na definição estabelecida no Artigo 1139 do Acordo, a qual abrange uma larga variedade de interesses econômicos, tanto tangíveis como intangíveis. Assim, pode-se sustentar que o Artigo 1110 do NAFTA aplica-se a quaisquer medidas que afetem substancialmente tais direitos.

Por outro lado, o Artigo 1131(1) do NAFTA estabelece que o Capítulo 11 do Acordo deve ser governado pela regra de direito internacional. Com base nesse dispositivo, seria possível argumentar que o Artigo 1110 do NAFTA incorpora a exceção para o exercício de poderes de polícia que, como

---

28 Vide *NAFTA*, Artigo 1110: "No Party may directly or indirectly nationalize or expropriate an investment of an investor of another Party in its territory or take a measure tantamount to nationalization or expropriation of such an investment ('expropriation'), except: (a) for a public purpose; (b) on a non-discriminatory basis; (c) in accordance with due process of law and Article 1105(1); *and* (d) *on payment of compensation...*" (sem itálicos no original).

29 Vide NAFTA, Artigo 1101.

30 Vide VanDuzer, supra, nota 27, p. 60.

mencionado acima, é reconhecida no direito internacional consuetudinário.[31] No entanto, o Capítulo 11 do NAFTA estabelece, nos parágrafos 7 e 8 do Artigo 1110, duas exceções específicas para as normas sobre expropriação. Estas exceções referem-se a duas áreas particulares de exercício de poderes de polícia, quais sejam, a regulação do exercício de direitos de propriedade intelectual e a regulação financeira, nas quais o exercício destes poderes é expressamente excluído do conceito de desapropriação.[32] A presença destas exceções específicas indica fortemente, *a contrario*, que o NAFTA não reconhece uma exceção geral para o exercício dos poderes de polícia.

a) *Interpretação conforme a Convenção de Viena sobre o Direito dos Tratados*

A Convenção de Viena sobre o Direito dos Tratados (Convenção de Viena)[33] incorpora, em seus Artigos 31 e 32, regras sobre metodologia hermenêutica que têm sido reconhecidas como normas consuetudinárias de interpretação de direito internacional público.[34] A regra geral de interpretação, incorporada no Artigo 31 da Convenção de Viena, prescreve que os tratados devem ser interpretados de boa-fé, de acordo com o sentido comum a ser atribuído a seus termos, em seu contexto (que compreende texto, preâmbulo e anexos), e à luz do seu objeto e propósito.[35]

Um dos corolários da regra geral de interpretação incorporada no Artigo 31 da Convenção de Viena é que a interpretação deve atribuir significado

---

31 Vide Mann & Soloway, supra, nota 17, p 12.

32 Vide NAFTA, Artigo 1110, parágrafos 7 e 8: "7. This Article does not apply to the issuance of compulsory licenses granted in relation to intellectual property rights, or to the revocation, limitation or creation of intellectual property rights, to the extent that such issuance, revocation, limitation or creation is consistent with Chapter Seventeen (Intellectual Property). 8. For purposes of this Article and for greater certainty, a non-discriminatory measure of general application shall not be considered a measure tantamount to an expropriation of a debt security or loan covered by this Chapter solely on the ground that the measure imposes costs on the debtor that cause it to default on the debt".

33 Vienna Convention on the Law of the Treaties, de 23 de maio de 1969.

34 Vide José Francisco Resek, *Direito internacional público*, Saraiva, 1991, p. 98. Vide também WTO Appellate Body Report, Japan – Taxes on Alcoholic Beverages, WT/DS8/AB/R, WT/DS/10/R, WT/DS/11/AB/R, adotado em 1.º de novembro de 1996, p. 10.

35 Vide Convenção de Viena, Artigo 31, parágrafos 1 e 2.

e efeito a todos os termos do tratado.[36] No caso do Capítulo 11 do NAFTA, isto significa atribuir significado tanto à expressa referência a certas medidas compreendidas no conceito de poderes de polícia como exceções às regras sobre desapropriação, quanto à ausência de referência a outras medidas também compreendidas naquele conceito.[37] A única interpretação possível para atribuir significado completo tanto às menções quanto às omissões a medidas compreendidas no conceito de poderes de polícia no Artigo 1110 do NAFTA é a de que as medidas referidas nos parágrafos 7 e 8 daquele dispositivo são as únicas medidas regulatórias excepcionadas do conceito de expropriação estabelecido no Capítulo 11 do NAFTA.

Este entendimento é corroborado pelo objeto e propósito do NAFTA (estabelecidos no seu Artigo 102), que incluem especificamente "aumentar substancialmente oportunidades de investimento nos territórios dos Estados-Partes".[38] A referência expressa a aumento substancial de oportunidades de investimento sugere um objetivo e propósito de proteger os investimentos dentro do NAFTA, o que reforça a conclusão de que não há exceção geral para poderes de polícia sob o sistema de proteção a investimentos previsto no Capítulo 11 do Acordo.[39] Em contraste, menções à resolução das Partes

[36] Vide, por exemplo, WTO Appellate Body Report, United States – Standards for Reformulated and Conventional Gasoline, WT/DS2/9, adotado em 20 de maio de 1996, p. 23, no qual o Órgão de Apelação da Organização Mundial do Comércio (OMC) declarou: "one of the corollaries of the general rule of interpretation in the *Vienna Convention* is that interpretation must give *meaning* and *effect* to *all* the *terms* of the treaty" (sem itálicos no original).

[37] Vide Japan – Alcoholic Beverages, supra, nota 34, p. 18, no qual o Órgão de Apelação da OMC aplicou a regra da efetividade da interpretação para estabelecer uma distinção interpretativa entre a primeira e a segunda sentenças do Artigo III:2 do Acordo Geral sobre Tarifas e Comércio (General Agreement on Tariffs and Trade – GATT) com base na existência de uma referência ao Artigo III:1 do GATT no texto da primeira sentença do Artigo III:2 do GATT, e na ausência de tal referência no texto da segunda sentença do mesmo dispositivo. O Órgão de Apelação da OMC ponderou que era necessário atribuir significado a tais diferenças de redação (idem, ibidem).

[38] Vide Artigo 102(d) do NAFTA: "increase[ing] substantially investment opportunities in the territories of the Parties".

[39] Os Tribunais que examinaram questionamentos de violação ao Capítulo 11 do NAFTA têm referido esse objetivo em seus relatórios como relevante para interpretação daquele diploma legal. Vide J. VanDuzer, supra, nota 27, p. 57, nota 44, frisando a existência desta referência na decisão sobre o caso Metalclad. Vide

do NAFTA de "preservar a habilidade de salvaguardar o interesse público", "promover desenvolvimento sustentável e "reforçar o desenvolvimento e implementação de leis de proteção ao meio ambiente" podem ser encontradas apenas no preâmbulo do Acordo.[40] Ainda que o preâmbulo integre o contexto para propósitos de interpretação do tratado, a mera referência, no preâmbulo, a resoluções das Partes do NAFTA alinhadas com objetivos de proteção do interesse público é insuficiente para rejeitar a interpretação de que o sistema de proteção a investimentos previsto no Acordo não prevê exceções gerais para poderes de polícia, a qual resulta do texto do Acordo, reforçada por seu objetivo declarado.[41]

b) *Jurisprudência*

Até o momento em que este artigo foi escrito, questões relacionadas às normas sobre desapropriação estabelecidas no Capítulo 11 do NAFTA foram apreciadas no mérito em somente três casos, quais sejam *Pope and Talbot Inc. v. Canada* (Pope & Talbot),[42] *Metalclad Corporation v. The United Mexican States* (Metalclad),[43] e *S.D. Myers Inc. v. Canada* (S.D. Myers).[44-45] Em todos esses casos, os Tribunais Arbitrais parecem ter adotado

---

Metalclad Corporation v. *The United Mexican States* (*Metalclad*), 30 de agosto de 2000 (Case n. ARB (AF)/97/1), par. 76, reproduzido em 2001, 16 *ICSID Review – Foreign Investment Law Journal* 168, disponível em: http://www.economia-snci.gob.mx/sphp_pages/importa/sol_contro/consultoria/Casos_Mexico/Metalclad/Metalclad.htmand.

40 Vide Mann & Moltke, supra, nota 26, p. 7.

41 As declarações feitas no preâmbulo são "regras de princípio" pelas quais os objetivos posteriormente mencionados no Artigo 102 devem ser implementados como elaborados nas regras específicas do acordo, e não um objetivo em si para o propósitos de aplicação do Artigo 31(1) da Convenção de Viena. Vide *Mexico* vs. *Metalclad Corporation* (2001) B.C.J. n. 950, supplementary reasons (2001) B.C.J. n. 2268 (S.C.) (*Metalclad Review*), par. 71, citada por VanDuzer, supra, nota 27, p. 57-58. Com base nestes parâmetros, a Corte revisora do caso Metalclad reformou decisão do Tribunal Arbitral que havia considerado "transparência", referida no preâmbulo do NAFTA, como um objetivo referido no Artigo 102.

42 *Pope and Talbot Inc. v. Canada Award on Merits of Phase 1*, 26 de junho de 2000, disponível em: www.dfait-maeci.gc.ca/tna-nac/NAFTA-e.asp#PandT).

43 *Metalclad Corporation* v. *The United Mexican States*, vide supra, nota 39.

44 *S.D. Myers Inc. v. Canada Partial Award*, 13 de novembro de 2000, disponível em: www.dfait-maeci.gc.ca/tna-nac/NAFTA-e.asp#SDM).

45 Vide VanDuzer, supra, nota 27, p. 84-90.

a posição de que, na ausência de qualquer restrição formal ao escopo das normas sobre desapropriação estabelecidas no Capítulo 11 do NAFTA, o grau de impacto no investimento é o único teste a ser aplicado para determinar se uma medida constitui desapropriação ou não. Além disso, embora nenhum desses Tribunais tenha declarado uma medida regulatória de boa-fé, não discriminatória, compreendida no exercício dos poderes de polícia, como abrangida pelo conceito de desapropriação previsto no Artigo 1110 do NAFTA, todos admitiram a possibilidade de tal decisão.

i) Pope & Talbot

O Tribunal Arbitral que julgou o caso Pope & Talbot declarou expressamente que o escopo do Artigo 1110 do NAFTA abrange regulação não discriminatória que possa ser enquadrada no âmbito do exercício dos assim chamados poderes de polícia estatais.[46] Ao fazer tal declaração, o Tribunal referiu-se a "creeping expropriation" (desapropriação subreptícia"),[47] e observou que uma exceção geral criaria um flanco aberto na proteção internacional contra desapropriação.[48] A referência a "creeping expropriation" poderia sugerir que, no entendimento do Tribunal Pope & Talbot, as medidas regulatórias abrangidas pelo escopo do Artigo 1110 do NAFTA seriam apenas aquelas que, embora formalmente não discriminatórias e subsumidas no âmbito do exercício de poderes de polícia, fossem, de fato, desenhadas com o objetivo de expropriar o investimento de um investidor. Todavia, a decisão do Tribunal não aplicou nenhum critério para distinguir regulação "ilegítima", abrangida no conceito de desapropriação, do exer-

---

46 Vide Pope & Talbot, supra, nota 42, par. 99: "the scope of [Article 1110] does cover nondiscriminatory regulation that might be said to fall within an exercise of a state's so-called police powers".

47 O termo *creeping expropriation* tem sido utilizado para designar o lento e crescente avanço do Estado sobre um ou mais direitos de propriedade de um investidor estrangeiro, o que diminui o valor do investimento. Vide United Nations Conference on Trade and Development, *Taking of property*, supra, nota 20, p. 10. O investidor estrangeiro mantém o título legal da propriedade, mas seus direitos de uso são diminuídos como resultado da interferência estatal (idem, ibidem). São citados como exemplos de *creeping expropriation* a venda forçada de ações de uma empresa, a interferência no direito de gestão, a nomeação de administradores, a recusa de acesso a mão-de-obra ou matérias-primas, e a tributação excessiva ou arbitrária (idem, ibidem, p. 11-12).

48 Vide Pope & Talbot, supra, nota 42, par. 99: "a blanket exception would create a loophole in international protection against expropriation".

cício de poderes de polícia, presumivelmente excepcionado desta regra. O Tribunal definiu medidas equivalentes a desapropriação como "regulação que interfere de forma não razoável com atividades negociais de maneira tão restritiva que tenha o efeito de tomar a propriedade do investidor no todo ou em parte, de uma vez só ou em etapas".[49] A referência, nesta definição, a interferência "não razoável" até poderia dar margem à aplicação de um teste de "finalidades e efeitos". No entanto, o Tribunal Pope & Talbot aplicou efetivamente apenas um teste de efeitos, mais especificamente, se o efeito da medida questionada era "equivalente a desapropriação".[50]

O Tribunal Pope & Talbot decidiu que o estabelecimento de um regime de quota de exportações pelo Canadá para implementar um acordo voluntário de restrição de exportações estabelecido entre Canadá e EUA não constituía desapropriação porque tais medidas não privavam o investidor de todo o valor do seu investimento, mas meramente implicavam redução dos lucros.[51] Assim, ainda resta ser respondido se, em primeiro lugar, as medidas governamentais discutidas no caso constituiriam regulação legítima abrangida no exercício de poderes de polícia estatais, e se, nesse caso, o Tribunal teria excepcionado tais medidas da aplicação das regras sobre desapropriação.

ii) Metalclad

O Tribunal Arbitral que julgou o caso Metalclad defendeu uma definição bem mais abrangente de desapropriação, tanto em termos de escopo das regras sobre desapropriação, como em termos do teste de efeitos econômicos considerados equivalentes a desapropriação. No entendimento do Tribunal Metalclad, o conceito de desapropriação abrange qualquer medida, mesmo que incidental e não para o benefício do Estado receptor do investimento, desde que tal medida interfira com o uso da propriedade, tendo o efeito de privar o proprietário no todo ou em parte significativa do benefício econô-

49 Vide Pope & Talbot, supra, nota 42, par. 99: "regulation (...) that *unreasonably* interferes with business activities in a way that is *so restrictive* as to have the *effect of taking* an investor's property in whole or in part, outright or in stages".

50 Vide Pope & Talbot, supra, nota 42, par. 103.

51 O Tribunal observou que o investidor mantivera-se no controle de seus investimentos e continuara a exportar para os EUA e a obter lucro. Vide Pope & Talbot, supra, nota 42, par. 100-1.

mico que razoavelmente poderia esperar da propriedade.[52] As referências a "interferência incidental" e "não para o benefício do Estado receptor do investimento" claramente indicam que, no entender do Tribunal Metalclad, medidas regulatórias adotadas de boa-fé, não discriminatórias e compreendidas no âmbito do exercício dos poderes de polícia estão abrangidas no escopo das medidas que podem ser consideradas equivalentes a desapropriação. Além disso, como o teste econômico para desapropriação estabelecido na decisão Metalclad está abaixo do parâmetro "equivalente funcional de desapropriação", estabelecido no direito internacional consuetudinário, o leque de medidas regulatórias que podem ser consideradas como tendo efeito expropriatório também fica consideravelmente ampliado.

Apesar dos parâmetros estabelecidos, a decisão do caso Metalclad não implicou o enquadramento como desapropriação de medida governamental compreendida no âmbito do exercício legítimo de poderes de polícia. A decisão do Tribunal Metalclad de que a negativa de autorização municipal para a operação de um aterro para lixo tóxico industrial configurava desapropriação indireta resultou de entendimento prévio do Tribunal de que tal negativa havia sido ilegal,[53] portanto a decisão não enquadrou exercício *legítimo* de poderes de polícia como desapropriação. Além disso, a decisão do Tribunal de que o decreto estadual criando uma reserva ecológica na area onde o aterro do investidor reclamante estava localizado era "equivalente a desapropriação" se baseou no entendimento do Tribunal de que tal decreto impedia para sempre não apenas a operação do aterro para lixo tóxico industrial, mas também qualquer outro uso para a terra onde o aterro estava localizado.[54] Em outras palavras, no caso do Decreto Ecológico, a medida

[52] Vide Metalclad, supra, nota 39, par. 103.

[53] Vide Metalclad, supra, nota 39, par. 106-7, nos quais o Tribunal observa que "o Município agiu fora da sua autoridade" ("the Municipality acted outside its authority"), e "ilegalmente impediu a operação do depósito do Reclamante ("unlawfully prevented the Claimant's operation of the landfill"), e menciona que tais medidas, "consideradas em conjunto com a ausência de base substantiva para a negativa pelo Município, de permissão de construção no local, equivalia a uma desapropriação indireta" ("taken together with ... the absence ... of substantive basis for the denial by the Municipality of the local construction permit, amount to an indirect expropriation").

[54] Vide Metalclad, supra, nota 39 par. 109-10, nos quais o Tribunal observa que o Decreto Ecológico "had the effect of barring forever the operation of the landfill", "prohibited any work inconsistent with [its] management program (...) defined (...) as one of diagnosing the ecological problems of the cacti reserve and ensuring

considerada equivalente a desapropriação era de natureza tal que interferia significativamente com o uso do solo, e não uma medida de política pública que estabelecia, por exemplo, parâmetros ambientais.[55]

iii) S.D. Myers

Comparada com a decisão do Tribunal Metalclad, a decisão do Tribunal que analisou o caso S.D. Myers representou um recuo no entendimento sobre a abrangência das normas sobre desapropriação do Capítulo 11 do NAFTA tanto em termos de grau de interferência sobre o investimento, como em termos do escopo de medidas potencialmente abrangidas. Por outro lado, se comparada com a decisão do Tribunal Pope & Talbot, o Tribunal S.D. Myers's ficou atrás em termos de teste econômico para desapropriação, mas foi além em termos da possibilidade de que as normas sobre desapropriação venham a abranger medidas regulatórias legítimas. Diferentemente do Tribunal Pope & Talbot, o Tribunal S.D. Myers resumiu expressamente a distinção entre desapropriação e regulação a uma questão de efeitos econômicos. Conseqüentemente, medidas regulatórias com efeito de desapropriação podem ser abrangidas pelas normas sobre desapropriação.

O Tribunal S. D. Myers declarou que "o termo desapropriação no Artigo 1110 precisa ser interpretado à luz do corpo de prática estatal, tratados e interpretações judiciais do termo nos casos de direito internacional",[56] o que poderia sugerir uma exceção para o exercício de poderes de polícia. O Tribunal observou então que "o corpo geral de precedentes usualmente não trata ação regulatória como equivalente a desapropriação",[57] e concluiu ser "pouco provável que o exercício de conduta regulatória por autoridades

its ecological preservation", e "forbids *any* activity requiring permits or licenses unless such activity is related to the exploration, extraction or utilization of natural resources" (sem itálicos no original).

55 A seção B.1 abaixo sobre a jurisprudência norte-americana relativa a "desapropriação regulatória" discute essa distinção no escopo das regras abrangidas pelas normas sobre desapropriação e suas implicações.

56 Vide S.D. Myers Partial Award, supra, nota 44, para. 280: "the term expropriation in Article 1110 must be interpreted in light of the whole body of state practice, treaties and judicial interpretations of that term in international law cases".

57 Idem, ibidem, par. 281. "the general body of precedent *usually* does not treat regulatory action as amounting to expropriation".

públicas fosse objeto de pleito legítimo com base no Artigo 1110 do NAFTA, embora o Tribunal não descartasse essa possibilidade.[58]

O Tribunal buscou então estabelecer um teste para distinguir entre desapropriação e regulação, declarando que "desapropriação tende a envolver privação de direitos de propriedade, enquanto regulação envolveria uma interferência menor".[59] No entendimento do Tribunal S.D. Myers, é essa distinção em efeitos sobre a propriedade que iria descartar a maioria dos casos potenciais de reclamações relativas a intervenção e reduzir o risco de que os governos se tornem sujeitos ao pagamento de compensações sempre que estiverem cuidando do gerenciamento das questões públicas.[60]

iv) Conclusão

O elemento comum em todas as decisões acima é a construção de um significado para "desapropriação indireta" e "equivalente a desapropriação" no Artigo 1110 do NAFTA, tendo como parâmetro apenas um teste baseado no grau de interferência da regulação sobre a propriedade, o qual deixa pouco espaço para outras considerações de qualquer natureza sobre o propósito da medida sob exame. Por tal razão, as decisões dos Tribunais Arbitrais confirmam a conclusão de que, sob o Capítulo 11 do NAFTA, regulação servindo a um propósito público pode ser considerada equivalente a desapropriação, desde que o grau de interferência com a propriedade provocado por tal medida seja suficientemente significativo. Além disso, dada a ampla abrangência do conceito de investimento, um número igualmente alto de medidas regulatórias poderia ser considerado abrangido pelo conceito de desapropriação previsto no Capítulo 11 do NAFTA.[61]

3. Acordos de proteção a investimentos negociados pelo Brasil

Os acordos de proteção a investimentos que têm sido negociados pelo Brasil (APPIs, Protocolos do Mercosul e Capítulo XVII da Minuta de Acordo

[58] Vide S.D. Myers Partial Award, supra, nota 44, para. 280: "regulatory conduct by public authorities is *unlikely* to be subject of legitimate complaint under Article 1110 of the NAFTA", although it did "not rule out that possibility".

[59] Vide S.D. Myers Partial Award, supra, nota 44, par. 282: "expropriations tend to involve the deprivation of ownership rights; regulations a lesser interference".

[60] Vide S.D. Myers Partial Award, supra, nota 41, par. 282.

[61] Nesse sentido, vale a pena observar que, em Pope & Talbot, o Tribunal entendeu que o *direito de exportar mogno para os EUA* era um investimento. Vide Pope & Talbot, supra, nota 44, par. 98. Vide também os comentários de J. Anthony VanDuzer, supra, nota 27, p. 59.

da ALCA) estabelecem condições para a realização de desapropriação ou "medidas de efeito equivalente", sem delimitar que tipo de medidas estatais podem estar compreendidas nesse conceito.[62] A definição de investimento em todos os acordos negociados é ampla, ainda que não tão detalhada quanto a existente no Capítulo 11 do NAFTA.[63] A normativa dos APPIs e dos Protocolos do Mercosul são bastante semelhantes entre si, ao passo que o Capítulo XVII da Minuta do Acordo da ALCA apresenta alguns traços distintivos que o assemelham mais ao Capítulo 11 do NAFTA.

Relativamente à normativa sobre desapropriação, os mais significativos traços distintivos da Minuta do Acordo da ALCA em relação aos demais acordos de investimento negociados pelo Brasil são a referência ao âmbito de aplicação das regras do acordo e o estabelecimento de uma exceção específica às normas de desapropriação. O Capítulo XVII da Minuta do Acordo da ALCA estabelece, em seu Artigo 2.1, que as regras nele prescritas aplicam-se às "[medidas adotadas ou mantidas por uma Parte com relação]:

a) aos investidores de outra Parte [em tudo o que se relacione ao seu investimento];

b) aos investimentos de investidores de outra Parte realizados no território da Parte [aos investimentos cobertos]; e

c) a todos os investimentos [dos investidores de qualquer Parte] no território da Parte, referentes ao artigo 10 (requisitos de desempenho) [relativos aos artigos 10 (requisitos de desempenho), 18 (compromisso de não tornar mais rigorosas as leis nacionais de trabalho para atrair investimentos) e 19 (compromisso de não tornar mais rigorosas as leis nacionais sobre meio ambiente para atrair investimentos), a todos os investimentos no território da Parte].

---

62 Vide, por exemplo, Acordo entre o Governo da República Federativa do Brasil e o Governo da República do Chile para a Promoção e a Proteção Recíproca de Investimentos (APPI Brasil – Chile) (22 de março de 1994), Artigo IV. Vide Protocolo de Colônia, supra, nota 2, Artigo 4, e Protocolo de Buenos Aires, supra, nota 2, Artigo 2(D). Vide Terceira Minuta do Acordo da ALCA, Capítulo XVII, supra, nota 5, Artigo 13.

63 Vide, por exemplo, APPI Brasil-Chile, Artigo I(1)(II). Vide Protocolo de Colônia, supra, nota 2, Artigo 1(1), e Protocolo de Buenos Aires, supra, nota 2, Artigo 2(A)(1). Vide Terceira Minuta do Acordo da ALCA, Capítulo XVII, supra, nota 3, Artigo 1.1.

Esta redação é virtualmente idêntica à redação do Artigo 1101(1) do NAFTA, que estabelece o escopo e o âmbito de aplicação do Capítulo 11 do Acordo.[64] Também à semelhança do Capítulo 11 do NAFTA, o Capítulo XVII da Minuta do Acordo da ALCA estabelece, no seu Artigo 13.6, uma exceção específica às normas sobre desapropriação para a a regulação do exercício de direitos de propriedade intelectual, mais precisamente para a concessão de licença compulsória.[65] Em contraste, nos demais acordos, não há referência ao âmbito de aplicação que compreende "medidas adotadas pelos Estados-Partes", nem a exceções específicas à aplicação das regras sobre desapropriação.

A semelhança entre a redação do Capítulo XVII da Minuta do Acordo da ALCA e a redação do Capítulo 11 do NAFTA nesses elementos sugere que a conclusão sobre a abrangência de regulação de boa-fé e não discriminatória no conceito de desapropriação válida para o Capítulo 11 do NAFTA também se aplica, pelas mesmas razões, à normativa do Capítulo XVII da Minuta da ALCA. Com efeito, a referência genérica a "medidas adotadas pelos Estados-Partes" no Capítulo XVII abre caminho para que uma larga margem de ações governamentais seja abrangida pelas normas relativas a desapropriação, ainda que não haja a referência a que "medidas" compreendam "any law, regulation, procedure, requirement or practice", como no NAFTA. Por sua vez, a existência de exceção específica às normas sobre desapropriação para a concessão de licença compulsória, que é uma área particular de exercício de poderes de polícia, indica, ao contrário, que o Capítulo XVII, como o NAFTA, não reconhece uma exceção geral às regras sobre desapropriação para o exercício de poderes de polícia.

A redação dos APPIs negociados pelo Brasil e dos Protocolos do Mercosul, por outro lado, não apresenta estes mesmos traços em comum com a redação do Capítulo 11 do NAFTA, seguindo mais o padrão internacional. Por essa razão, seria possível, a princípio, concluir que, nesses casos, a interpretação e aplicação dos acordos no que se refere à abrangência do conceito de desapropriação seguiria também o padrão do direito internacional consuetudinário, que tem reconhecido uma exceção à aplicação das

64 Vide NAFTA, Capítulo 11, Artigo 1101(1), que dispõe: "Article 1101: Scope and Coverage. 1. This Chapter applies to measures adopted or maintained by a Party relating to: (a) investors of another Party; (b) investments of investors of another Party in the territory of the Party; and (c) with respect to Articles 1106 and 1114, all investments in the territory of the Party".

65 Vide Terceira Minuta do Acordo da ALCA, Capítulo XVII, *supra*, nota 5, Artigo 13.6. Compare com NAFTA, Capítulo 11, Artigos 1110.7 e 1110.8.

regras sobre desapropriação para medidas regulatórias de boa-fé, não discriminatórias, compreendidas no âmbito do conceito tradicional de exercício de poderes de polícia.[66] Não obstante, o atendimento dessa expectativa não é garantido, pois os textos dos acordos, a rigor, estabelecem a equivalência a "medidas de nacionalização ou desapropriação" com base em um critério apenas de efeitos, sem qualquer consideração finalística sobre a medida em questão.[67] Isto deixa aberto o caminho para que uma decisão arbitral construa qualquer medida governamental como um ato de desapropriação com base apenas no critério do grau de interferência com a propriedade (equivalente funcional de uma desapropriação).[68]

B. *Introdução de um teste de "fins e princípios" na análise de desapropriação*

1. *Jurisprudência norte-americana sobre "desapropriação regulatória"*

A Quinta Emenda à Constituição dos EUA estabelece que propriedade privada não deve ser tomada para uso público sem justa compensação ("priva-

---

66 Vide supra, nota 27.

67 Vide, por exemplo, APPI Brasil-Chile, supra, nota 62, Artigo IV(2): "A nacionalização, a desapropriação ou qualquer outra medida de características ou *efeitos* similares não poderão ser adotadas..." (sem grifos no original). Vide Protocolo de Colônia, supra, nota 2, Artigo 4.º: "Nenhuma das Partes Contratantes tomará medidas de nacionalização ou desapropriação nem nenhuma outra medida que tenha o mesmo *efeito*..." (sem grifos no original). Vide Protocolo de Buenos Aires, supra, nota 2, Artigo 2(D)(1): "Nenhum dos Estados Partes tomará medidas de nacionalização ou desapropriação ou qualquer outra medida de *efeito* semelhante..." (sem grifos no original).

68 Mesmo no âmbito do direito internacional, há profissionais advogando que até a regulação legítima, relativa ao meio ambiente, deveria também dar lugar à obrigação de compensar, se tal regulação torna o investimento efetivo ou totalmente inútil ou deixa a propriedade sem uso econômico, ou impõe sobre o proprietário um sacrifício especial. Vide, por exemplo, Thomas W. Wälde, International disciplines on national environmental regulation: with particular focus on multilateral investment treaties, in *International investments and protection of the environment, the role of dispute resolutions mechanisms*, The International Bureau of the Permanent Court of Arbitration, 2000, 29, 61. O raciocínio é que, como existe um "sacrifício" do investimento/propriedade em prol de um benefício comum a proteção ambiental, os ônus deste benefício comum não deveriam ser suportados pela "vítima" (investidor/proprietário), mas pela sociedade como um todo (via Estado, pagador da indenização) (idem, ibidem). Vide também Leigh Raymond, The ethics of compensation: takings, utility and justice, 23 *Ecology Law Quaterly*, 577, 1996.

te property [shall not] be taken for public use, without just compensation").[69] Com base nesse dispositivo constitucional, a Suprema Corte norte-americana construiu o conceito de "desapropriação regulatória", considerando que certas medidas de cunho regulatório podem implicar desapropriação.[70] Contudo, a existência de "desapropriação regulatória" tem sido reconhecida somente em circunstâncias bastante específicas, que normalmente requerem a aplicação de um teste de fins e efeitos.[71] Pode-se afirmar que, por essa razão, não há, no âmbito da jurisprudência constitucional norte-americana, decisões reconhecendo como desapropriação regulatória medidas abrangidas no exercício legítimo de poderes de polícia.

A existência de desapropriação regulatória *per se* tem sido reconhecida pela Suprema Corte norte-americana em situações nas quais a medida regulatória implica invasão física, ou seja, quando o governo ocupa de forma permanente a propriedade ou autoriza alguém a fazê-lo.[72] Em casos de regulação sobre o uso do solo, a existência de desapropriação regulatória *per se* tem sido reconhecida quando a medida regulatória não serve a interesses governamentais legítimos.[73] Além disso, a Suprema Corte norte-americana

[69] Vide U.S. Const. amend. V, última sentença.

[70] Para uma visão geral sobre a jurisprudência constitucional norte-americana relativa a desapropriação regulatória, vide Amendment 5 – Rights of Persons, 1380-95, disponível em http://www.access.gpo.gov/congress/senate/constitution/con016.pdf).

[71] Idem, ibidem.

[72] Vide, por exemplo, *Loretto* v. *Teleprompter Manhatan CATV Corp.*, 458 U.S. 419 (1982), caso no qual a Suprema Corte reconheceu como desapropriação regulatória lei que obrigava proprietários de imóveis a permitirem que empresa de televisão a cabo instalasse seus equipamentos sobre os prédios, embora o equipamento ocupasse apenas em torno de 1 1/2 pé cúbico de espaço na extremidade exterior de cada prédio e tivesse apenas um mínimo impacto econômico. Vide *Rights of persons*, supra, nota 70, p. 1389.

[73] Vide *Nolan* v. *California Coastal Commission*, 483 U.S. 825 (1987), caso no qual a Suprema Corte reconheceu como desapropriação medida regulatória que condicionava a concessão de autorização para o aumento da área construída de casa à beira-mar à construção, pelo proprietário do imóvel, de um acesso público sobre uma faixa de praia. A Suprema Corte ponderou que tal medida configurava desapropriação porque a exigência regulatória não servia fundamentalmente (*substantially advance*) ao interesse estatal legítimo de preservar a vista pública da praia, propósito que fundamentava a proibição de aumento da área construída à beira-mar (idem, ibidem). Na realidade, a exigência regulatória objetivava outra

tem identificado como desapropriação regulatória situações nas quais a regulação impõe sobre indivíduos o encargo de custos públicos, assegurando benefícios públicos às custas do proprietário do imóvel, o que tem por efeito o enriquecimento do próprio governo, ainda que a regulação não implique privar o proprietário de todos os benefícios econômicos da propriedade.[74]

Como se vê, o foco da jurisprudência constitucional norte-americana relativa a desapropriação regulatória tem sido muito mais no escopo da medida, do que no seu grau de interferência sobre a propriedade, em contraste com a fundamentação dos Tribunais Arbitrais do NAFTA. Apenas nos casos de regulação referente a controle de uso do solo a Suprema Corte tem reconhecido desapropriação *per se* com base em um teste que considera apenas o grau de interferência com a propriedade (sendo o critério, nessa hipótese, o sacrifício de todos usos da propriedade passíveis de trazer benefício econômico ao proprietário).[75] O impacto econômico da regulação, e, em particular, "a extensão em que a regulação afeta as expectativas razoáveis do investidor"[76] tem sido referido como parte do parâmetro para determinar se existe desapropriação, mas somado ao caráter da ação governamental. Assim, exceto pelas situações de ocupação e pelos casos de controle do uso do solo, em que a regulação retirava todo o valor da propriedade e interferia com a propriedade de forma equivalente a uma "invasão física pelo governo"

---

finalidade, qual seja permitir ao público caminhar entre duas praias públicas ("this requirement was aimed at allowing public to walk between two public beaches") (idem, ibidem). Vide *Rights of persons*, supra, nota 70, p. 1391-1392.

74 Vide novamente *Nolan* v. *California Coastal Commission*, supra, nota 73, o qual também pode ser caracterizado como "extorsão" para uso público da área de passeio em frente à residência à beira-mar, com base em condição não relacionada com o propósito da permissão de construção. Vide *Rights of persons*, supra, nota 70, p. 1394. Vide também *Webb's Fabulous Pharmacies* v. *Beckwith*, 449 U.S. 155 (1980), caso no qual a Suprema Corte entendeu configurar desapropriação regulação que condicionava a interposição de certas medidas judiciais à retenção, pelo governo, de juros derivados de fundos depositados junto a cartório judicial (idem, ibidem, p. 1394-1395). A Suprema Corte ponderou que a retenção dos juros do depósito judicial não tinha relação razoável com os custos referentes ao uso do sistema judicial, mesmo porque havia legislação separada que requeria o pagamento pelos serviços judiciais(idem, ibidem).

75 "Sacrifice of all economically beneficial uses of the property". Vide *Rights of persons*, supra, nota 70, 1389-90.

76 "The extent to which the regulation has interfered with reasonable investment-backed expectations."

(sendo, portanto, "equivalente à ocupação"), nenhuma regulação servindo a um propósito público relevante foi reconhecida como desapropriação pela Suprema Corte dos EUA.[77]

2. *Tratamento nacional*

As regras sobre tratamento nacional para investimentos, inscritas no Artigo 1102 do NAFTA, não contêm nenhuma exceção expressa para regulação não discriminatória elaborada de boa-fé, da mesma forma que as regras sobre desapropriação no Artigo 1110.[78] Em outras palavras, não existe nenhuma isenção expressa da obrigação de tratamento nacional para regulação não discriminatória e elaborada de boa-fé que tenha incidentalmente efeito menos favorável sobre investidores ou investimentos de investidores de outro Estado-Parte do NAFTA. Não obstante, a jurisprudência dos Tribunais Arbitrais sobre tratamento nacional no âmbito do Capítulo 11 do NAFTA tem construído e aplicado um teste de "fins e efeitos" que excepciona a aplicação da regra de tratamento nacional para regulação não discriminatória de boa-fé compreendida no âmbito do exercício dos poderes de polícia. Mais ainda, o teste de "fins e efeitos" foi construído no âmbito do Artigo 1102 do NAFTA, a despeito da inexistência de qualquer expressão no texto daquele dispositivo que pudesse ser interpretada como referência a um exame de finalidade.

---

[77] Vide, por exemplo, *Connolly* v. *Pension Benefit Guaranty Corp.*, 475 U.S. 211 (1986), caso no qual a Suprema Corte manteve a imposição retroativa de responsabilidade pela retirada de fundo de pensão. Vide *Rights of persons*, supra, nota 70, p. 1387. A Suprema Corte ponderou que os empregadores tinham, pelo menos, "conhecimento construtivo" (*constructive notice*) de que o Congresso poderia reforçar o esquema legislativo para atingir seu objetivo legislativo de que os empregados recebessem os benefícios prometidos (idem, ibidem). Vide também *Andrus* v. *Allard*, 444 U.S. 51 (1979), caso no qual a Suprema Corte manteve a aplicabilidade de legislação federal que bania a venda de artefatos feitos de penas de águia aos estoques existentes em poder de comerciantes de tais objetos (idem, ibidem). Em *Andrus* v. *Allard* a Suprema Corte não abordou a óbvia interferência do banimento com as expectivas do investidor; em vez disso, a decisão ressaltou que o banimento "servia a um propósito público relevante, de proteger a águia da extinção", e que "o proprietário ainda tinha usos econômicos viáveis para sua propriedade, tais como exibi-los em um museu, cobrando pela admissão, e que ele ainda mantinha o valor da posse [dos objetos]". Vide idem, ibidem, p. 1387-1388.

[78] Vide NAFTA, Artigo 1102.

A aplicação de um teste de "fins e efeitos" para determinar se uma norma estatal implica violação da obrigação de tratamento nacional remonta a alguns casos discutidos no âmbito do Acordo Geral sobre Tarifas e Comércio (GATT – General Agreement on Tariffs and Trade). O Artigo III do GATT, que enuncia a regra sobre tratamento nacional naquele Acordo (aplicável ao comércio de bens), estabelece, em seu parágrafo 1, o princípio de que medidas regulatórias não devem ser aplicadas "de forma a conferir proteção" ("so as to afford protection") à produção doméstica. Esta redação fundamentou a aplicação de um teste de "fins e efeitos" por alguns Painéis no âmbito do GATT, sob o argumento de que a expressão "so as to" indicava finalidade.[79] O Artigo 1102 do NAFTA, no entanto, não contém nenhuma expressão a que se possa atribuir sugestão ou indicação de exame de finalidade, mas simplesmente dispõe que:

> "each Party shall accord to investors [or investments of investors] of another Party treatment no less favorable than it accords, in like circumstances, to its own investors [or to investments of its own investors] with respect to the establishment, acquisition, expansion, management, conduct operation, and sale or disposition of investments".

A despeito desta ausência de base textual, os mesmos Tribunais constituídos no âmbito do Capítulo 11 do NAFTA e que têm construído o teste para desapropriação baseado apenas em efeitos (grau de interferência sobre a propriedade), têm admitido diferenças no tratamento dispensado a nacionais e a investidores/investimentos de outras Partes do NAFTA quando resultante de regulação que objetiva atender a um propósito público, i.e., medida não intencionalmente discriminatória. Este teste de "fins e efeitos" foi construído e aplicado tanto em S.D. Myers, como em Pope & Talbot.[80]

---

[79] Vide Panel Report, United States – Measures Affecting Alcoholic and Malt Beverages, DS23/R, adotado em 19 de junho de 1992, e GATT Panel Report United States – Taxes on Automobiles, DS31/R, emitido em 11 de outubro de 1994, não adotado. Esta interpretação (que construía e aplicava um teste de "fins e efeitos" para determinar violação da obrigação de tratamento nacional estabelecida no Artigo III do GATT) foi posteriormente descartada, no âmbito da OMC, por Painéis e pelo Órgão de Apelação. Vide Appellate Body Report, Japan – Alcoholic Beverages, supra, nota 34. O Artigo III do GATT está incorporado ao Capítulo 3 do NAFTA, que disciplina o comércio de bens.

[80] Como observado por VanDuzer, supra, nota 27, p 95, até hoje apenas medidas discriminatórias em intenção e efeito foram consideradas como constituindo uma violação do princípio do tratamento nacional.

Em S.D. Myers, o Tribunal admitiu que, "de uma perspectiva de negócios (...) SDMI e Myers Canada estavam em 'circunstâncias similares' ('like circumstances') aos operadores canadenses".[81] No entanto, o Tribunal construiu o significado de "similar" ("like") no Artigo 1102 como tendo que levar em conta também "circunstâncias que justificariam regulação governamental tratando investidores nacionais e estrangeiros diferentemente para proteger o interesse público".[82]

Claramente, o Tribunal S.D. Myers chamou para si a tarefa de introduzir no Artigo 1102 do NAFTA uma exceção geral da obrigação de tratamento nacional de investimentos para medidas adotadas visando a propósitos públicos, à semelhança da exceção geral estabelecida no Artigo XX do GATT, que pode justificar violações da obrigação de tratamento nacional naquele Acordo. Com efeito, o Tribunal iniciou sua análise sobre a obrigação de tratamento nacional prescrita no Artigo 1102, declarando que o termo "similar" ("like") depende de todas as circunstâncias de cada caso, sendo necessária atenção especial para o contexto legal em que a palavra aparece.[83] Então, o Tribunal observou que, nas discussões sobre tratamento nacional no âmbito do GATT, as decisões sobre "similaridade" e "tratamento menos favorável" com base no Artigo III não são o fim da linha para a medida regulatória em exame, a qual vai para um "segundo round" com base no Artigo XX, quando sua legitimidade é avaliada em termos de intenção e razoabilidade.[84] Aparentemente, o Tribunal ponderou

---

81 Vide S.D. Myers, supra, nota 44, par. 251. Esta declaração pode ser considerada uma admissão pelo Tribunal de que os investidores nacionais e estrangeiros estavam em uma relação de competição no Mercado, o que tem sido considerado o elemento mais importante para determinar similaridade em casos recentes discutindo o Artigo III do GATT. Vide, por exemplo, Appellate Body Report, EC – Asbestos, supra, nota 15, par. 117.

82 Vide S.D. Myers, supra, nota 44, par. 250. É interessante notar que o Tribunal realizou toda esta construção de um teste de "fins e efeitos" e, no final, decidiu que a medida canadense não era justificada por um propósito público, tendo, na verdade, propósito discriminatório. Isto evidencia que o Tribunal queria marcar uma posição em relação a medidas de política pública, e o fez.

83 Vide S.D. Myers, supra, nota 44, par. 243-4.

84 Vide idem, ibidem, par. 246, no qual o Tribunal observa que: "in the GATT context, a *prima facie* finding of discrimination in 'like' cases often takes place within the overall GATT framework, which includes Article XX (General Exceptions). A finding of 'likeness' does not dispose of the case. It may set the stage for an inquiry into whether the different treatment of situations found to be 'like' is justified by legitimate public policy measures that are pursued in a reasonable manner".

que, como este "segundo round" não estava disponível no âmbito do Artigo 1102 por meio de uma disposição em separado, a análise sobre a intenção e a razoabilidade da regulação deveria ser inserida no "primeiro round", no contexto da determinação da similaridade.[85] O Tribunal afirmou que o contexto do Artigo 1101 incluía "the various provisions of the NAFTA, its companion agreement the NAAEC[86] and principles (...) affirmed in the NAAEC (including those of the Rio declaration)",[87] e, com base neste "contexto" do Artigo 1102, decidiu que os objetivos políticos de uma medida poderiam justificar tratamento diferenciado para investidores estrangeiros e seus investimentos.[88]

O Tribunal Pope & Talbot seguiu os passos do Tribunal S.D. Myers, declarando que a aplicação do parâmetro "circunstâncias similares" requer a avaliação de todos as circunstâncias factuais envolvendo, no caso, a gênesis e a aplicação da medida.[89] Citando a decisão no caso S.D. Myers, o Tribunal do caso Pope & Talbot acrescentou que "um elemento importante das circunstâncias factuais será o caráter das medidas questionadas".[90] Com base nesse raciocínio, o Tribunal concluiu que os investimentos nacional e estrangeiro não estão em circunstâncias similares se a diferença de tratamento entre investimento nacional e estrangeiro for justificada por uma

---

85 Esta abordagem é coerente com a jurisprudência atual da OMC, na qual uma das razões apresentadas para descartar a aplicação de um teste de "fins e efeitos" na determinação de violações do Artigo III do GATT foi exatamente o fato de que o propósito justificador da medida deveria ser avaliado sob o Artigo XX do GATT. Vide Panel Report, Japan – Alcoholic Beverages, supra, nota 34, par. 6.17.

86 NAAEC – North American Agreement on Environmental Cooperation. O NAAEC é um acordo celebrado pelos Estados-Partes do NAFTA paralelamente ao acordo principal (*side agreement*). Vide Ralph H. Folsom, *NAFTA in a nutshell*, West Group, 1999, p. 206. O NAAEC estabelece uma Comissão trilateral para cooperação ambiental, encarregada de fiscalizar o cumprimento, pelos Estados-Partes do NAFTA, dos parâmetros de proteção ao meio ambiente estabelecidos nas suas próprias legislações nacionais. Vide ide, ibidem, p. 208-209.

87 Vide S.D. Myers, supra, nota 44, par. 247.

88 Ainda que naquele caso concreto o Tribunal tenha, ao final, decidido que o banimento estabelecido pelo Canadá não podia ser justificado com base em razões de proteção ao meio ambiente porque o seu verdadeiro propósito era excluir o investidor do mercado canadense para proteger negócios canadenses competindo com ele. S.D. Myers, supra, nota 44, par. 194-5.

89 Vide Pope & Talbot, supra, nota 42, par. 75.

90 Vide idem, ibidem, par. 76 (sem grifos no original).

política racional objetiva que não seja baseada em preferência em favor do investimento de titularidade nacional.[91]

III – Conclusão

As regras sobre desapropriação inscritas em acordos internacionais de investimento geralmente determinam que as disciplinas nelas estabelecidas, as quais incluem o pagamento de indenização, se aplicam também a outras medidas estatais de efeito equivalente à desapropriação. A ênfase no efeito das medidas para determinar sua abrangência, ou não, no conceito de desapropriação dá margem a que medidas regulatórias de boa-fé, não discriminatórias e visando ao interesse público (tais como a proibição de certas atividades para proteger a saúde humana ou o meio ambiente) sejam consideradas desapropriação, gerando obrigação do Estado de indenizar o investidor estrangeiro. Não obstante, o direito internacional consuetudinário tradicionalmente reconheceu uma exceção às regras sobre desapropriação para medidas regulatórias de boa-fé e não discriminatórias, abrangidas pelo conceito clássico de exercício de poderes de polícia. A disponibilidade desta exceção não escrita foi, porém, posta em cheque após o advento das normas sobre investimento inseridas no Capítulo 11 do NAFTA.

O exame dos casos discutindo desapropriação no âmbito do Capítulo 11 do NAFTA ensina ser bastante concreta a possibilidade de medidas regulatórias virem a ser consideradas abrangidas no conceito de desapropriação com base em um "teste" que leve em conta apenas o grau em que tais medidas afetem o investimento, independentemente do caráter da regulação. Esse desvio da jurisprudência do NAFTA sobre desapropriação em relação ao tratamento da matéria no direito internacional possivelmente se explica pelas características particulares da redação do Capítulo 11 daquele Acordo. O Capítulo 11 do NAFTA estabelece exceções específicas à norma sobre desapropriação para certas medidas compreendidas no exercício de poderes de polícia. Isto indica, *a contrario*, que outras medidas compreendidas no exercício de poderes de polícia que não tenham sido expressamente excepcionadas podem configurar desapropriação se tiverem impacto suficientemente significativo sobre o investimento.

A análise do tratamento da desapropriação nos acordos sobre investimentos negociados pelo Brasil à luz da experiência do Capítulo 11 do

[91] See idem, ibidem, par. 79.

NAFTA sugere que o instrumento merecedor de maior preocupação é o Capítulo XVII da Minuta do Acordo da ALCA, o qual segue basicamente a mesma estrutura normativa do NAFTA, estabelecendo uma exceção específica às regras sobre desapropriação. Esta similaridade de estrutura normativa permite concluir que a possibilidade existente no NAFTA de que medidas regulatórias de boa-fé e não discriminatórias sejam consideradas abrangidas no conceito de desapropriação está presente também para o Capítulo XVII da Minuta do Acordo da ALCA. Em contraste, os APPIs negociados pelo Brasil e os Protocolos sobre proteção de investimentos no Mercosul seguem o padrão do direito internacional e não contêm exceções específicas à regra sobre desapropriação. O formato mais alinhado ao padrão internacional e sem menção a exceções específicas às regras sobre desapropriação não garante, todavia, que, em um eventual caso concreto envolvendo esses instrumentos, um Tribunal Arbitral reconheça a exceção para o exercício de poderes de polícia tradicionalmente consagrada no direito internacional consuetudinário.

A jurisprudência constitucional norte-americana sobre "desapropriação regulatória" e a jurisprudência sobre tratamento nacional no Capítulo 11 do NAFTA sugerem que um possível mecanismo para implementação da exceção para o exercício de poderes de polícia é a aplicação de um teste de "fins e efeitos" (em oposição a um teste de "efeitos" apenas) na determinação do conceito de desapropriação. Não há, contudo, espaço para construir a aplicação deste princípio com base no texto do Capítulo XVII da Minuta do Acordo da ALCA, assim como não há espaço para isso no texto do Artigo 1110 do NAFTA. Quanto aos textos dos APPIs e dos Protocolos do Mercosul, embora não bloqueiem de plano a construção de um teste de "fins e efeitos", tampouco garantem a sua aplicação. Assim, este estudo sugere que, caso o Brasil prossiga na implementação de acordos de proteção a investimentos, a aplicação de um teste de "fins e efeitos" seja introduzido na determinação do conceito de desapropriação por meio da inserção de cláusula nos acordos de investimento que esclareça que o exercício normal e não discriminatório de poderes regulários pelos Estados não se equipara à desapropriação.[92] Dessa maneira, será possível garantir tanto a proteção

[92] Exemplo de cláusula nesta linha pode ser encontrado na Declaração Ministerial emitida pelos representantes dos Estados-Partes que estiveram envolvidos nas negociações do frustrado Acordo Multilateral de Investimentos (MAI – Multilateral Agreement on Investments). Vide Communiqué – OECD Council Meeting at Ministerial Level, Paris, 27-28 April – Ministerial Statement on the Multilateral

ao investimento, como a necessidade de deixar ao Estado margem de ação suficiente para regular no interesse público.

Bibliografia

ALEXANDER, Dean C. The likely impact of NAFTA on investment in selected goods and services sectors in Mexico, Canada, and the U.S. In: RUBIN, Seymour J.; ALEXANDER, Dean C. (eds.). *NAFTA and Investment 1*. Kluwer Law International, 1995.

BLACKABY, Nigel; LINDSAY, David; SPINILLO, Alessandro (eds.). *International arbitration in Latin America.* Kluwer, 2002.

BLANK, Stephen; HARR, Jerry. *Making NAFTA work: U.S. firms and the new North American business environment.* North South Center Press, 1998.

Agreement on Investment (MAI), disponível em: http://www.oecd. org/media/release/nw98-50a.htm). Vide também Wilkie, supra, nota 12, p. 25-26.

A Declaração Ministerial do MAI de 1998 afirma, na parte relevante: "Ministers confirm that the MAI must be consistent with the sovereign responsibility of governments to conduct domestic policies. The MAI would establish mutually beneficial international rules which would not inhibit the normal non-discriminatory exercise of regulatory powers by governments and such exercise of regulatory powers would not amount to expropriation". Vide Communiqué – OECD Council Meeting at Ministerial Level, supra.

Outro exemplo ainda mais explícito e recomendável de cláusula que permite salvaguardar a habilidade dos governos de regularem no interesse público no contexto de acordos de proteção a investimentos pode ser encontrado no acordo modelo sobre investimentos para o desenvolvimento sustentável elaborado pelo International Institute for Sustainable Development (Instituto Internacional de Desenvolvimento Sustentável). Neste acordo modelo, a alínea (I) do Artigo 8, que disciplina desapropriação, esclarece expressamente que, de acordo com os direitos dos Estados de regularem e com os princípios de direito internacional consuetudinário sobre poderes de polícia, medidas regulatórias de boa-fé, não discriminatórias, adotadas por uma Parte do acordo, e que sejam desenhadas e aplicadas para promover interesses legítimos de bem-estar público, tais como saúde pública, segurança e o meio-ambiente, não constituem uma desapropriação indireta: "(I) Consistent with the rights of states to regulate and the customary international law principles on police powers, bona fide, non-discriminatory regulatory measures taken by a Party that are designed and applied to protect or enhance legitimate public welfare objectives, such as public health, safety and the environment, do not constitute an indirect expropriation under this Article. Vide IISD Model International Agreement on Investment for Sustainable Development, disponível em: http://www.iisd.org/pdf/2005/investment_model_int_agreement.pdf).

BOTTARI, Mary. NAFTA's investor "rights": a corporate dream, a citizen nightmare, *Multinational Monitor*, 22(4) abr. 2001.

BROCHES, Aron (ed.). *Selected essays: World Bank, ICSID, and other subjects of public and private international law.* Martinus Nijhoff Publishers, 1995.

BROWNER, Charles N.; HELLBECK, Ecksard R. The implications of national and international evironmental obligations for foreign investment protection standards, including valuation: a report from the front lines. In: THE INTERNATIONAL BUREAU OF THE PERMANENT COURT OF ARBITRATION (ed.). *International investments and protection of the environment 19.* Kluwer Law International, 2000.

ECHANDI, Roberto. Bringing investment to the aegis of the multilateral trade system: steps taken in the context of the FTAA, in new directions in international economic law. In: BRONCKERS, Marco; QUICK, Reinhard (eds.). *Essays in honor of John H. Jackson,* 2000.

ESTRELLA, Angela T. Gobbi. Uma proposta para a ALCA em antidumping, medidas compensatórias e salvaguardas: revisão por painel binacional em alternativa à revisão judicial. In: LIMA-CAMPOS, Aluisio de (ed.). *Ensaios em comércio internacional:* antidumping, *disputas comerciais e negociações multilaterais.* São Paulo: Singular, 2005.

FOLSOM, Ralph H. *NAFTA in a nutshell.* West Group, 1999.

FREEDMAN, Joseph. Implications of the nafta investment chapter for environmental regulation. In: KISS, Alexandre; SHELTON Dinah; ISHIBASHI, Kanami (eds.). *Economic globalization and compliance with international environmental agreements 89.* Kluwer Law International, 2003.

HART, Michael M.; DYMOND, William A. *NAFTA chapter 11: precedents, principles and prospects.* Disponível em www.carleton.ca/ctpl/chapter11.

KENNISH, Tim. NAFTA and investment – a Canadian perspective. In: RUBIN, Seymour J.; ALEXANDER, Dean C. (eds.). *NAFTA and investment 1.* Kluwer Law International, 1995.

MANN, Howard; MOLTKE, Konrad von. *Protecting investor rights and the public good: assessing NAFTA's chapter 11.* Background Paper to the ILSD Tri-National Policy Workshops, at 16 (Mexico City: March 13; Ottawa: March 18; Washington: April 11). Disponível em: http://www.iisd.org/trade/ILSDWorkshop.

MANN, Howard; SOLOWAY, Julie. *Untangling the expropriation and regulation relationship: is there a way forward?, Report to the ad hoc e report to the ad hoc expert group on investment rules and the Department of Foreign Affairs and International Trade,* 12 (March 31, 2002), 1. Disponível em: http://www.dfait-maeci.gc.ca/tna-nac/documents/untangle-e.pdf.

MAREGA, Flávio. *O mecanismo arbitral de solução de controvérsias investidor estrangeiro – estado nos acordos internacionais sobre investimentos: implicações para o Brasil.* Tese não publicada, Curso de Altos Estudos do Instituto Rio Branco, Ministério das Relações Exteriores do Brasil, 2005 (arquivada com o autor).

MOLOT, Maureen Appel. *NAFTA chapter 11: an evolving regime.* Disponível em: www.carleton.ca/ctpl/chapter11.

PRICE, Daniel M. The management and resolution of cross border disputes as Canada/ US enter the 21st century: chapter 11 – Private Party vs. Government, investor-state dispute settlement: frankestein or safety valve? 26. *Canada-US Law Journal*, 107, 2000.

PRICE, Daniel M.; CHRISTY, P. Brian. An overview of the NAFTA investment chapter: substantive rules and investor-state dispute settlement. In: BELLO, Judith H.; HOLMER, Alan F.; NORTON, Joseph J. (eds.). *NAFTA, The North American Free Trade Agreement: a new frontier in international trade and investment in the Americas 165.* Washington, DC: The Section of International Law of the American Bar Association & The International Lawyer, 1994.

RAYMOND, Leigh. The ethics of compensation: takings, utility, and justice, 23. *Ecology Law Quaterly*, 577 (1996).

RESEK, José Francisco. *Direito internacional público.* São Paulo: Saraiva, 1991.

SCHWANEN, Daniel. Commentary to Christopher Wilkie, origins of NAFTA investment provisions: economic and policy considerations. In: DAWSON, Laura R. (ed.). *Whose rights? The NAFTA chapter 11.* Debate, 2002.

SOLOWAY, Julie. Environmental expropriation under NAFTA chapter 11: the phantom menace. In: KIRTON, John J.; MACLAREN, Virginia W. (eds.). *Linking trade, environment and social cohesion 131.* Ashgate Publishing Company, 2002.

THOMAS, J. C. Commentary: the experience of NAFTA chapter 11 tribunals to date: a practitioner's perspective. In: DAWSON, Laura R. (ed.). *Whose rights? The NAFTA chapter 11 debate 98.* The Centre for Trade Policy and Law, 2002.

UNITED NATIONS CONFERENCE ON TRADE AND DEVELOPMENT, TAKING OF PROPERTY, *UNCTAD Series on Issues in International Investment Agreements (2000).* Disponível em: http://www.unctad.org.

VANDUZER, J. Anthony. NAFTA chapter 11 to date: the progress of a work in progress. In: DAWSON, Laura R. (ed.). Whose rights? *The NAFTA chapter 11.* Debate, 47, 86, 2002.

WÄLDE, Thomas. W. International disciplines on national environmental regulation: with particular focus on multilateral investment treaties. In: *International Investments and Protection of the Environment 29*, 60-1. Kluwer Law International, 2000.

WARD, Halina; BRACK, Duncan (eds.). *Trade, investment and the environment: proceedings of the Royal Institute of International Affairs Conference Chatham House,* London, October 1998. The Royal Institute of International Affairs Energy and Environmental Programme/Earthscan Publications, 2000.

WILKIE, Christopher. Origins of NAFTA investment provisions: economic and policy considerations. In: DAWSON, Laura R. (ed.). *Whose rights? The NAFTA chapter 11.* Debate 6, 2002.

ARBITRAGEM INTERNACIONAL INVESTIDOR-ESTADO: UM CAMINHO INEVITÁVEL PARA O BRASIL?

SUZANA MEDEIROS*

I – Introdução

Os mecanismos de promoção e proteção de investimentos estrangeiros constituem um importante capítulo do direito do comércio internacional. Nas últimas décadas, o papel dos investimentos estrangeiros diretos como ferramenta de crescimento e desenvolvimento econômico tem sido cada vez mais significativo.[1] Estima-se que os recursos provenientes de investimento estrangeiro direto constituam a maior fonte de financiamento para os países em desenvolvimento.[2]

---

* Mestre em Direito Internacional pela New York University (LL.M., International Legal Studies). Mestre em Direito Internacional e Integração Econômica pela Universidade do Estado do Rio de Janeiro (UERJ). Ex-bolsista da Fundação Estudar e do Programa de Direito do Petróleo ANP-UERJ (PRH-33). Associada do escritório Luís Roberto Barroso & Associados no Rio de Janeiro e atualmente trabalha como *foreign attorney* no escritório Arnold & Porter LLP em Washington D.C. A autora gostaria de agradecer os valiosos comentários e sugestões feitos ao texto deste estudo por Aluísio de Lima-Campos (coordenador desta obra), Professora Carmen Tiburcio, Ana Carolina Weber e Juliana Botini. Em especial, a autora gostaria de agradecer ao Conselheiro Flavio Marega pelas discussões durante a elaboração do artigo e por disponibilizar cópia de sua excelente tese sobre o tema.

1 V. Policy brief of the international working group on the Doha Agenda, *Multilateral Framework on Investments*, disponível em: http://www.wto.org/english/forums_e/ngo_e/policy_brief_investment_e.pdf. ("In the past decades, the significance of foreign direct investment (FDI) as a tool for economic growth and development has received increasing attention. FDI has been recognized as a source of finance, a principal channel for transfer of technology and managerial know-how, a tool for increasing productivity and expanding productive capacity, to create export potential and improve competitiveness in the international market").

2 Carolina Pancotto Bohrer Munhoz cita dados estatísticos da OMC referentes a 2001, que informam que entre 1982 e 2000 o fluxo de investimento estrangeiro direto

Tradicionalmente, os principais obstáculos à captação de investimentos estrangeiros eram os riscos econômico e político e a instabilidade do ordenamento jurídico dos países em desenvolvimento. Além disso, existia ainda o risco de, em caso de disputa, o investidor ter que recorrer aos tribunais locais, o que poderia levar à aplicação do direito nacional. Objetivando driblar esses obstáculos, vislumbrou-se a seguinte solução: se um foro neutro e confiável pudesse ser oferecido aos investidores estrangeiros, de modo que qualquer disputa decorrente do investimento pudesse ser solucionada naquele foro, o risco-país seria diminuído e o investimento tornar-se-ia viável. Nesse contexto, a arbitragem internacional tornou-se o principal mecanismo para solução de disputas relativas a investimentos estrangeiros,[3] onde é facultado ao investidor acionar diretamente o Estado receptor do investimento. Elimina-se, portanto, a necessidade de o investidor ter que "convencer" o Estado de sua nacionalidade a defender seus interesses perante outro Estado num tribunal internacional, por meio do instituto da proteção diplomática, bem como se permite ao investidor obter compensação monetária pelo prejuízo sofrido.

Vive-se atualmente uma tendência mundial de implementação da arbitragem internacional investidor-Estado por meio de convenções internacionais, acordos bilaterais de investimento e acordos bilaterais e multilaterais de livre comércio. O Brasil, porém, permanece alheio a essa tendência, pois não aderiu a nenhum dos instrumentos internacionais que contemplam esse mecanismo. Dessa forma, o Brasil encontra-se em posição isolada dentre os países da América Latina, e da América do Sul em especial. No plano doméstico, a possibilidade de o investidor acionar o Estado brasileiro em uma arbitragem internacional ainda não é uma questão pacífica.

Tendo em vista a necessidade de o Brasil não só manter, mas aumentar, as taxas de captação de investimento estrangeiro direto, é preciso que sejam oferecidos incentivos ao investidor, tal como o acesso à arbitragem

cresceu 22 vezes, de US$ 57 bilhões para US$ 1,27 trilhões. O principal vetor de investimentos diretos são as empresas transnacionais, que utilizam os investimentos estrangeiros diretos como mecanismos por meio dos quais constroem suas cadeias globais (Centro de Solução de Controvérsias sobre Investimentos (ICSID). In: Welber Barral (Org.), *Tribunais internacionais*, 2004, p. 114.

3 Francisco González de Cossío, The International Centre for Settlement of Investment Disputes – the Mexican experience, 19 *Journal of International Arbitration* 227, 2002, disponível em: http://www.kluwerarbitration.com/arbitration/arb/home/ipn/print.asp?print=1&ipn=24240.

internacional. A presença de fortes concorrentes no cenário internacional, tais como China, México e Chile reforçam essa idéia. Além disso, a crise da Argentina, bem como as recentes medidas de expropriação tomadas pelo governo boliviano, indicam que os investidores estrangeiros ficarão ainda mais exigentes com relação à América Latina.

O presente artigo tem como objetivo discutir se o mecanismo da arbitragem internacional investidor-Estado é de fato um caminho inevitável para o Brasil num futuro próximo. O artigo está dividido em três partes. A primeira apresenta uma visão geral e sucinta dos principais instrumentos internacionais que contemplam a arbitragem internacional investidor-Estado. A segunda relata o estágio atual em que o Brasil se encontra com relação ao reconhecimento desse tipo de arbitragem. Por fim, a terceira apresenta, a título de conclusão, algumas considerações sobre a possível adesão pelo Brasil a instrumentos que prevejam a arbitragem investidor-Estado.

II – Principais mecanismos de arbitragem internacional investidor-Estado

Existe uma tendência mundial em prol da arbitragem internacional como mecanismo de solução de controvérsias entre investidor e Estado hospedeiro.[4] Os principais instrumentos internacionais que contemplam essa espécie de arbitragem serão brevemente relatados a seguir.

1. A Convenção do ICSID e o mecanismo de additional facility

A Convenção para Resolução de Conflitos Relativos a Investimentos entre Estados e Nacionais de Outros Estados, assinada em Washington, em 1965,[5] foi responsável pela criação do ICSID. O ICSID é um centro vinculado ao Banco Mundial[6] cujo objetivo é administrar a resolução de conflitos relativos a investimento via conciliação ou arbitragem.

---

[4] Andreas F. Lowenfeld, *International Economic Law*, 2002, p. 416-493 ("an increasing number of international treaties allow a private entity (usually an investor) to commence arbitration proceedings against a state or state entity that has signed a treaty regardless the existence of an arbitration agreement"); Barton Legum, Trends and challenges in investor-State arbitration, 19 *Arb. Int'l* 143, 2003, p. 143 ("Perhaps the most striking trend is the steady increase in the number of investor-state arbitrations over the past several years").

[5] A Convenção foi assinada em 28.03.1965 e entrou em vigor em 14.10.1966.

[6] O ICSID passou a integrar a estrutura geral do Banco Mundial, composta ainda pelo Banco Internacional de Reconstrução e Desenvolvimento (BIRD), a Associação

Durante a década de 1960, o intenso fluxo de capitais para países em desenvolvimento e, ao mesmo tempo, a adoção de medidas de nacionalização, expropriação ou regulamentação fiscal de caráter discriminatório nesses países demonstrava a necessidade de criação de um mecanismo que proporcionasse um ambiente mais atraente e seguro para investidores estrangeiros.[7] Nesse contexto, a Convenção do ICSID representava a criação de uma alternativa eficaz e confiável para dirimir conflitos surgidos do relacionamento entre investidores e Estados receptores do investimento.[8]

Algumas características da arbitragem ICSID merecem destaque. Em primeiro lugar, a submissão a uma arbitragem ICSID depende do consentimento das partes.[9] Esse consentimento pode se dar na forma tradicional, por meio de uma cláusula arbitral contida num contrato de investimento, ou por meio do conceito de *arbitration without privity*,[10] segundo o qual o Estado hospedeiro oferece ao investidor a via da arbitragem para solução de toda e qualquer disputa relativa ao investimento. Essa "oferta" pode estar presente tanto na legislação nacional sobre investimento estrangeiro,[11]

---

de Desenvolvimento Internacional (IDA), a Corporação Financeira Internacional (IFC), e a Agência Multilateral de Garantia de Investimentos (MIGA). O Brasil é membro do BIRD, da IFC e do MIGA. Não integra, contudo, a estrutura do IDA e do ICSID. Flavio Marega, *O mecanismo arbitral de solução de controvérsias investidor estrangeiro-Estado nos acordos internacionais sobre investimentos: implicações para o Brasil*, tese (não publicada) do Curso de Altos Estudos do Ministério das Relações Exteriores, 2005, p. 203.

7 Celso de Tarso Pereira, O Centro Internacional para a Resolução de Conflitos sobre Investimentos (CIRCI-ICSID), *Revista de Informação Legislativa*, ano 35, n. 140, out.-dez. 1996, p. 88.

8 Idem, ibidem, p. 87.

9 Artigo 25 (1) da Convenção do ICSID.

10 Antonio R. Parra, ICSID and new trends in international dispute settlement, 87 *Am. Soc'y Int'l L. Proc.* 2, 1993, p. 6.

11 Idem, ibidem, p. 4 ("Since the ICSID Convention was opened for signature in 1965, some twenty countries have followed this suggestion and included in their investment legislation provisions containing such general 'offers' or consents to submit disputes with foreign investors to ICSID arbitration. In their simplest form, such provisions typically provide that all disputes between the state and foreign investors over the interpretation or application of the investment law concerned shall, unless the disputing parties agree otherwise, be settled by arbitration under the ICSID Convention").

quanto num instrumento internacional de proteção a investimentos.[12] Além do consentimento, é necessário que uma das partes seja um Estado contratante da Convenção do ICSID e que a outra seja um nacional[13] de um Estado contratante (requisito subjetivo), bem como que a disputa tenha natureza legal[14] e resulte diretamente de um investimento[15] (requisito objetivo).[16]

O acesso à arbitragem implica, em regra, a exclusão de qualquer outra via de solução de controvérsias.[17] Ademais, como regra geral, é vedado a qualquer Estado contratante exercer proteção diplomática ou instaurar um outro procedimento perante um tribunal internacional para solução de uma controvérsia que as partes tenham consentido em submeter ou que já tenha sido submetida ao ICSID.[18]

O tribunal arbitral no âmbito do ICSID aplicará ao mérito da disputa a lei escolhida pelas partes. Na falta de escolha, será aplicada a lei do Estado envolvido na arbitragem, bem como o Direito Internacional.[19]

---

12 Idem, ibidem, p. 5 ("However, a large number of BITs ... contain provisions setting forth binding consents by the state parties to arbitration under the ICSID Convention. Typically, such provisions stipulate that each state party to the BIT consents to submit to arbitration under the ICSID Convention disputes arising out of investments made in its territory by nationals of the other state party").

13 Note-se que o critério de nacionalidade para pessoas jurídicas é bastante flexível. Admite-se que uma sociedade que tenha a nacionalidade do Estado receptor instaure arbitragem contra esse mesmo Estado caso este tenha acordado em tratá-la como nacional de outro Estado Contratante da Convenção em virtude de seu controle estrangeiro. Artigo 25(2)(b) da Convenção do ICSID.

14 Conseqüentemente, disputas de natureza política, econômica, financeira ou comercial estão excluídas da jurisdição do ICSID.

15 Apesar do requisito de que a disputa seja relacionada a investimento, o termo investimento não foi definido na Convenção. Presume-se que a lacuna tenha sido intencional em virtude da controvérsia relativa à definição de investimento existente na literatura de economia e nas diferentes leis nacionais sobre investimento estrangeiro. V. Francisco González de Cossío, op. cit.

16 Artigo 25(1) da Convenção do ICSID.

17 Artigo 26 da Convenção do ICSID.

18 Artigo 27 da Convenção do ICSID.

19 Artigo 42 da Convenção do ICSID. Embora o tema seja objeto de grande controvérsia, em linhas gerais aplica-se o Direito Internacional se e quando o direito local for incompatível ou violar parâmetros mínimos de proteção ao investidor.

Vale mencionar uma última característica: não há possibilidade de apelação do laudo arbitral. Os únicos remédios disponíveis contra o laudo estão previstos na Convenção e limitam-se à interpretação, revisão ou anulação do laudo no âmbito do próprio ICSID.[20] A Convenção prevê, ainda, que cada Estado contratante deve reconhecer o laudo arbitral como vinculante e executar as obrigações pecuniárias nele previstas, tal como se fosse um julgamento final proferido por um tribunal do próprio Estado.[21] Não obstante, a Convenção dispõe que não são consideradas derrogadas as leis sobre imunidade de execução do Estado receptor do investimento.[22]

Em 1978, o ICSID criou um mecanismo complementar conhecido como *additional facility*.[23] Objetivava-se englobar procedimentos que normalmente estariam fora do escopo da jurisdição do Centro, segundo os termos da Convenção. Ou seja, o mecanismo complementar estendeu a jurisdição do ICSID a: (i) disputas relativas a investimento nas quais uma das partes não é um Estado Contratante ou um nacional de um Estado Contratante da Convenção; e (ii) disputas que não decorram diretamente de um investimento, desde que não tenham natureza simplesmente comercial, em que pelo menos uma das partes envolvidas seja um Estado Contratante ou um nacional de um Estado Contratante.[24] Adicionalmente, o mecanismo complementar pode ser utilizado para procedimentos em que se busca unicamente a apuração de fatos, não envolvendo propriamente a solução de uma disputa.[25]

---

20 Artigos 51 a 53 da Convenção do ICSID.

21 Artigo 54(1) da Convenção do ICSID.

22 Artigo 55 da Convenção do ICSID. Apesar da possibilidade de, em tese, se recorrer à imunidade de execução, na prática ela não tem sido levantada como obstáculo à execução de um laudo arbitral no âmbito do ICSID. Presume-se que a razão seja a existência de sanções ao não cumprimento do laudo previstas na própria Convenção, tal como o uso do direito à proteção diplomática, bem como o possível receio a retaliações financeiras por parte do Banco Mundial. V. Flavio Marega, op. cit., p. 38.

23 Sobre o mecanismo de *additional facility* do ICSID e suas regras de arbitragem, v. http://www.worldbank.org/icsid/facility/facility.htm.

24 Antonio R. Parra, op. cit., p. 3.

25 Sobre o procedimento de *fact-finding*, v. explicação de Francisco González de Cossío, op. cit.: "The purpose of including fact-finding proceedings in the Additional Facility was to address the need felt in private and public circles for these kind of proceedings in pre-controversy situations. This is useful since it gives the parties

O ICSID é atualmente o principal centro internacional de arbitragem para solução de disputas relativas a investimento estrangeiro.[26] A Convenção do ICSID conta com 143 Estados ratificantes,[27] número de ratificações superior até mesmo ao da Convenção de Nova York (137 Estados ratificantes), que é reconhecidamente uma das mais importantes convenções em matéria de arbitragem internacional.[28] Ademais, evidencia-se uma crescente demanda pelo mecanismo do ICSID, que já possui 99 arbitragens concluídas[29] e 103 arbitragens em curso.[30] A maior parte dos casos foi iniciada nos últimos 5 anos.[31] A crescente demanda por arbitragens ICSID deve-se a inúmeros fatores, entre os quais o fato de acordos bilaterais de investimento e acordos bilaterais e multilaterais de livre comércio terem passado a prever a possibilidade de instauração de um procedimento arbitral nos termos da Convenção do ICSID ou segundo as regras da sua "Additional Facility".[32] Por fim, a adoção da arbitragem no âmbito do ICSID é recomendada pelo Banco Mundial, nas suas *Guidelines on the Treatment of Foreign Direct*

---

an impartial analysis of the facts (not the law), which in some cases may prevent a different understanding of the facts from becoming a legal dispute".

26 Antonio R. Parra, op. cit., p. 6 ("Our program asks whether there is a trend toward granting private parties greater opportunities to participate in international procedures for the settlement of disputes with governments. From the vantage point of ICSID, it certainly seems that the answer should be yes ... The continuing growth in ICSID membership and the many and increasing numbers of these general consents in laws and treaties, covering most investment flows among large numbers of countries, are creating tremendous opportunities for private parties to participate in ICSID's international dispute settlement procedures.").

27 V. site do ICSID: http://www.worldbank.org/icsid/constate/c-states-en.htm. Atualização até 25.01.2006. As ratificações mais recentes foram: Ucrânia (2000), Uruguai (2000), Cazaquistão (2000), Bulgária (2001), Brunei (2002), Timor Leste (2002), São Vicente e Granadinas (2002), Guatemala (2003), Líbano (2003), Iêmen (2004), Camboja (2004) e Síria (2005).

28 V. site da UNCITRAL: http://www.uncitral.org/uncitral/en/uncitral_texts/arbitration/NYConvention_status.html.

29 V. http://www.worldbank.org/icsid/cases/conclude.htm.

30 V. http://www.worldbank.org/icsid/cases/pending.htm.

31 Margrete Stevens, *Arbitration and investment disputes – are we heading in the right direction?*, disponível em: http://www.worldbank.org/icsid/news/n-19-1-4.htm.

32 Carolina Pancotto Bohrer Munhoz, op. cit., p. 130.

Investment, de 1993, preparadas com objetivo de aconselhar a adoção de uma estrutura ideal para investimentos estrangeiros.[33]

2. *Os acordos bilaterais de investimento*

A partir do final da década de 1950 surgiram os primeiros Acordos de Promoção e Proteção de Investimentos (APPIs), ou, em inglês, Bilateral Investment Treaties (BITs).[34] Entretanto, somente a partir da década de 1980 esses acordos tornaram-se instrumentos universais de promoção e proteção de investimentos estrangeiros.[35] Estima-se que atualmente haja em torno de 2.265 BITs envolvendo mais de 176 países.[36]

Os BITs são um importante instrumento no tratamento dos investimentos estrangeiros, pois conferem transparência e estabilidade ao sistema. Inicialmente, a maioria dos BITs foi celebrada entre países desenvolvidos (emissores de investimentos) e países em desenvolvimento (receptores de

---

33 Disponível em: http://ita.law.uvic.ca/documents/WorldBank.pdf ("Settlement of Disputes. 3 – In case of agreement on independent arbitration, each State is encouraged to accept the settlement of such disputes through arbitration under the Convention establishing the International Centre for Settlement of Investment Disputes (ICSID) if it is a party to the ICSID Convention or through the 'ICSID Additional Facility' if it is not a party to the ICSID Convention.")

34 O primeiro acordo bilateral de promoção e proteção a investimentos foi celebrado entre os Governos da Alemanha e do Paquistão, em 25 de novembro de 1959. V. Flavio Marega, op. cit., p. 101.

35 Os BITs seguem um modelo padrão, que contém, basicamente, as seguintes cláusulas: (i) tratamento justo e eqüitativo; (ii) proteção integral; (iii) não-discriminação; (iv) tratamento nacional; (v) nação mais favorecida; (vi) garantias relativas aos casos de expropriação; (vii) garantias relativas à repatriação de capital e remessa de lucros para o exterior. V. Adriana Noemi Pucci, Arbitragem e investimentos estrangeiros, *Revista Brasileira de Arbitragem*, ano I, n. 2, 2004, p. 16-17; e Margrete Stevens, op. cit. ("Most investment treaties, for example, include expansive, non-exhaustive definitions of the notion of investment covering a wide range economic activities. Covered investments and investors are, under most treaties, guaranteed national and most favored nation treatment, as well as fair and equitable treatment. The treaties generally prohibit the expropriation of investments – and measures tantamount to expropriation – except in the public interest and against prompt, adequate and effective compensation.")

36 UNCTAD Analysis of BITs, conforme estatística de 2003, disponível em: http://www.unctadxi.org/templates/Page_1007.aspx.

investimento). A partir da década de 1990, entretanto, começaram a surgir BITs entre países em desenvolvimento.[37]

Como regra, os BITs prevêem a arbitragem internacional investidor-Estado para solução das disputas surgidas em decorrência do investimento.[38] Normalmente o investidor pode optar entre: (i) arbitragem nos termos da Convenção do ICSID; (ii) arbitragem de acordo com as regras da *additional facility* do ICSID; ou (iii) arbitragem *ad hoc* com base nas regras da UNCITRAL.[39]

Recentemente vem surgindo uma nova geração de BITs, a exemplo do Modelo de 2004 de BIT dos Estados Unidos,[40] que apresenta inovações significativas em relação ao modelo tradicional. Algumas dessas inovações merecem comentário. Em primeiro lugar, passou-se a prever o recurso à arbitragem internacional não apenas de demandas decorrentes de violação das disposições do próprio acordo, mas também do descumprimento de certas categorias de contratos governamentais e licenças de investimento.[41] Como resultado, disputas de natureza contratual ou resultantes do descumprimento de uma licença de investimento poderão ser submetidas à arbitragem internacional, em oposição ao critério anterior de que somente violações de normas de Direito Internacional incorporadas no texto do acordo poderiam ser levadas à arbitragem.[42]

Uma segunda inovação relaciona-se à chamada cláusula *fork-in-the-road,* presente tradicionalmente nos BITs, e segundo a qual se vedava, ao menos em tese, o acesso do investidor à arbitragem internacional no âmbito do BIT quando o investidor primeiro recorresse aos tribunais judiciais ou administrativos do Estado receptor do investimento.[43] A nova geração, di-

---

37 Flavio Marega, op. cit., p. 7.

38 Adriana Noemi Pucci, op. cit., p. 17.

39 As regras da UNCITRAL de 1976 estão disponíveis em http://www.uncitral.org/uncitral/en/uncitral_texts/arbitration/1976Arbitration_rules.html.

40 O BIT celebrado entre Estados Unidos e Uruguai em 04.11.2005 já segue esse novo modelo. V. http://www.ustr.gov/Document_Library/Press_Releases/2004/October/United_States,_Uruguay_Sign_Bilateral_Investment_Treaty.html.

41 Artigo 24 do 2004 US Model BIT, disponível em: http://www.ustr.gov/assets/Trade_Sectors/Investment/Model_BIT/asset_upload_file847_6897.pdf.

42 Mark Kantor, The new draft model U.S. BIT: noteworthy developments, 21 *Journal of International Arbitration* 383, 2004, p. 384-385.

43 Na prática essa cláusula tem apresentado pouco efeito prático segundo os tribunais do ICSID, conforme observa Mark Friedman. Related dispute resolution regimes:

versamente, contém a cláusula *no U-turn,* que prevê que a participação do investidor em um procedimento administrativo ou judicial local não funciona como impedimento ao posterior acesso à arbitragem no âmbito do BIT. Entretanto, a instauração da arbitragem veda ao investidor a possibilidade de posteriormente recorrer aos tribunais do Estado hospedeiro.[44]

Por fim, vale ressaltar a previsão, ainda que em estágio embrionário, de criação de uma instância de apelação para a arbitragem no âmbito do BIT. O Modelo de BIT dos Estados Unidos de 2004, por exemplo, prevê tanto que as partes poderão adotar um mecanismo multilateral de apelação que venha a ser criado no futuro como, caso não haja nenhuma iniciativa nesse sentido, que as partes deverão dentro de três anos contemplar a criação de um mecanismo de apelação.[45]

3. Os acordos de livre comércio

Os principais acordos tanto bilaterais quanto multilaterais de livre comércio existentes atualmente adotam o mecanismo da arbitragem internacional investidor-Estado. Representativo desse modelo é o Capítulo 11 do NAFTA. Embora com algumas particularidades e inovações, em linhas gerais o formato do NAFTA vem sendo seguido por outros acordos de livre comércio, como por exemplo o Energy Charter Treaty, o Acordo de Livre Comércio Chile-Estados Unidos e o CAFTA.

O NAFTA é um acordo de livre comércio que foi celebrado em janeiro de 1994 entre Estados Unidos, Canadá e México.[46] O Capítulo 11 do NAFTA regula os investimentos feitos por um nacional de um Estado-Parte em outro Estado-Parte do NAFTA, e prevê a possibilidade de o investidor buscar indenização por danos sofridos em conseqüência de medidas adotadas pelo Estado receptor do investimento que violem normas substantivas previstas no Capítulo 11.

---

parallel proceedings in BIT arbitration, *paper* apresentado no 2006 ICCA Congress, Montreal, Canadá ("This clause [fork in the road] in effect requires the investor to elect the forum in which he or she will pursue a claim. It provides that the investor may submit the dispute to either national courts in the host state or to international arbitration – but not to both. Such provisions have, however, had little practical effect.")

44 Idem, ibidem, p. 387.

45 Idem, ibidem, p. 390.

46 O texto do NAFTA está disponível em: http://www.sice.oas.org/trade/nafta/naftatce.asp.

A Seção B do Capítulo 11 regula o procedimento de arbitragem internacional entre um investidor nacional de um Estado-Parte e outro Estado-Parte do NAFTA.[47] O mecanismo de solução de disputas do Capítulo 11 é fundado no tratamento eqüitativo dos investidores dos Estados-Partes, de acordo com os princípios de reciprocidade internacional e devido processo legal perante um tribunal arbitral imparcial.[48]

De acordo com a Seção B, os Estados-Partes consentem *a priori* em submeter toda e qualquer controvérsia decorrente do investimento à arbitragem internacional, nos termos do Capítulo 11 do NAFTA.[49] O investidor só pode acionar o mecanismo de solução de controvérsias dentro do prazo de três anos contados a partir da data em que tomou conhecimento, ou deveria ter tomado conhecimento, da alegada violação.[50] Antes de iniciar a arbitragem, porém, as partes devem tentar solucionar a disputa por meio de consulta ou negociação.[51] Caso não cheguem a um acordo, o investidor deve enviar notificação ao Estado-Parte receptor do investimento informando sua intenção de recorrer à arbitragem pelo menos 90 dias antes de efetivamente iniciar o procedimento arbitral.[52] Ademais, é necessário que tenha transcorrido o prazo de 6 meses entre os eventos que deram origem à demanda e o efetivo início da arbitragem.

Em linhas gerais, o recurso à arbitragem internacional é facultado a um investidor de um Estado-Parte na hipótese de outro Estado-Parte ter violado suas obrigações substantivas previstas no Capítulo 11 do NAFTA e de tal violação ter causado prejuízo ou dano ao investidor.[53] O investidor pode, ainda, valer-se das mesmas hipóteses para iniciar uma arbitragem em nome de uma empresa que controle direta ou indiretamente e que esteja situada no território de outro Estado-Parte do NAFTA.[54]

---

[47] Disponível em: http://www.sice.oas.org/trade/nafta/chap-111.asp. Sobre o mecanismo de solução de controvérsias previsto no NAFTA Chapter 11, v. David A. Gantz, Resolution of investment disputes under the North American free trade agreement, 10, *Ariz. J. Int'l & Comp. L.*, 335, 1993.

[48] Artigo 1115 do Capítulo 11 do NAFTA.

[49] Artigo 1122 do Capítulo 11 do NAFTA.

[50] Artigos 1116(2) e 1117(2) do Capítulo 11 do NAFTA.

[51] Artigo 1118 do Capítulo 11 do NAFTA.

[52] Artigo 1119 do Capítulo 11 do NAFTA.

[53] Artigo 1116 do Capítulo 11 do NAFTA.

[54] Artigo 1117 do Capítulo 11 do NAFTA.

Em tese, o investidor pode optar por três diferentes procedimentos de arbitragem: (i) nos termos da Convenção do ICSID; (ii) de acordo com as regras da *additional facility* do ICSID; ou (iii) *ad hoc*, de acordo com as regras da UNCITRAL.[55] Entretanto, como o México e o Canadá ainda não ratificaram a Convenção do ICSID, só as duas últimas alternativas estão de fato presentes.

Como uma das condições prévias para o acesso à arbitragem, o Capítulo 11 do NAFTA prevê que um investidor somente poderá submeter uma disputa à arbitragem se esta se referir a perda ou dano decorrentes de participação em empresa localizada no território de outro Estado-Parte, de sua propriedade ou sob seu controle direto ou indireto, desde que renuncie ao direito de iniciar ou continuar qualquer procedimento perante um tribunal administrativo ou judicial de qualquer dos Estados-Parte ou outros procedimentos de solução de controvérsias.[56] A única exceção prevista é para os casos em que se solicite a aplicação de medidas preventivas de caráter suspensivo, declaratório ou extraordinário, que não impliquem o pagamento de indenização perante o tribunal administrativo ou judicial nos termos da legislação do Estado-Parte envolvido na controvérsia.[57] Essa obrigação de renúncia incorpora a chamada cláusula *no U-turn*, já mencionada supra. Em síntese, a instauração de arbitragem no âmbito do NAFTA veda ao investidor a possibilidade de posteriormente iniciar um procedimento administrativo ou judicial perante os tribunais do Estado hospedeiro. Interessante notar, todavia, que, por força de um outro dispositivo do Capítulo 11 do

---

[55] Artigo 1120 do Capítulo 11 do NAFTA.

[56] Artigo 1121 do Capítulo 11 do NAFTA.

[57] Artigo 1121 do Capítulo 11 do NAFTA. Sobre o tema, v. Flavio Marega, op. cit., p. 58-59. V., ainda, David A. Gantz, The evolution of FTA investment provisions: from NAFTA to the United States-Chile free trade agreement, 19 *Am. U. Int'l L. Rev.* 679, 2003-2004, p. 755 ("... NAFTA ... establish[es], as a general rule, a requirement that a claimant seeking to avail herself of the arbitration provisions of the investment chapter must waive, as a condition precedent, any existing or future recourse to national courts or administrative tribunals for the same dispute, subject to an exception for injunctive relief not involving monetary damages."). Sobre o Capítulo 11 do NAFTA e sua interface com o princípio do esgotamento dos recursos internos e a cláusula *fork-in-the-road*, v. Bryan W. Blades, The exhausting question of local remedies: expropriation under NAFTA chapter 11, *Oregon Review of International Law*, 2006, no prelo.

NAFTA,[58] essa exigência de renúncia parece não se aplicar às arbitragens no âmbito da *additional facility* do ICSID ou conduzidas de acordo com as regras da UNCITRAL, pois nesses casos existe a possibilidade de uma das partes buscar a revisão ou anulação do laudo perante os tribunais da sede da arbitragem.[59]

No que se refere à lei aplicável ao mérito da disputa, o tribunal arbitral deverá aplicar as normas do próprio NAFTA, bem como o Direito Internacional, conforme o caso.[60]

Desde a entrada em vigor do acordo, diversas arbitragens foram iniciadas contra cada Estado-Parte do NAFTA.[61] O mecanismo de arbitragem investidor-Estado do Capítulo 11 encontra-se em pleno desenvolvimento e novos desafios vêm surgindo no tocante à sua interpretação e aplicação.

O Energy Charter Treaty é um acordo multilateral especificamente voltado para o setor de energia, principalmente petróleo e gás. Assinado em

---

58 Artigo 1136(3)(b) do Capítulo 11 do NAFTA.

59 Essa conclusão é extraída a partir de uma interpretação conjunta dos Artigos 1121 e 1136 do Capítulo 11 do NAFTA. Isso porque o Artigo 1136(3)(b) dispõe que uma das partes na controvérsia não poderá solicitar a execução do laudo arbitral proferido nos termos das regras do mecanismo de *additional facility* do ICSID ou da UNCITRAL até que tenham transcorrido três meses da data em que se emitiu o laudo e nenhuma parte na controvérsia tenha pedido sua revisão, desconsideração ou anulação; ou *um tribunal tenha rejeitado ou admitido pedido de revisão, desconsideração ou anulação do laudo, e não se possa recorrer dessa decisão.* Nesse sentido, se é possível o acesso aos tribunais para revisão, desconsideração ou anulação do laudo arbitral, conclui-se que a renúncia ao acesso aos tribunais administrativos e judiciais antes de recorrer à arbitragem prevista no Artigo 1121 não se aplica nos casos de arbitragem nos termos do mecanismo de *additional facility* ou de acordo com as regras da UNCITRAL. V. Flavio Marega, op. cit., p. 59-60. Sobre o Artigo 1136, v. Charles H. Brower II, Investor-State disputes under NAFTA: the empire strikes back, 40, *Colum. J. Transnat'l L.*, 43, 2001-2002, p. 51 ("This provision [Article 1136], by implication, recognizes the right of losing parties to seek revision or annulment of Chapter 11 awards by municipal courts at the seat of arbitration."). O Artigo 1136(3)(b) é responsável por um dos principais desafios relativos à arbitragem no âmbito do Capítulo 11 do NAFTA, que é revisão das decisões arbitrais pelo Judiciário dos Estados-Partes. Por exemplo, o México contestou o laudo arbitral proferido no caso Metalclad perante as Cortes de Colúmbia Britânica no Canadá alegando que o tribunal arbitral excedeu seus poderes.

60 Artigo 1131 do Capítulo 11 do NAFTA.

61 Sobre as arbitragens do NAFTA, v. http://www.state.gov/s/l/c3439.htm.

dezembro de 1994 e em vigor desde março de 1998, o acordo possui 50 Estados ratificantes, além da União Européia. O capítulo de investimento, semelhante ao modelo do NAFTA, mas com algumas particularidades, é considerado um dos pontos fortes do acordo.[62] O mecanismo de solução de disputas está previsto no Artigo 26 do acordo, que contempla um rol bastante amplo de opções, a critério do investidor: (i) tribunais do Estado hospedeiro; (ii) arbitragem nos termos da Convenção do ICSID; (iii) arbitragem nos termos do mecanismo de *additional facility* do ICSID; (iv) arbitragem perante o instituto de arbitragem da Stockholm Chamber of Commerce; ou (v) arbitragem *ad hoc* de acordo com as regras da UNCITRAL.

O acordo de livre comércio entre Chile e Estados Unidos entrou em vigor em janeiro de 2004. O Capítulo 10 dispõe sobre as disputas investidor-Estado. A Seção B do Capítulo 10 introduz importantes inovações em relação ao Capítulo 11 do NAFTA, tais como ampliação das hipóteses de recurso à arbitragem (englobando também hipóteses de violação a contratos governamentais e licenças de investimento), ampliação da lista de instituições de arbitragem, possibilidade de apresentação de *amicus curiae*, previsão da criação de um órgão de apelação, bem como maior transparência do procedimento arbitral.[63]

Por fim, o CAFTA é um acordo multilateral de livre comércio que foi celebrado em agosto de 2004 entre os Estados Unidos e os países da América Central e República Dominicana.[64] O acordo encontra-se pendente de ratificação apenas pela Costa Rica.[65] O Capítulo 10 do CAFTA contempla a arbitragem internacional como mecanismo de solução de disputas relativas a investimento. Da mesma forma que o acordo entre Chile e Estados Unidos

[62] O texto do tratado está disponível em 35 *ILM* 509 (1995). Sobre o Energy Charter Treaty, v. Thomas W. Walde, Investment arbitration under the energy charter treaty – from dispute settlement to treaty implementation, 12, *Arbitration International*, 429-466 (1996).

[63] Gonzalo Biggs, The Latin American treatment of international arbitration and foreign investments and the Chile-US free trade agreement, disponível em: http://www.camsantiago.comp/htm/archivos/espanhol/articulos/03Biggs%20article.pdf, p. 83. O texto do acordo está disponível em: http://www.ustr.gov.

[64] Sobre o CAFTA, v. http://www.ustr.gov/Trade_Agreements/Bilateral/CAFTA/Transmittal/Section_Index.html.

[65] V. http://www.uscafta.org/articles/view.asp?ID=51. O CAFTA já foi ratificado por Estados Unidos, El Salvador, Honduras, Guatemala, República Dominicana e Nicarágua.

mencionado acima, o CAFTA foi mais longe que o NAFTA, ao estender a possibilidade do recurso à arbitragem às hipóteses de descumprimento de contratos governamentais ou licença de investimento. Além disso, prevê que dentro de três meses da data de entrada em vigor do acordo deverão ser iniciadas negociações com vistas à criação de um órgão de apelação ou mecanismo similar para revisão dos laudos arbitrais. Esse órgão de apelação ou mecanismo similar deverá proporcionar coerência à interpretação dos dispositivos relativos a investimento constantes do acordo.[66]

III – Cenário atual da arbitragem para proteção de investimentos estrangeiros no Brasil

O Brasil encontra-se alheio à tendência mundial de implementação do mecanismo de arbitragem internacional investidor-Estado demonstrada acima. Isso porque o Brasil não assinou, nem ratificou, a Convenção do ICSID, não ratificou nenhum dos 14 acordos bilaterais de investimento assinados com diferentes países na década de 1990, e não ratificou os dois protocolos do Mercosul referentes a investimento. Adotando essa postura, o País encontra-se em posição isolada entre os países da América Latina, e da América do Sul em especial, que majoritariamente aderiram a instrumentos de promoção e proteção de investimentos e, conseqüentemente, ao mecanismo da arbitragem investidor-Estado. Sendo assim, um investidor estrangeiro no Brasil não possui a faculdade de acionar o Estado brasileiro perante um organismo internacional de arbitragem relativa a investimento estrangeiro, tal como o ICSID, com base no descumprimento pelo Estado de suas obrigações previstas num acordo bilateral de investimento (ou seja, para defesa de "treaty claims"). A situação torna-se ainda mais crítica quando se evidencia que, no plano do direito interno, a possibilidade de o investidor estrangeiro acionar o Estado brasileiro (ou empresas estatais brasileiras) numa arbitragem internacional (para defesa de "contract claims") permanece sendo objeto de controvérsia, apesar dos recentes avanços em relação ao tema.

1. Recusa em ratificar a Convenção do ICSID

Como visto, a Convenção do ICSID conta atualmente com 143 Estados ratificantes. Apesar do número expressivo de ratificações, durante muito tem-

66 Anexo F ao Capítulo 10 do CAFTA.

po os países latino-americanos recusaram-se a aderir à Convenção. Dentre as principais razões para essa recusa, estava a chamada Doutrina Calvo, que surgiu na América Latina durante o século XIX e início do século XX, e que visava a limitar a interferência das nações desenvolvidas nas questões internas dos países da região.

Em linhas gerais, a Doutrina Calvo baseava-se na idéia de que os investidores estrangeiros não deveriam gozar de tratamento mais benéfico do que os nacionais; os direitos dos estrangeiros eram regidos pelo direito nacional; e os tribunais nacionais possuíam jurisdição exclusiva sobre disputas envolvendo investidores estrangeiros, que não poderiam recorrer à proteção diplomática. Tal doutrina deu origem à Cláusula Calvo, segundo a qual os investidores estrangeiros só poderiam recorrer aos tribunais locais para defesa de seus direitos, sendo-lhes vedado o acesso a tribunais internacionais e à arbitragem internacional. Essa cláusula foi incluída por países da América Latina em suas constituições, leis e também nos contratos celebrados com investidores estrangeiros. Conseqüentemente, criou-se na região uma atitude geral hostil em relação à arbitragem internacional.[67]

Assim, quando, em 1964, o Banco Mundial propôs a criação do ICSID, cujo principal objetivo era remover os conflitos relativos a investimento estrangeiro dos tribunais locais e evitar que tais conflitos se tornassem conflitos entre Estados, os países da América Latina rejeitaram coletivamente tal idéia.[68] Somente a partir da década de 1980 a Doutrina Calvo começou a ser abandonada, como parte de um processo longo e gradual. A adesão à Convenção do ICSID é capítulo importante desse processo, ao lado da adesão às Convenções de Nova York de 1958 e do Panamá de 1975 sobre arbitragem internacional, aos acordos de promoção e proteção de investi-

---

[67] Gonzalo Biggs, op. cit., p. 66 ("The Latin America reaction to foreign interventions was the Calvo Doctrine, which invoked the exclusive jurisdiction of states to try and judge the conduct of foreigners within their borders. It was, basically, an early expression of the principles of territorial sovereignty, juridical equality of States, equal treatment of nationals and foreigners, and of non-intervention. Its founder, Carlos Calvo, based his views on the XIX century practice that European countries applied to the relationship among European countries and Latin American countries.").

[68] Essa posição coletiva contrária à Convenção foi formalizada em 1964 na reunião anual do Banco Mundial em Tokyo e ficou conhecida como *No of Tokyo*. Gonzalo Biggs, op. cit., p. 68.

mentos, aos acordos de livre comércio, e à OMC.[69] Atualmente, os países da América Latina em sua grande parte fazem parte da Convenção do ICSID.[70] Especialmente com relação à América do Sul, todos os países ratificaram a Convenção do ICSID, com exceção do Brasil.[71]

O Brasil chegou a participar do processo de elaboração da Convenção do ICSID no âmbito do Banco Mundial, tanto na etapa inicial de reuniões consultivas com juristas designados pelos governos dos Estados-Membros, quanto na etapa de negociação propriamente dita do texto da Convenção.[72] Todavia, durante as reuniões consultivas, um dos delegados brasileiros já expressava resistências à iniciativa de criação do ICSID.[73] Parte das resistências dirigiam-se ao próprio instituto da arbitragem, que se alegava estar em contradição com garantias constitucionais de inafastabilidade da jurisdição e monopólio do Poder Judiciário no que diz respeito ao acesso à justiça.[74] Outro aspecto problemático para o Brasil estava na alegação de que a Convenção privilegiava os investidores estrangeiros em detrimento dos nacionais.[75]

Na mesma linha, à época da negociação da Convenção, o então consultor jurídico do Itamaraty emitiu parecer levantando sérias objeções à adoção pelo Brasil da Convenção do ICSID.[76] Segundo o referido parecer:

---

69 Adriana Noemi Pucci, op. cit., p. 9; e Celso de Tarso Pereira, op. cit., p. 91-92.

70 Países da América Central que ratificaram a Convenção do ICSID: Guiana (1969), El Salvador (1984), Honduras (1989), Costa Rica (1993), Nicarágua (1995), Panamá (1996), Guatemala (2003). Os países ratificantes da América do Sul estão listados na nota seguinte. V. http://www.worldbank.org/icsid/constate/c-states-en.htm.

71 O Paraguai foi o primeiro país da América do Sul a ratificar a Convenção (1983), seguido de Peru (1983), Equador (1986), Chile (1991), Argentina (1994), Bolívia (1995), Venezuela (1995), Colômbia (1997) e Uruguai (2000). V. http://www.worldbank.org/icsid/constate/c-states-en.htm.

72 Flavio Marega, op. cit., p. 31.

73 Idem, ibidem, p. 38.

74 Idem, ibidem.

75 Idem, ibidem, p. 39.

76 Parecer do então Consultor Jurídico do Ministério das Relações Exteriores, Dr. Augusto de Rezende Rocha. Sobre o parecer, v. Flavio Marega, op. cit., p. 40-41. Note-se, ainda, posição de Guido Soares, que critica veemente o teor do referido parecer: "O autor do presente trabalho permite-se discordar dos motivos alinhavados pelo ilustre consultor jurídico do Ministério das Relações Exteriores, diga-se, à guisa preliminar, todos eles de fundo político, sem qualquer base na realidade jurídica. Não

(i) seria impossível e impraticável adotar um mecanismo de solução de controvérsias nos moldes propostos, pois se esbarraria contra dispositivos constitucionais; (ii) em mais de 150 anos de ordem jurídica e política, nunca o Governo brasileiro, em qualquer época, deixou de acolher, diplomática ou judicialmente, as reivindicações de "meritorious cases" de estrangeiros que lhe fossem apresentadas; (iii) não existia na legislação específica do Brasil qualquer dispositivo legal que forçasse o investidor estrangeiro a abrir mão da proteção diplomática do seu país; (iv) não se poderia insinuar que o nosso Poder Judiciário não tinha condições de independência para conhecer e julgar de *meritorious cases* de estrangeiros contra a Fazenda ou o Governo nacional.[77]

O referido parecer concluía no sentido de que a proposta de criação do ICSID "consagra e quase institucionaliza o estado de tensão, tão difícil de erradicar em relações políticas internacionais, existente entre as economias dominantes e as economias dominadas". Ademais, afirmava-se: "não cremos que o pleno reconhecimento das debilidades estruturais e das aflições conjunturais da economia brasileira – que tão claramente a colocam no rol das economias dominadas – seja motivo para o nosso Governo ratificar, jurídica e politicamente, a criação de um tribunal de arbitragem para dirimir conflitos econômicos entre particulares e Governos, o qual se integraria em um órgão como o BIRD, onde já se fazem sentir tão ativamente os interesses de uma economia dominante".[78]

---

se vê como um tribunal arbitral constituído com o expresso consentimento do Estado poderia representar um 'imperialismo econômico e financeiro', quando tal fenômeno já existe e é vivenciado, inclusive no Brasil. Por outro lado, um tribunal arbitral jamais poderia ser visualizado como qualquer descrédito ao Poder do Judiciário, pois seria desconhecer o caráter contratual do instituto da arbitragem e os limites da arbitrabilidade dos litígios. Quanto ao quarto argumento, é insustentável partir-se de um *parti pris* de que inexistiria, já no mundo, importantíssima jurisprudência arbitral dos tribunais *ad hoc*, que se formaram, exatamente, porque até então não havia um tribunal institucional como o Centro-BIRD. Quanto à institucionalização da tensão entre as economias dominantes e as dominadas, parece que é bem o contrário o que se pretendeu com a criação do Centro: criar um mecanismo institucionalizado, anterior aos litígios, com uma competência determinada em tratado; mesmo admitindo-se a argumentação, com ou sem tribunal arbitral, as tensões mencionadas sempre existirão, institucionalizadas ou não" (*Órgãos das soluções extrajudiciárias de litígios*, 1985, p. 81).

[77] Flavio Marega, op. cit., p. 40-41.

[78] Idem, ibidem, p. 41.

De fato, no plano internacional, o mencionado parecer estava em consonância com a posição política dos demais países da América Latina à época, influenciados pela Doutrina Calvo.[79] No plano jurídico, alinhava-se com a tradicional postura reativa do Brasil ao instituto da arbitragem.[80] Todavia, como mencionado acima, a rejeição dos países da América Latina à Convenção do ICSID foi superada a partir da década de 1980. Além disso, o Brasil evoluiu com relação à arbitragem, e a tradicional rejeição já não mais prevalece. O Brasil possui uma Lei de Arbitragem moderna e eficaz (Lei 9.307/1996), e a doutrina e jurisprudência vêm adotando cada vez mais uma postura pró-arbitragem. A tese de que a arbitragem viola o princípio constitucional de inafastabilidade do Poder Judiciário já foi superada, inclusive conforme decisões do próprio Supremo Tribunal Federal.[81] Em suma: as razões que fundamentaram o referido parecer não mais imperam.

---

79 Idem, ibidem, p. 42.

80 Idem, ibidem, p. 41.

81 Sobre a constitucionalidade da Lei de Arbitragem, v. Jacob Dolinger e Carmen Tiburcio, *Arbitragem comercial internacional*, 2004, Capítulo III – Constitucionalidade da Lei de Arbitragem Finalmente Reconhecida pelo STF. Já em 1973, quando do julgamento do famoso Caso Lage, o STF manifestou-se a favor da constitucionalidade da arbitragem, nos seguintes termos: "E cumpre, de início, afastar a confusão que a agravante pretende estabelecer entre a instituição do chamado Juízo Arbitral e a criação de órgãos revestidos de jurisdição, a par de outros órgãos integrantes do Poder Judiciário. Os conflitos de interesse comportam solução negocial. Assim, podem as partes transigir, como podem aceitar o compromisso – tal como lhes é lícito, na compra e venda, deixar a fixação do preço ao arbítrio de terceiro. Em nenhuma dessas situações se pode pensar na criação de órgãos revestidos do poder de jurisdição. É que, como evidente, este poder não decorre de vontade dos titulares de interesses em conflito. A jurisdição é poder estatal e seu exercício não se submete à concordância dos litigantes. Ora, quando se estipula o compromisso, não é possível confundir a situação com a instituição de órgão dotado de poder jurisdicional, ou com ofensa ao monopólio da jurisdição que – ressalvados os casos na Constituição previstos – ao Judiciário se reconhece" (Agravo de Instrumento 52.181, j. 14.01.1973, *RTJ* 68/382). V., ainda, voto do Ministro Nelson Jobim no julgamento da SE 5.206-7, que decidiu pela constitucionalidade da Lei de Arbitragem: "Não há nenhuma vedação constitucional a que as partes, maiores e capazes, ajustem a submissão de conflitos, que possam decorrer de relações jurídicas decorrentes de contrato específico, ao sistema da arbitragem. Não há renúncia abstrata à jurisdição. Há isto sim convenção de arbitragem sobre litígios futuros e eventuais, circunscritos à específica relação contratual, rigorosamente determináveis. Há renúncia relativa à jurisdição". Por fim, vale transcrever trecho do Parecer do então Procurador Geral da República, Geraldo Brindeiro, proferido na SE 5.206-7, sobre o princípio da inafastabilidade do Poder Judiciário: "O que o princípio da inafastabilidade do controle jurisdicional

2. *Recusa em ratificar acordos bilaterais de investimento*

Conforme mencionado acima, existem atualmente aproximadamente 2.265 BITs. Observe-se, contudo, que a resistência dos países latino-americanos à Convenção do ICSID relatada acima se aplicava também à estrutura dos BITs. Da mesma forma, tal resistência só foi contornada a partir da década de 1980.[82] Atualmente, com raras exceções, a maioria dos países latino-americanos é parte de um número substancial de BITs.[83] O Brasil mantém-se em posição isolada, eis que não ratificou nenhum dos 14 BITs que celebrou na década de 1990, conforme se verá a seguir. Na América do Sul, o Brasil é o único país que mantém essa postura conservadora.

O Brasil foi um dos últimos países em desenvolvimento a se engajar na negociação de acordos bilaterais de investimento.[84] Durante a década de 1990, o Brasil chegou a celebrar 14 acordos bilaterais de investimento com

---

estabelece é que 'a lei não excluirá da apreciação do Poder Judiciário lesão ou ameaça a direito'. Não estabelece que as partes interessadas não excluirão da apreciação judicial suas questões ou conflitos. Não determina que os interessados devem sempre levar ao Judiciário suas demandas. Se se admite como lícita a transação relativamente a direitos substanciais objeto da lide, não se pode considerar violência à Constituição abdicar do direito instrumental de ação através de cláusula compromissória".

82 Celso de Tarso Pereira, op. cit., p. 92.

83 V. Nigel Blackaby, Arbitration under bilateral investment treaties in Latin America, in Nigel Blackaby, David Lindsey e Alessandro Spinillo (eds.), *International arbitration in Latin America*, 2002, p. 379 ("Latin American countries have concluded over 380 treaties for the reciprocal promotion and protection of investments in order to promote their 'investment friendly' climate. They recognize that foreign investors take into account the existence of these treaties when assessing the political and legal risk profile of their potential investments in the region").

84 Flavio Marega, op. cit., p. 108. Note-se que o Brasil chegou a assinar em 1965 um acordo relacionado a investimento, denominado Acordo sobre Garantia de Investimentos, com os Estados Unidos. Esse acordo foi aprovado pelo Decreto Legislativo 69/1965 e promulgado pelo Decreto 57.943/1966. As disposições do acordo somente se aplicam a investimentos cobertos por garantia dada por um dos governos dos Estados-Partes em projetos ou atividades executados no outro Estado-Parte. Ou seja, esse acordo em nada se assemelha ao modelo dos acordos bilaterais de investimento (BIT) e, dessa forma, não contém as cláusulas de proteção ao investidor normalmente contidas nos BITs. Segundo Flavio Marega, embora o acordo contenha uma cláusula arbitral, estão excluídos dessa cláusula os assuntos que permenecem exclusivamente dentro da jurisdição interna de cada Estado-Parte. O recurso à arbitragem só é possível após o processo judicial no Estado hospedeiro ter sido exaurido e se confirme uma denegação de justiça (idem, ibidem, p. 107).

diversos países (Portugal, Chile, Reino Unido, Suíça, Finlândia, Itália, Dinamarca, França, Venezuela, Coréia, Alemanha, Cuba, Países Baixos, União Belgo-Luxemburguesa),[85] mas nenhum desses acordos foi ratificado pelo Congresso Nacional. De fato, seis acordos foram encaminhados ao Congresso para aprovação, mas em seguida todos foram retirados de tramitação.[86]

Uma das principais razões para a retirada de tramitação foi justamente o mecanismo de solução de controvérsias contemplado nesses acordos, que, seguindo o modelo tradicional dos BITs, prevê o mecanismo da arbitragem internacional investidor-Estado.[87] Embora uma análise aprofundada da cláusula de solução de controvérsias dos acordos celebrados pelo Brasil fuja ao escopo deste artigo, em linhas gerais, dispõe que se a controvérsia não puder ser solucionada de forma amigável dentro de um determinado prazo, poderá ser submetida, à escolha do investidor: (i) aos tribunais locais da Parte Contratante em cujo território se efetuou o investimento; ou (ii) à arbitragem internacional, que poderá ser nos termos da Convenção do ICSID

85 Portugal (9 de fevereiro de 1994), Chile (22 de março de 1994), Reino Unido (19 de julho de 1994), Suíça (11 de novembro de 1994), Finlândia (28 de março de 1995), Itália (3 de abril de 1995), Dinamarca (4 de maio de 1995), França (21 de maio de 1995), Venezuela (4 de julho de 1995), Coréia (1.º de setembro de 1995), Alemanha (21 de setembro de 1995), Cuba (26 de junho de 1997), Países Baixos (25 de novembro de 1998), União Belgo-Luxemburguesa (6 de janeiro de 1999). V. Adriana Noemi Pucci, op. cit., p. 18.

86 V., por exemplo, Mensagem 1.084, encaminhada pelo então Presidente Fernando Henrique Cardoso ao Congresso Nacional, solicitando a retirada de tramitação do acordo celebrado com a França, conforme relatado por Adriana Noemi Pucci, op. cit., p. 18; e Celso de Tarso Pereira, op. cit., p. 92 (o autor aponta como principais razões da recusa pelo Brasil em ratificar esses acordos a existência de desajustes nas questões de transferências, nas condicionantes à adoção de medidas de nacionalização e desapropriação, e na solução de controvérsias).

87 Conforme relata Flavio Marega, op. cit., p. 144-145, as principais objeções apresentadas contra o mecanismo de arbitragem internacional investidor-Estado foram, em resumo: (i) a contrariedade ao princípio do esgotamento dos recursos internos; (ii) a renúncia ao princípio do esgotamento dos recursos internos criaria precedente perigoso para o País; (iii) a possibilidade de o investidor estrangeiro recorrer à arbitragem contra o Estado colocaria em posição de igualdade dois sujeitos distintos; (iv) e lançaria suspeitas infundadas sobre o Poder Judiciário nacional; (v) a arbitragem investidor-Estado feriria a soberania e o princípio constitucional de inafastabiliade do Poder Judiciário; (vi) a arbitragem como opção unilateral do investidor viola princípios básicos da arbitragem, que normalmente decorre de um acordo de vontades.

(caso as Partes Contratantes a ela tenham aderido) ou *ad hoc*, de acordo com as regras da UNCITRAL.[88] O tribunal arbitral deverá decidir a controvérsia com base nas disposições do próprio acordo, nos princípios de Direito Internacional aplicáveis, nos princípios gerais de direito reconhecidos pelas Partes Contratantes, no direito da Parte Contratante em cujo território se efetuou o investimento e nos termos de eventuais acordos particulares que digam respeito ao investimento.[89] Note-se que, embora, em regra, esse seja o formato da cláusula de solução de controvérsias, cada acordo possui uma determinada particularidade, como, por exemplo, não prever a possibilidade de recurso por parte do investidor aos tribunais locais do Estado hospedeiro; ou, em caso de arbitragem internacional, dispor sobre a possibilidade de escolha do mecanismo de *additional facility* do ICSID.[90]

3. *Recusa em ratificar os protocolos de promoção e proteção de investimentos no âmbito do Mercosul*

Existem no âmbito do Mercosul dois protocolos de promoção e proteção de investimento. O primeiro deles, denominado Protocolo de Colônia para Promoção e Proteção Recíproca de Investimentos, celebrado em 1993, refere-se aos investimentos intrazona.[91] O segundo, Protocolo de Buenos Aires sobre Promoção e Proteção de Investimentos Provenientes de Estados Não-Membros do Mercosul, celebrado em 1994, como o nome sugere, refere-se aos investimentos extrazona.[92] Até o momento, o Protocolo de Colônia foi ratificado pela Argentina e o Protocolo de Buenos Aires foi ratificado por Argentina, Paraguai e Uruguai.[93]

O Brasil não ratificou nenhum dos dois protocolos. Curiosamente, o Protocolo de Buenos Aires, que se refere aos investimentos extrazona, chegou a ser submetido à aprovação do Congresso Nacional por meio de projeto de Decreto Legislativo, mas acabou sendo retirado de tramitação.[94]

---

88 Flavio Marega, op. cit., p. 119 e ss.

89 Idem, ibidem.

90 Idem, ibidem.

91 O texto do Protocolo de Colônia está disponível em: http://www.sice.oas.org/Trade/MRCSR/colonia/pcolonia_p.asp.

92 O texto do Protocolo de Buenos Aires está disponível em: http://www.cvm.gov.br/port/inter/Mercosul/buenos-p.asp?orig=dp.

93 Flavio Marega, op. cit., p. 82.

94 Projeto de Decreto Legislativo 301/1999. Informação disponível em: http://www.camara.gov.br/Mercosul/Proposicoes/prop_cam.htm. Posteriormente retirado de

O Protocolo de Colônia nunca chegou a ser encaminhado ao Congresso.[95] Um dos principais obstáculos à ratificação estava justamente na cláusula de solução de controvérsias presente nesses protocolos.[96]

O Protocolo de Colônia prevê que toda e qualquer controvérsia relativa às disposições do Protocolo entre um investidor de um Estado-Parte e um outro Estado-Parte será, na medida do possível, solucionada por consulta ou negociação.[97] Caso não se obtenha acordo dentro do prazo de seis meses, a disputa poderá ser submetida, a critério do investidor: (i) aos tribunais competentes do Estado receptor do investimento; ou (ii) à arbitragem internacional nos termos da Convenção do ICSID, à *additional facility* do ICSID ou à arbitragem *ad hoc* de acordo com as regras da UNCITRAL.[98] Cumpre ressaltar que o referido Protocolo menciona ainda a possibilidade de acesso a um sistema permanente de solução de controvérsias estabelecido no âmbito do Tratado de Assunção.[99] A opção por qualquer dessas vias é definitiva.[100] A lei aplicável ao mérito da controvérsia será as disposições substantivas do próprio Protocolo, a lei do Estado receptor do investimento, bem como princípios do Direito Internacional aplicáveis.[101]

---

tramitação pela Mensagem 162/2004. Informação disponível em: http://www.camara.gov.br/Mercosul/Proposicoes/prop_cam.htm.

95 Flavio Marega, op. cit., p. 91, explica que o Protocolo de Colônia não chegou sequer a ser enviado à apreciação do Congresso Nacional, principalmente por problemas técnicos decorrentes de divergências entre os Estados-Partes sobre a versão em português do Protocolo.

96 Idem, ibidem, p. 82. Segundo o autor, as objeções levantadas pelo Congresso Nacional ao mecanismo de solução de controvérsias diziam respeito: a) à contrariedade ao princípio do esgotamento dos recursos internos e da soberania jurisdicional do Estado; b) o mecanismo de arbitragem investidor-Estado coloca dois sujeitos absolutamente distintos em pé de igualdade; c) o mecanismo de arbitragem internacional investidor-Estado cria um privilégio para o investidor estrangeiro que não existe para o investidor nacional; d) o fato de o recurso ao mecanismo de arbitragem ser uma opção unilateral do investidor contraria princípios básicos que regem a arbitragem, onde geralmente há acordo de vontades (idem, ibidem, p. 99).

97 Artigo 9.1 do Protocolo de Colônia.

98 Artigo 9.4 do Protocolo de Colônia.

99 Artigo 9.2 do Protocolo de Colônia.

100 Artigo 9.3 do Protocolo de Colônia.

101 Artigo 9.5 do Protocolo de Colônia.

O Protocolo de Buenos Aires possui cláusula quase idêntica. A única diferença é que, no caso de recurso à arbitragem internacional, o protocolo limita-se a estabelecer que o investidor poderá optar por um tribunal de arbitragem *ad hoc* ou por uma instituição internacional de arbitragem.[102]

4. A arbitragem envolvendo o Estado no Direito brasileiro

Conforme discutido acima, o Brasil não é parte de nenhum instrumento internacional que confira ao investidor estrangeiro o direito de acionar diretamente o Estado brasileiro em uma arbitragem internacional relativa a investimento em virtude de violação pelo Estado de suas obrigações previstas num acordo bilateral de investimento (para defesa dos chamados "treaty claims"). Tendo em vista essa realidade, a pergunta que, inevitavelmente, se coloca é se ao menos no plano do direito interno admite-se a participação do Estado brasileiro em arbitragens com base em eventual cláusula arbitral prevista no contrato (para defesa dos chamados "contract claims"). A resposta a essa indagação ainda é incerta. Apesar das recentes evoluções com relação ao tema, a questão ainda não é pacífica, sobretudo com relação à arbitragem *internacional*. Embora não seja objeto deste artigo um estudo aprofundado sobre o tema, uma breve descrição dos principais obstáculos e recentes evoluções será apresentada a seguir.

Um importante obstáculo à participação do Estado brasileiro e entes da Administração Pública em arbitragens tem sido o princípio da legalidade. Nos termos do artigo 37 da Constituição Federal, os entes da Administração Pública devem agir em conformidade com a lei. Ou seja, não basta que não haja lei proibindo determinada conduta (tal como para os particulares); é preciso que haja lei autorizativa. Nesse sentido, a ausência de lei autorizando, de forma genérica, o uso da arbitragem é apontado como um dos principais obstáculos à utilização dessa via de solução de disputas pelo Estado. O problema é agravado pelo fato de que, além da ausência de lei autorizativa, há, ao menos aparentemente, um impedimento para o uso da arbitragem previsto no artigo 55, § 2.°, da Lei 8.666/1993 (Lei de Licitações), que dispõe que "nos contratos celebrados pela Administração Pública com pessoas físicas ou jurídicas, inclusive aquelas domiciliadas no estrangeiro, deverá constar necessariamente cláusula que declare competente o foro da sede da Administração para dirimir qualquer questão contratual". Com base nesses dois dispositivos, o Tribunal de Contas da União, bem como alguns Tribunais

---

[102] Artigo 2(H)(3) do Protocolo de Buenos Aires.

de Justiça se pronunciaram contrariamente à validade de cláusulas arbitrais pactuadas por entidades estatais brasileiras.[103] O caso mais marcante, sem dúvida, é o caso COPEL, que será brevemente relatado a seguir.

O Caso COPEL envolve o projeto de construção de uma usina termelétrica no Estado do Paraná. O principal investidor do projeto é a empresa norte-americana El Paso, por meio de sua subsidiária brasileira, que detém 60% de participação acionária na sociedade de propósito específico constituída para materialização do projeto, denominada UEG Araucária. As demais acionistas são COPEL (20%) e Petrobras (20%). No âmbito do projeto, a COPEL, sociedade de economia mista concessionária de serviço público federal de geração, transmissão e distribuição de energia elétrica, celebrou um contrato de compra e venda de energia com a UEG Araucária, segundo o qual a COPEL se obrigava a adquirir toda potência inicial assegurada da Usina, bem como operar e mantê-la.

Em certo ponto do projeto, a COPEL deixou de cumprir com sua obrigação de pagar mensalmente por toda a potência inicial assegurada pela Usina. Em resposta, a UEG Araucária, com base em cláusula arbitral contida no contrato de compra e venda de energia, instaurou procedimento de arbitragem perante a Corte de Arbitragem da Câmara de Comércio Internacional (CCI) pleiteando indenização em razão dos prejuízos sofridos. A disputa girava basicamente em torno da aprovação do contrato pela Agência Nacional de Energia Elétrica (ANEEL). Segundo a COPEL, a interrupção no pagamento devia-se ao fato de que o contrato de compra e venda de energia não havia sido aprovado pela ANEEL, e sem essa aprovação ela não poderia obter nenhum proveito econômico. A UEG Araucária, por sua vez, argumentava que a ausência de aprovação era resultado de ato de governo do Estado do Paraná, acionista majoritário da COPEL, que havia solicitado a suspensão do pedido de homologação do contrato, pois não tinha mais interesse político em dar seguimento ao projeto.

Em reação à arbitragem instaurada pela UEG Araucária, a COPEL propôs ação judicial perante os tribunais do Paraná buscando a nulidade da cláusula arbitral e paralisação da arbitragem instaurada pela COPEL, alegando sua impossibilidade, na condição de ente da Administração Pública, de se submeter à arbitragem internacional. Em primeira instância, a COPEL saiu vencedora, tanto com relação à tutela antecipada pleiteada[104]

[103] V. Suzana Medeiros, op. cit.

[104] Note-se que, a rigor, essa ciência à CCI não era propriamente uma *anti-suit injunction*, eis que não ordenava que a CCI suspendesse o procedimento arbitral.

quanto no que se refere ao mérito. A decisão de mérito de primeira instância entendeu que a cláusula arbitral era nula e determinou que a UEG Araucária se abstivesse de dar continuidade ao procedimento arbitral, sob pena de multa diária. Seguiu-se uma batalha judicial por parte da UEG Araucária, por meio da interposição de inúmeros recursos, para tentar reverter essa decisão. A título cautelar, a UEG Araucária conseguiu reverter provisoriamente a decisão que a impedia de prosseguir com a arbitragem e, portanto, o procedimento arbitral continuou a ter seguimento. No âmbito do processo judicial, aguardava-se o julgamento da apelação interposta pela UEG Araucária contra a decisão judicial de primeira instância, até que as partes decidiram fazer um acordo no procedimento arbitral perante a CCI em Paris e colocaram fim à controvérsia.

Sem o intuito de ingressar numa discussão do mérito do caso COPEL, é importante apenas ressaltar que os fatos do caso muito se assemelham aos fatos normalmente envolvidos em arbitragens internacionais relativas à investimento (no âmbito do ICSID e do NAFTA, por exemplo) decorrentes de expropriação indireta. Isso porque, como visto, um dos principais acionistas da UEG Araucária é a El Paso, sociedade constituída no Brasil, subsidiária da El Paso norte-americana. Assim, poder-se-ia, em tese, argumentar que um investidor norte-americano teve o seu investimento indiretamente expropriado, pois a concessão da licença da usina termelétrica foi negada por motivos de natureza política.[105] Em razão de o Brasil não ser parte em nenhum instrumento internacional que confira ao investidor, no caso a El Paso em nome da UEG, o direito de acionar o Estado brasileiro com base na violação de sua obrigação internacional de proteção de investimentos

---

Todavia, a multa imposta à UEG caso praticasse algum ato na arbitragem produzia o mesmo efeito prático de uma *anti-suit injunction.*

[105] O Caso COPEL parece não ter passado despercebido pelo Departamento de Estado Norte-Americano. Em relatório sobre o cenário brasileiro relativo a investimento estrangeiro para 2005, no tópico intitulado "expropriação e indenização", informa-se que em 2003 um governo estadual recém-empossado recusou-se a honrar com uma série de contratos celebrados pelo governo anterior envolvendo investidores brasileiros e estrangeiros. Embora o relatório não mencione expressamente o caso COPEL, tudo indica que a ele se refere. V. US. Department of State, Brazil: 2005 Investment Climate Statement, disponível em: http://www.state.gov/e/eb/ifd/2005/41988.htm.

estrangeiros,[106] só restou à UEG recorrer à arbitragem contra a COPEL nos termos da cláusula contratual. A decisão de primeira instância, altamente criticável, deu respaldo à postura irresponsável da COPEL de não honrar uma cláusula contratual livremente pactuada. Tem-se notícia de que as partes do caso COPEL recentemente fizeram um acordo no procedimento arbitral que estava em curso perante a CCI. Assim, o caso nem chegará a ser julgado em segunda instância nos tribunais brasileiros.

Não obstante os obstáculos apontados acima e a decisão de primeira instância do caso COPEL, inúmeros fatores indicam que possivelmente num futuro próximo a questão será pacificada, a saber: (i) diversas autorizações legislativas específicas; (ii) posição majoritariamente favorável da doutrina; e (iii) recentes decisões judiciais favoráveis, incluindo uma decisão do Superior Tribunal de Justiça.

Existem, atualmente, no ordenamento jurídico brasileiro, diversas autorizações legislativas específicas para o uso da arbitragem envolvendo entes da Administração Pública. Essas autorizações surgiram inicialmente de forma esparsa, mas têm-se tornado cada vez mais freqüentes e aparecem, principalmente, em situações envolvendo a captação de investimentos pri-

---

[106] Conforme ressaltado *supra*, o Acordo sobre Garantia de Investimentos celebrado entre o Brasil e os Estados Unidos em 1965 se aplica somente a investimentos cobertos por garantia dada por um dos governos dos Estados-Partes em projetos ou atividades executados no outro Estado-Parte. Ou seja, esse acordo em nada se assemelha ao modelo dos acordos bilaterais de investimento (BIT) e, dessa forma, não contém as cláusulas de proteção ao investidor normalmente contidas nos BITs. Além disso, o escopo da cláusula arbitral é bastante restrito. Nos termos do artigo 6 desse Acordo, se determinada divergência relativa ao Acordo entre os Governos dos dois Estados Contratantes não puder ser resolvida por meio de negociações, tal divergência poderá ser submetida à arbitragem. Todavia, o mesmo artigo exclui do procedimento arbitral os assuntos que permaneçam exclusivamente dentro da jurisdição interna de um Estado Soberano. O Acordo prevê, ainda, que reivindicações decorrentes de desapropriação de bens de investidores privados estrangeiros não apresentam questões de Direito Internacional Público, mas só podem ser submetidas à arbitragem após exaustão dos recursos judiciais internos (nos termos do acordo, até que o processo judicial do País Recipiente tenha sido exaurido e se configure denegação de justiça). Além disso, somente os respectivos Governos podem requerer a instauração da arbitragem, ou seja, prevê apenas o mecanismo de arbitragem Estado-Estado, e não arbitragem investidor-Estado. Mais uma vez o Brasil demonstrou a sua tradicional resistência ao mecanismo de arbitragem investidor-Estado.

vados pelo Estado, a saber: Lei do BNDES – Lei 5.662/1971[107] (operações bancárias internacionais), Decreto-lei 1.312/1974[108] (operações de crédito internacionais), Lei 8.987/1995 (Lei de Concessões),[109] Lei 9.472/1997 (Lei Geral de Telecomunicações),[110] Lei 9.478/1997 (Lei do Petróleo)[111] e Lei 10.848/2004 (energia elétrica).[112] Além disso, três eventos recentes com-

---

[107] Lei 5.662/1971 (transformou o Banco Nacional de Desenvolvimento Econômico em empresa pública), artigo 5.º: "A empresa pública Banco Nacional do Desenvolvimento Econômico (BNDE) poderá efetuar todas as operações bancárias necessárias à realização do desenvolvimento da economia nacional, nos setores e com as limitações consignadas no seu orçamento de investimentos, observado o disposto no artigo 189 do Decreto-lei 200, de 25 de fevereiro de 1967. Parágrafo único. As operações referidas neste artigo poderão formalizar-se no exterior, quando necessário, para o que fica a empresa pública Banco Nacional do Desenvolvimento Econômico (BNDE) autorizada a aceitar as cláusulas usuais em contratos internacionais, entre elas, a de arbitramento".

[108] Decreto-lei 1.312/1974 (autorizava o Poder Executivo a dar garantia do Tesouro Nacional a operações de créditos obtidos no exterior e a contratar créditos em moeda estrangeira), artigo 11: "O Tesouro Nacional contratando diretamente ou por intermédio de agente financeiro poderá aceitar as cláusulas e condições usuais nas operações com organismos financiadores internacionais, sendo válido o compromisso geral e antecipado de dirimir por arbitramento todas as dúvidas e controvérsias derivadas dos respectivos contratos. Parágrafo único. Observadas as normas legais e regulamentares em vigor relativamente ao endividamento externo do País, o Banco do Brasil S.A., por intermédio de suas agências no exterior, poderá participar como financiador das operações de crédito a que se refere este Decreto-lei (parágrafo único acrescentado pelo Decreto-lei 1.336, de 18.07.1974)."

[109] Lei 8.987/1995 (Lei de Concessões – redação original), artigo 23: "São cláusulas essenciais do contrato de concessão as relativas: (...) XV – ao foro e ao modo amigável de solução das divergências contratuais". A Lei de Concessões foi recentemente alterada pela Lei 11.196, de 21.11.2005, para incluir expressamente a possibilidade de recurso à arbitragem.

[110] Lei 9.472/1997 (Lei Geral de Telecomunicações), artigo 93: "O contrato de concessão indicará: (...) XV – o foro e o modo para solução extrajudicial das divergências contratuais".

[111] Lei 9.478/1997 (Lei do Petróleo), artigo 43: "O contrato de concessão deverá refletir fielmente as condições do edital e da proposta vencedora e terá como cláusulas essenciais: (...) X – as regras sobre solução de controvérsias, relacionadas com o contrato e sua execução, inclusive a conciliação e a arbitragem internacional".

[112] Lei 10.848/2004 (Energia Elétrica), artigo 4: "Fica autorizada a criação da Câmara de Comercialização de Energia Elétrica – CCEE, pessoa jurídica de direito privado, sem fins lucrativos, sob autorização do Poder Concedente e regulação e fiscalização

provam que estamos a caminho da liberalização. O primeiro desses eventos foi a aprovação da Emenda Constitucional 45 (Reforma do Judiciário), com a retirada do dispositivo constante da proposta de Emenda que vedava aos entes de direito público a submissão à arbitragem.[113] O segundo foi a aprovação da Lei das Parcerias Público-Privadas (PPP), e o terceiro foi a recente alteração à Lei de Concessões.

A Lei das Parcerias Público-Privadas (Lei 11.079/2004) objetiva incentivar projetos de infra-estrutura por meio da captação de investimentos privados.[114] A Lei prevê em seu artigo 11, inciso III,[115] uma autorização expressa para a utilização da arbitragem. Entretanto, o dispositivo estabelece que a arbitragem deve ser realizada no Brasil, em língua portuguesa, e nos

---

pela Agência Nacional de Energia Elétrica – ANEEL, com a finalidade de viabilizar a comercialização de energia elétrica de que trata esta Lei. (...) § 5.º As regras para a resolução das eventuais divergências entre os agentes integrantes da CCEE serão estabelecidas na convenção de comercialização e em seu estatuto social, que deverão tratar do mecanismo e da convenção de arbitragem, nos termos da Lei 9.307, de 23 de setembro de 1996. § 6.º As empresas públicas e as sociedades de economia mista, suas subsidiárias ou controladas, titulares de concessão, permissão e autorização, ficam autorizadas a integrar a CCEE e a aderir ao mecanismo e à convenção de arbitragem previstos no § 5.º deste artigo. § 7.º Consideram-se disponíveis os direitos relativos a créditos e débitos decorrentes das operações realizadas no âmbito da CCEE".

113 Após aprovação pela Comissão de Constituição e Justiça do Senado, em virtude de grande movimento liderado pela comunidade jurídica e setores empresariais, o texto final foi aprovado sem o referido dispositivo (*Valor Econômico*, 11.08.2004). A retirada da proibição foi comemorada por alguns juristas como um referendo ao uso da arbitragem pelas entidades públicas (*Valor Econômico*, 22.11.2004).

114 Nos termos do artigo 1.º: "Esta Lei institui normas gerais para licitação e contratação de parceria público-privada no âmbito dos Poderes da União, dos Estados, do Distrito Federal e dos Municípios. Parágrafo único. Esta Lei se aplica aos órgãos da Administração Pública direta, aos fundos especiais, às autarquias, às fundações públicas, às empresas públicas, às sociedades de economia mista e às demais entidades controladas direta ou indiretamente pela União, Estados, Distrito Federal e Municípios".

115 Lei 11.079/2004, artigo 11: "O instrumento convocatório conterá minuta do contrato, indicará expressamente a submissão da licitação às normas desta Lei e observará, no que couber, os §§ 3.º e 4.º do art. 15, os arts. 18, 19 e 21 da Lei 8.987, de 1995, podendo ainda prever: (...) III – o emprego dos mecanismos privados de resolução de disputas, inclusive a arbitragem, a ser realizada no Brasil e em língua portuguesa, nos termos da Lei 9.307, de 23 de setembro de 1996, para dirimir conflitos decorrentes ou relacionados ao contrato".

termos da Lei de Arbitragem brasileira. Há espaço para discussão sobre se a lei impõe ou não que a sede da arbitragem seja no Brasil, ou seja, que a arbitragem seja doméstica, ou se apenas exige que o procedimento seja conduzido no Brasil.[116] De qualquer forma, o legislador brasileiro perdeu a oportunidade de efetivamente inovar na matéria e prever o acesso à arbitragem internacional. Além disso, pode-se prever que a exigência da língua portuguesa gerará sérios problemas com relação a despesas de tradução e à nacionalidade dos árbitros.

Na mesma linha, a Lei de Concessões (Lei 8.987/1995) foi recentemente alterada pela Lei 11.196/2005, para incluir expressamente a possibilidade de recurso à arbitragem, pondo fim à controvérsia sobre se a expressão "modo amigável de solução das divergências contratuais", prevista no artigo 23 da Lei, incluía ou não a arbitragem. O dispositivo acrescentado foi o artigo 23-A, que dispõe que o contrato de concessão poderá prever o emprego de mecanismos privados para resolução de disputas decorrentes ou relacionadas ao contrato, inclusive a arbitragem. Tal como a Lei das PPPs, a arbitragem deverá ser realizada no Brasil e em língua portuguesa, nos termos da Lei de Arbitragem brasileira.

A doutrina nacional posiciona-se majoritariamente a favor da participação do Estado e entidades estatais em arbitragens.[117] Os fundamentos da

---

[116] Pedro B. Martins e Maurício Gomm dos Santos defenderam em seminário organizado pelo ICDR (AAA) sobre arbitragem na América Latina, Washington D.C., 15.11.2005, que a sede da arbitragem não precisa ser necessariamente no Brasil.

[117] Caio Tácito, O juízo arbitral em direito administrativo. In: Pedro A. Batista Martins e José Maria Rossani Garcez (coords.), *Reflexões sobre arbitragem:* in memorian *do desembargador Cláudio Vianna de Lima*, 2002, p. 26-27; Cláudio Vianna de Lima, A Lei de Arbitragem e o art. 23, XV, da Lei de Concessões, *RDA* 209:91, p. 98; Pedro A. Batista Martins, O Poder Judiciário e a arbitragem: quatro anos da Lei n. 9.307/96 (3.ª Parte), *Revista Forense* 359:165, p. 173; Pedro Batista Martins, Lei do Petróleo: fragmentos da arbitragem, in Marilda Rosado (coord.), *Estudos e pareceres: direito do petróleo e gás*, 2005, p. 702; Adílson Abreu Dallari, Arbitragem na concessão de serviço público, *Revista Trimestral de Direito Público* 13:05, p. 7; Diogo de Figueiredo Moreira Neto, Arbitragem nos contratos administrativos, in *Mutações do direito administrativo*, 2000, p. 226-228; Mauro Roberto Gomes de Mattos, Contrato administrativo e a Lei de Arbitragem, *RDA* 223:122, p. 131; Arnoldo Wald, Novos rumos da arbitragem no Brasil, *Revista de Direito Bancário, do Mercado de Capitais e da Arbitragem*, 14:341, p. 352-356; Clávio Valença Filho, Arbitragem e contratos administrativos, *Revista de Direito Bancário, do Mercado de Capitais e da Arbitragem* 08:359, p. 372; e Selma M. Ferreira Lemes, A arbitragem e os novos rumos

autorização, bem como o seu escopo, porém, não são objeto de consenso. Há autores que admitem a utilização da arbitragem por entes da Administração Pública independentemente de lei autorizativa; outros entendem que as autorizações legislativas específicas estendem-se às demais categorias de contratos celebrados pelo Estado; e, por fim, há quem defenda que a utilização da arbitragem está restrita ao escopo das autorizações legislativas existentes. Além disso, é importante destacar que alguns autores vêm fazendo uma releitura do princípio da legalidade, segundo a qual, modernamente, o princípio da legalidade não mais representaria uma vinculação positiva à lei, mas à idéia de vinculação da conduta do administrador público à juridicidade constitucional, expressão que reitera a centralidade da Constituição no moderno Direito Brasileiro.[118]

Por fim, recentes decisões judiciais vêm adotando uma postura pró-arbitragem no tocante à validade de cláusulas arbitrais presentes em contratos celebrados por empresas públicas brasileiras.[119] Recentemente, em julgamento unânime, a Segunda Turma do Superior Tribunal de Justiça (STJ) extinguiu, sem julgamento de mérito, o processo instaurado pela

---

empreendidos na administração pública: a empresa estatal, o Estado e a concessão de serviço publico, in Pedro A. Batista Martins, Selma M. Ferreira Lemes e Carlos Alberto Carmona, *Aspectos fundamentais da Lei de Arbitragem,* 1999, p. 183.

118 Lauro da Gama e Souza Jr. Sinal verde para a arbitragem nas parcerias público-privadas (A construção de um novo paradigma para os contratos entre o Estado e o investidor privado), *Revista Brasileira de Arbitragem,* vol. 2, n. 8, out/dez. 2005, p. 7-42 ("Em matéria de arbitragem, o argumento da indispensabilidade de autorização legislativa específica para a Administração Pública figurar como parte em procedimento arbitral, fundada na legalidade administrativa clássica, e a invocação da indisponibilidade do interesse público como obstáculo à sujeição de contratos administrativos à via arbitral, não resistem, como se verá adiante, ao juízo de proporcionalidade resultante da ponderação, mesmo em abstrato, de valores e interesses constitucionais aplicáveis a tais relações contratuais."); e Gustavo Binenbojm. Da supremacia do interesse público ao dever de proporcionalidade: um novo paradigma para o Direito Administrativo, *RDA* 239:1.

119 Apelação Cível 247.646-0, 7.ª C. Cível do TAPR, Rel. Juiz Lauro Laertes de Oliveira, j. 11.02.2004 ("... não há impedimento para sociedade de economia mista, com personalidade de direito privado, realizar transação ou resolver seus conflitos por meio de compromisso arbitral, haja vista que o interesse, no processo de arbitragem, é meramente econômico e não envolve interesse público"). No mesmo sentido, v.: Agravo de Instrumento 174.874-9, 2.ª Vara da Fazenda Pública do Foro Central da Comarca da Região Metropolitana de Curitiba, Rel. Juiz Conv. Fernando César Zeni, j. 13.04.2005; e Agravo 174.874-9/02, 1.ª C. Cível do TJPR, Rel. Juiz Conv. Fernando César Zeni, j. 10.05.2005.

Companhia Estadual de Energia Elétrica (CEEE), do Rio Grande do Sul, contra a empresa AES Uruguaiana Empreendimentos Ltda., em que a CEEE buscava invalidar cláusula arbitral constante no contrato celebrado com a AES. O STJ afirmou que o juízo arbitral não pode ser afastado unilateralmente, de forma que não poderá apenas uma das partes contratantes impor seu veto ao procedimento arbitral. Quanto à questão relativa à possibilidade de uma sociedade de economia mista celebrar contrato no qual conste cláusula compromissória, o Tribunal entendeu que a cláusula é válida, sendo dispensável a necessidade de autorização do Poder Legislativo estadual para que se possa efetivar tal procedimento.[120]

Em suma: apesar de o prognóstico ser favorável, o tema ainda não é pacífico. E certamente a possibilidade de submissão do próprio Estado brasileiro (Administração Pública direta) a uma arbitragem internacional instaurada por um investidor estrangeiro sem dúvida ainda é objeto de discussão.

IV – Considerações finais

Com base no exposto acima, conclui-se que, de um lado, existe uma tendência mundial em prol da implementação da arbitragem investidor-Estado e, no extremo oposto, verifica-se a posição isolada do Brasil, que se recusa a ratificar instrumentos que contemplam esse mecanismo de arbitragem. A situação é ainda mais grave quando o Brasil chega a assinar esses instrumentos, mas depois se nega a ratificá-los, como é o caso dos acordos bilaterais de promoção e proteção de investimentos e dos protocolos do Mercosul. Tendo em vista esse cenário, é preciso que o Brasil revisite esse tema o quanto antes,[121] analisando seriamente os diversos fatores envolvidos do ponto de vista econômico, jurídico e político.[122]

---

[120] Notícia publicada no site do STJ em 26.10.2005.

[121] Celso de Tarso Pereira, op. cit., p. 93 ("Quando se considera que os principais instrumentos multilaterais em matéria de arbitragem estão hoje em vigor em centenas de países e que um Estado com o peso específico do Brasil não pode manter-se alheio em relação a importantes questões discutidas no plano internacional – como os Acordos Recíprocos de Investimento e agora os debates sobre Acordos Regionais de Investimento (Mercosul, ALCA) ou Multilaterais (no âmbito da OCDE) –, uma reflexão crítica sobre o tema da arbitragem – na sua vertente nacional e internacional – poderia levar o Brasil a adotar instrumentos adequados para melhor enfrentar os desafios do comércio globalizado").

[122] Pelo que se tem notícia, o Brasil já vem promovendo algumas iniciativas nesse sentido, tal como a criação pela Câmara de Comércio Exterior (CAMEX), em 4 de

De fato, não se pode negar que há grande discussão em torno do efetivo papel desempenhado pelos acordos bilaterais de investimento no aumento da captação de investimentos estrangeiros diretos.[123] Talvez a posição cômoda do Brasil em relação a instrumentos internacionais de proteção a investimentos estrangeiros seja motivada pelo fato de que, não obstante não ser parte da Convenção do ICSID e de nenhum BIT em vigor,[124] o País há muitos anos lidera o ranking na América do Sul em termos de captação de investimento estrangeiro direto.[125] O maior concorrente do Brasil na América Latina é o México.[126] Em 2003, o México passou o Brasil, mas em 2004 o Brasil recuperou sua posição de liderança.[127]

Todavia, esse cenário favorável para o Brasil não pode ser considerado uma justificativa para que o País não busque melhorar o sistema de promoção

---

dezembro de 2003, de um Grupo de Trabalho Interministerial encarregado de reavaliar as disciplinas constantes dos protocolos do Mercosul e dos acordos de promoção e proteção a investimentos firmados pelo Brasil na década de 1990. Flavio Marega, op. cit., p. 12.

123 Sobre o tema, v. Jennifer Tobin e Susan Rose-Ackerman, *Foreign direct investment and the business environment in developing countries: the impact of bilateral investment treaties*, disponível em: http://www.stephankinsella.com/texts/tobin-ackerman_FDI_BITs_draft.pdf.

124 Importante considerar que, não obstante no plano internacional o Brasil não tenha promovido nenhuma iniciativa para promoção e proteção de investimentos estrangeiros, no plano interno importantes reformas foram feitas. A título exemplificativo, podem ser citadas as seguintes iniciativas: (i) fim das restrições ao capital estrangeiro em setores específicos, tais como telecomunicações, petróleo e gás e tecnologia; (ii) implementação do registro eletrônico de investimento estrangeiro no Sisbacen e retirada da exigência de autorização prévia do Banco Central para todas as operações de câmbio; (iii) reformas constitucionais e quebra de monopólios estatais com a conseqüente abertura de novos mercados; e (iv) liberalização de barreiras ao comércio. V. ECLAC, Foreign Investment in Latin American and the Caribbean, 2004, disponível em: http://www.eclac.cl/publicaciones/DesarrolloProductivo/9/LCG2269PI/2004%20IED-2004-ING-WEB.pdf, p. 71-72.

125 Idem, ibidem, p. 35 ("Brazil is South America's leading FDI recipient, with an intake of US$ 18.2 billion in 2004"). A maior parte dos investimentos estrangeiros diretos veio dos Países Baixos (45%) e dos Estados Unidos (17%).

126 Idem, ibidem.

127 Idem, ibidem. Em 2003, o México recebeu US$ 11,3 bilhões contra US$ 10 bilhões do Brasil; em 2004, o Brasil recebeu US$ 18,2 bilhões contra US$ 16,6 bilhões do México.

e proteção de investimentos.[128] Se é certo que o Brasil vem atraindo grandes volumes de investimento estrangeiro, é certo também que esse volume poderia ser aumentado caso fossem oferecidos mais atrativos aos investidores. Dados estatísticos sugerem que o Brasil pode atrair maiores volumes de investimento direto e, principalmente, investimento de melhor qualidade.[129] Dificilmente esse cenário favorável para o Brasil será sustentado a longo prazo sem a implementação de mecanismos de proteção ao investidor, tendo em vista a existência de fortes concorrentes no cenário internacional, tais como China, México e Chile.

A China é considerada a grande ameaça para a América Latina e Caribe em termos de captação de investimento estrangeiro direto.[130] Em 2004, por exemplo, a China sozinha atraiu 62 bilhões de dólares em investimento estrangeiro direto em comparação a 69 bilhões de toda a América Latina e Caribe.[131] A China ratificou a Convenção do ICSID e possui o expressivo número de 86 acordos bilaterais de investimento em vigor.[132]

---

[128] Adriana Noemi Pucci, op. cit., p. 11 ("O Brasil é um país com interesse em atrair investimentos estrangeiros e, portanto, entre outras coisas, deve oferecer segurança na solução dos conflitos. Nesse sentido, a eficácia da arbitragem internacional no ordenamento jurídico nacional como mecanismo para resolver controvérsias entre o Estado e os investidores estrangeiros é de fundamental importância.").

[129] ECLAC, Foreign Investment in Latin American and the Caribbean, op. cit., p. 74 e 105-107 ("The fact that Brazil has nevertheless received significant investments over the last decade indicates that, in the past, it did not need these mechanisms in order to attract investments. If Brazil aims to attract a new type of investment, for which it will be competing with other locations, however, the existence of an efficient, impartial and credible system for settling FDI-related disputes could be a decisive factor (...). Thanks to its relatively diversified and developed industrial network, which could be brought up to international standards of production fairly easily, Brazil has a substantial advantage over other countries in attracting the types of efficiency-seeking investments that have a high probability of generating long-term benefits.").

[130] Idem, ibidem, p. 28 ("China's new status as the leading developing-country recipient of FDI, which has also placed it among the biggest recipients worldwide, is making itself felt in different ways in Latin America and Caribbean. In the past three years the Asian giant has received almost one tenth of worldwide FDI flows and 31% of flows to developing countries, and its share of the total has been growing, while that of Latin America and the Caribbean has tended to shrink").

[131] Idem, ibidem, p. 27 ("[Foreign Direct Investment] flows to China amounted to US$ 62 billion, making it the leading developing-country recipient").

[132] V. http://www.unctad.org/Templates/Page.asp?intItemID=2344&lang=1. Tradicionalmente, a China restringe o acesso à arbitragem investidor-Estado a

O México, embora não seja membro da Convenção do ICSID, está sujeito a seu mecanismo complementar por força do Capítulo 11 do NAFTA. Além disso, o México possui 12 acordos bilaterais de investimento em vigor.[133] De fato, atribui-se em grande parte o aumento na captação de investimento estrangeiro por esse país nos últimos 15 anos à celebração de acordos de livre comércio, como o NAFTA, que atraíram de forma eficiente investimentos estrangeiros.[134] Interessante citar opinião manifestada por um autor mexicano no sentido de que os casos de arbitragem envolvendo o México, no âmbito do NAFTA, ocorridos até o momento têm demonstrado um alto nível de qualidade. Segundo o autor, o México não tem nada a temer, pois já se provou que é possível ao Estado obter êxito na arbitragem mesmo contra investidores que gozam de notável capacidade financeira. Além disso, observa o autor que, mesmo nos casos em que o México saiu vencido na arbitragem, a situação pode ser usada em favor do país ao cumprir voluntariamente o laudo arbitral e, dessa forma, enviar uma mensagem à comunidade internacional de que o México honra os seus compromissos e, portanto, possui um bom ambiente para investimento. Nesse sentido, qualquer perda pode ser revertida em acréscimo à reputação do país como um lugar favorável para investimentos, e o resultado a médio e longo prazo é a atração cada vez maior de investimento estrangeiro.[135]

O Chile, na qualidade de país da América do Sul que mais atrai investimento estrangeiro direto depois do Brasil (não-obstante o seu inexpressivo tamanho em comparação ao tamanho do Brasil), também deve ser considerado forte concorrente, sobretudo em razão das recentes iniciativas tomadas por esse país voltadas à captação de investimento, tal como o acordo de livre comércio celebrado com os Estados Unidos. Além disso, o Chile é membro da Convenção do ICSID e possui o expressivo número de 36 acordos bilaterais de investimento em vigor.[136]

disputas relativas a indenização por expropriação. Recentemente, contudo, a China celebrou BITs com a Alemanha e os Países Baixos e não incluiu tal restrição. Sobre o tema, v. John Savage, Investment treaty arbitration and Asia: survey and comment, 1, *Asian International Arbitration Journal*, 2005, p. 3-48.

133 Idem, ibidem.

134 Idem, ibidem, p. 37.

135 Francisco González de Cossío, op. cit.

136 V. http://www.unctad.org/Templates/Page.asp?intItemID=2344&lang=1.

Ao analisar a possível adesão do Brasil à Convenção do ICSID, não há como não considerar a experiência negativa da Argentina. Desde o surgimento da crise em 2001, mais de 30 arbitragens perante o ICSID já foram instauradas contra a Argentina, principalmente por parte de investidores na área de serviços com relação a disputas relativas aos efeitos da pesificação das tarifas de serviços públicos e da desvalorização da moeda.[137] É verdade que o exemplo da Argentina deve gerar cautelas, principalmente por parte dos países da América Latina, que já vivenciaram diversas crises econômicas. Todavia, acredita-se que o Brasil esteja longe de uma crise cambial nos moldes da que ocorreu na Argentina. Ademais, o exemplo da Argentina demonstra que de agora em diante os investidores estrangeiros irão exigir mais garantias dos países da América Latina. Por último, poder-se-ia, com base no exemplo da Argentina, sugerir alterações à Convenção do ICSID de modo a expressamente excepcionar medidas tomadas por um país como resultado de crises econômicas de grandes proporções que afetem investidores de modo geral.

Outro fator que deve ser levado em conta é que quando se analisa a posição do Brasil com relação a instrumentos de promoção e proteção de investimentos sempre se pensa no Brasil como país receptor. Todavia, não se pode esquecer que cada vez mais cresce o número de empresas brasileiras que estão investindo no exterior, como por exemplo Petrobras, Companhia Vale do Rio Doce, Odebrecht, Gerdau, AmBev, Usiminas, CSN, Embraer e Sadia.[138] Caso o Brasil venha a fazer parte de instrumentos internacionais que prevejam a arbitragem investidor-Estado, e algum dos países em que essas empresas investem adote medidas que causem prejuízo a um investidor brasileiro, esse investidor terá a possibilidade de acionar diretamente o Estado hospedeiro numa arbitragem internacional. Tal mecanismo teria sido útil, por exemplo, aos investidores brasileiros que tinham investimentos na Argentina, bem como para os investidores brasileiros na Bolívia, em razão das recentes medidas de expropriação dos recursos petrolíferos adotadas pelo Presidente Evo Morales. Somente em momentos de crise como esse é que o Brasil se dá conta de que suas empresas também precisam de proteção

[137] Sobre o tema, v. Paolo Di Rosa, The recent wave of arbitrations against argentina under bilateral investment treaties: background and principal legal issues, 36 *U. Miami Inter-Am. L. Rev.* 41, 2004.

[138] Sobre investimentos realizados por essas empresas em outros países, v. ECLAC, Foreign Investment in Latin America and the Caribbean, op. cit., p. 43.

quando estão investindo no exterior. É preciso, portanto, mudar o foco de análise e enxergar "o outro lado da moeda".

A importância de estudar o mecanismo da arbitragem internacional investidor-Estado está no fato de que, como visto, a tendência atual indica que essa passou a ser a regra nos acordos multilaterais de livre comércio (NAFTA, CAFTA etc.). No que se refere à proposta da ALCA, a presença do mecanismo de arbitragem investidor-Estado ainda é uma incógnita, pois, pelo que se tem notícia, o tema de investimentos parece que ficará fora do escopo da ALCA.[139] Contudo, é possível que tal posição venha a ser alterada num futuro próximo e que, por pressão dos demais países envolvidos na negociação, o Brasil tenha que rever sua posição contrária ao mecanismo de arbitragem investidor-Estado. Nesse sentido, apesar da existência de sugestões no texto da Terceira Minuta de Acordo da ALCA no sentido de restringir o acesso dos investidores à arbitragem internacional, sujeitando-os ao julgamento de tribunais estatais do local da realização do investimento, parece improvável que outros parceiros nessa negociação, principalmente os Estados Unidos, aceitem restrições a esse direito já considerado tradicional nos acordos de livre comércio.[140] Observe-se que concessões brasileiras em

[139] Em princípio, após as deliberações da Oitava Conferência Ministerial da ALCA, realizada em Miami, em 20 de novembro de 2003, tudo indica que não mais haverá a possibilidade de adoção de regime de investimentos hemisférico nos moldes do Capítulo XI do NAFTA. Nos termos da Declaração Ministerial de Miami, resultado daquela reunião, os países deverão apenas negociar um conjunto mínimo de direitos e obrigações comum aos futuros países integrantes da ALCA. Na mesma linha, entendimento posterior proveniente da XVII Reunião do Comitê de Negociações Comerciais, realizada em fevereiro de 2004, estabeleceu que, em matéria de investimentos, haverá apenas compromissos de transparência na eventual ALCA. O motivo para tal limitação de escopo é que os países negociadores não conseguiram chegar a um acordo que viabilizasse a elaboração de um capítulo de investimentos nos moldes do Capítulo 11 do NAFTA. V. Flavio Marega, op. cit., p. 80.

[140] Eugenia C. G. de Jesus Zerbini, *Solução de conflitos sobre investimentos no projeto da ALCA: o contencioso do NAFTA como exemplo a ser considerado nas negociações*, disponível em: http://www.mre.gov.br/portugues/ministerio/sitios_secretaria/cgc/itamaraty2.doc.; e Angela Teresa Gobbi Estrella, op. cit. ("A discussão é desenvolvida tendo como parâmetro o Capítulo 11 do NAFTA, onde esse debate tem se apresentado de forma mais contundente, e que tende a ser modelo para acordos de investimentos negociados pelos Estados Unidos da América (EUA) acoplados a acordos regionais de comércio (como é o caso da ALCA)"). Não obstante, é importante notar que os Estados Unidos recentemente (e após muito relutar) aceitou eliminar dispositivos garantindo o acesso à arbitragem internacional em acordo de

matéria de disciplinas sobre proteção a investimentos seriam uma interessante moeda de troca para obtenção de concessões norte-americanas em matéria de defesa comercial, principalmente acesso a mercados.[141]

É interessante notar que a posição conservadora do Brasil no que se refere aos instrumentos internacionais de promoção e proteção de investimentos estrangeiros também se verifica em outras áreas importantes para o comércio internacional. O Brasil não ratificou a Convenção Interamericana sobre Lei Aplicável aos Contratos Internacionais de 1994 (CIDIP – México),[142] nem a Convenção sobre Compra e Venda Internacional de 1980 (CISG – Viena).[143] Além disso, não há como deixar de mencionar a demora de mais de 40 anos para ratificação da Convenção de Nova York sobre Reconhecimento e Execução de Laudos Arbitrais Estrangeiros.[144]

Ademais, como visto, os principais obstáculos levantados contra a adoção pelo Brasil do mecanismo de arbitragem internacional investidor-Estado relacionavam-se à tradicional resistência do País ao próprio instituto da arbitragem. Essas razões, entretanto, não mais prevalecem, na medida em que o Brasil: possui uma Lei de Arbitragem moderna e eficaz, que foi declarada constitucional pelo Supremo Tribunal Federal; ratificou as principais convenções sobre arbitragem comercial internacional; e a doutrina e a jurisprudência brasileiras têm cada vez mais adotado uma postura pró-arbitragem. O instituto da arbitragem é de fato uma realidade no País.

Por fim, é preciso levar em consideração que o tema da captação de investimentos deve ser visto como uma "avenida de mão-dupla", ou seja, um processo de "dar e receber". Não há como o Brasil manter a posição

livre comércio celebrado com a Austrália, e prevendo acesso apenas aos tribunais competentes do Estado receptor. Esta foi uma concessão completamente atípica e possivelmente não será repetida em negociações futuras com outros países. V. informação a esse respeito em: http://www.ustr.gov/assets/Document_Library/Reports_Publications/2005/2005_TPA_Report/asset_upload_file675_7516.pdf?ht=1994%20us%20prototype%20bit%201994%20us%20prototype%20bit.

141 Angela Teresa Gobbi Estrella, op. cit.

142 O texto da Convenção está disponível em Jacob Dolinger e Carmen Tiburcio, Vademecum *de direito internacional privado*, 2. ed., 2002.

143 O texto da Convenção está disponível em: http://www.uncitral.org/pdf/english/texts/sales/cisg/CISG.pdf. Acesso em 16.11.2005.

144 A Convenção é de 1958 e só foi ratificada pelo Brasil em 2002 por meio do Decreto 4.311, de 23.07.2002.

de só querer atrair investimentos e não oferecer garantias em troca.[145] Essa posição provavelmente não se sustentará a longo prazo, principalmente à luz da emergência de fortes concorrentes, que vêm adotando medidas para atrair investidores. Nesse sentido, reitera-se, mais uma vez, que é preciso que o Brasil revisite sua posição com relação à adesão a mecanismos que contemplem a arbitragem internacional investidor-Estado. A tendência mundial em prol desse mecanismo indica que o Brasil não conseguirá resistir por muito tempo, e é preciso que o País esteja preparado para negociar os termos desses acordos.

Bibliografia

BIGGS, Gonzalo. *The Latin American treatment of international arbitration and foreign investments and the Chile-US free trade agreement.* Disponível em: http://www.camsantiago.comp/htm/archivos/espanhol/articulos/03Biggs%20article.pdf.

BINENBOJM, Gustavo. Da supremacia do interesse público ao dever de proporcionalidade: um novo paradigma para o Direito Administrativo, *RDA* 239:1.

BLACKABY, Nigel. Arbitration under bilateral investment treaties in Latin America. In: BLACKABY, Nigel; LINDSEY, David; SPINILLO, Alessandro (eds.). *International Arbitration in Latin America*, 2002.

BLADES, Bryan W. The exhausting question of local remedies: expropriation under NAFTA chapter 11, *Oregon Review of International Law*, 2006, no prelo.

BROWER II, Charles H. Investor-state disputes under NAFTA: the empire strikes back, *40 Colum. J. Transnat'l L.*, 43, 2001-2002.

COSSÍO, Francisco González de, The international centre for settlement of investment disputes – the Mexican experience, 19 *Journal of International Arbitration* 227, 2002. Disponível em: http: //www.kluwerarbitration.com/arbitration/arb/home/ipn/print.asp?print=1&ipn=24240.

[145] No mesmo sentido, v. Adriana Noemi Pucci, op. cit., p. 30-31("Como o Brasil tem o interesse legítimo de atrair investimentos do exterior, deve oferecer aos investidores a garantia de que o Estado aceita resolver as pendências decorrentes desses investimentos mediante a arbitragem internacional e que o Estado se compromete a cumprir com os termos da decisão arbitral, mesmo se lhe for contrária aos interesses... Consideramos ser este momento histórico único para o Brasil e para os investidores estrangeiros com investimentos no País, pois ambos podem aprender da experiência vivida nos últimos anos em relação à arbitragem internacional pelos demais países da região e, dessa forma, apostando na arbitragem internacional, podem manter o eqüilíbrio dos seus interesses, preservando o Estado sua capacidade de atrair investimentos e os investidores a segurança dos seus negócios e capacidade de obter lucro no País".).

DALLARI, Adílson Abreu. Arbitragem na concessão de serviço público, *Revista Trimestral de Direito Público* 13:05.

DI ROSA, Paolo. The recent wave of arbitrations against Argentina under bilateral investment treaties: background and principal legal issues, 36 *U. Miami Inter-Am. L. Rev. 41*, 2004.

DOLINGER, Jacob; TIBURCIO, Carmen. *Arbitragem comercial internacional*, 2004.

_______. *Vade-mecum de direito internacional privado*. 2. ed. 2002.

ESTRELLA, Angela Teresa Gobbi. Conceito de desapropriação em acordos internacionais de promoção e proteção de investimentos e limitação à capacidade dos governos de regularem no interesse público – lições do capítulo 11 do NAFTA, publicado nesta obra.

FRIEDMAN, Mark. Related dispute resolution regimes: parallel proceedings, in *BIT arbitration, paper* apresentado no 2006 ICCA Congress, Montreal, Canadá.

GAMA; SOUZA JR., Lauro. Sinal verde para a arbitragem nas parcerias público-privadas (A construção de um novo paradigma para os contratos entre o Estado e o investidor privado), *Revista Brasileira de Arbitragem*, vol. 2, n. 8, out/dez. 2005.

GANTZ, David A. Resolution of investment disputes under the North American Free Trade Agreement, 10 *Ariz. J. Int'l & Comp. L.*, 335, 1993.

_______. The evolution of FTA investment provisions: from NAFTA to the United States-Chile Free Trade Agreement, 19 *Am. U. Int'l L. Rev.* 679, 2003-2004.

KANTOR, Mark. The new draft model U.S. BIT: noteworthy developments, 21 *Journal of International Arbitration* 383, 2004.

LEMES, Selma M. Ferreira. A arbitragem e os novos rumos empreendidos na administração pública: a empresa estatal, o Estado e a concessão de serviço publico. In: MARTINS, Pedro A. Batista; FERREIRA, Selma M. LEMES; CARMONA, Carlos Alberto. *Aspectos fundamentais da Lei de Arbitragem*, 1999.

LIMA, Cláudio Vianna de. A Lei de Arbitragem e o art. 23, XV, da Lei de Concessões, *RDA* 209:91.

LOWENFELD, Andreas F. *International Economic Law*, 2002.

MAREGA, Flavio. *O mecanismo arbitral de solução de controvérsias investidor estrangeiro-Estado nos acordos internacionais sobre investimentos: implicações para o Brasil*. Tese (não publicada) do Curso de Altos Estudos do Ministério das Relações Exteriores, 2005.

MARTINS, Pedro Batista. Lei do Petróleo: fragmentos da arbitragem. In: ROSADO, Marilda (coord.). *Estudos e pareceres: direito do petróleo e gás*. Rio de Janeiro: Renovar, 2005.

_______. O Poder Judiciário e a arbitragem: quatro anos da Lei n. 9.307/96 (3.ª Parte), *Revista Forense* 359:165.

MATTOS, Mauro Roberto Gomes de. Contrato administrativo e a Lei de Arbitragem, *RDA* 223:122.

MEDEIROS, Suzana. *Arbitragem envolvendo empresas públicas no direito brasileiro.* Dissertação de Mestrado Orientadora Professora Carmen Tiburcio. Rio e Janeiro: UERJ, ago.2005.

MOREIRA NETO, Diogo de Figueiredo. Arbitragem nos contratos administrativos. In: *Mutações do direito administrativo*, 2000.

MUNHOZ, Carolina Pancotto Bohrer. Centro de Solução de Controvérsias sobre Investimentos (ICSID). In: BARRAL, Welber (org.). *Tribunais internacionais*, 2004.

PARRA, Antonio R. ICSID and new trends in international dispute settlement, 87 *Am. Soc'y Int'l L. Proc.* 2, 1993.

PEREIRA, Celso de Tarso. O Centro Internacional para a Resolução de Conflitos sobre Investimentos (CIRCI-ICSID), *Revista de Informação Legislativa*, ano 35, n. 140, out.-dez. 1996.

PUCCI, Adriana Noemi. Arbitragem e investimentos estrangeiros, *Revista Brasileira de Arbitragem*, ano I, n. 2, 2004.

SAVAGE, John. Investment treaty arbitration and Asia: survey and comment, 1 *Asian International Arbitration Journal*, 2005.

SOARES, Guido. *Órgãos das soluções extrajudiciárias de litígios,* 1985.

STEVENS, Margrete. *Arbitration and investment disputes — are we heading in the right direction?* Disponível em: http://www.worldbank.org/icsid/news/n-19-1-4.htm.

TÁCITO, Caio. O juízo arbitral em direito administrativo. In: MARTINS, Pedro A. Batista; GARCEZ, José Maria Rossani (coords.). *Reflexões sobre arbitragem: in memorian do desembargador Cláudio Vianna de Lima,* 2002.

TOBIN, Jennifer Tobin; ROSE-ACKERMAN, Susan. *Foreign direct investment and the business environment in developing countries: the impact of bilateral investment treaties.* Disponível em: http://www.stephankinsella.com/texts/tobin-ackerman_FDI_BITs_draft.pdf.

VALENÇA FILHO, Clávio. Arbitragem e contratos administrativos, *Revista de Direito Bancário, do Mercado de Capitais e da Arbitragem* 08:359.

WALD, Arnoldo. Novos rumos da arbitragem no Brasil, *Revista de Direito Bancário, do Mercado de Capitais e da Arbitragem* 14:341.

WALDE, Thomas W. Investment arbitration under the energy charter treaty – from dispute settlement to treaty implementation, 12, *Arbitration International,* 429, 1996.

ZERBINI, Eugenia C. G. de Jesus. *Solução de conflitos sobre investimentos no projeto da ALCA: o contencioso do NAFTA como exemplo a ser considerado nas negociações*. Disponível em: http://www.mre.gov.br/portugues/ministerio/sitios_secretaria/cgc/itamaraty2.doc.

ZULETA, SUÁREZ, ARAQUE & JARAMILLO ABOGADOS. *Stability law for investments neglects international arbitration*. Disponível em: http://www.internationallawoffice.com/ld.cfm?r=11510&i=80028&print=1.

MEDIDAS SANITÁRIAS E FITOSSANITÁRIAS – AVALIAÇÃO DO ACORDO SPS E DE SEUS ASPECTOS LEGAIS À LUZ DA JURISPRUDÊNCIA DA OMC – COMO EVITAR MEDIDAS PROTECIONISTAS

CLAUDIA MARQUES*

1. Introdução

O Acordo sobre a Aplicação de Medidas Sanitárias e Fitossanitárias (em sua sigla em inglês, SPS) é um dos acordos que compõem os anexos do Acordo de Marrakesh, que criou a Organização Mundial do Comércio (OMC), em vigor desde 1.º de janeiro de 1995. O Acordo SPS regula a aplicação de medidas que objetivam a proteção da vida e da saúde humana, animal e vegetal, desde que observados fundamentos para tanto. Todos os membros da OMC estão sujeitos ao Acordo SPS.

Durante a Rodada de Doha, verificando-se o aumento das barreiras não-tarifárias na forma de medidas destinadas à proteção da saúde humana, animal e vegetal com fundamento no artigo XX(b) do Acordo Geral sobre Tarifas e Comércio de 1947 (em sua sigla em inglês, GATT 1947), os membros da OMC identificaram a necessidade de dar mais precisão à norma do artigo XX(b), com a finalidade de evitar a adoção de medidas protecionistas e restritivas do comércio sob a forma de medidas destinadas à proteção da saúde, o que constituiria clara violação a regras basilares do GATT, como a regra da nação mais favorecida,[1] e a regra de tratamento nacional.[2]

---

* Advogada associada ao escritório Veirano Advogados, em São Paulo/SP. Formada em direito pela Universidade Mackenzie, em São Paulo/SP. Mestre em direito pela Universidade de Michigan, Ann Arbor/MI, Estados Unidos.

1 "Toda vantagem, privilégio ou imunidade outorgado por qualquer dos Membros a um produto de outro Membro ou qualquer outro país, deverá ser, imediata e incondicionalmente, conferida também a produto similar de todos os demais Membros" (Artigo I.1 do GATT 1947).

2 "Os produtos de qualquer dos Membros, quando importado para o território de outro Membro, não deverá estar sujeito, direta ou indiretamente, a taxas internas ou

As normas do Acordo SPS não se confundem com as de outros acordos da OMC, como o Acordo de Agricultura, que lida com questões como acesso a mercados, apoio doméstico e subsídios à exportação de produtos agrícolas, por exemplo. Tampouco se confundem com as normas do Acordo de Barreiras Técnicas ao Comércio (em sua sigla em inglês, TBT), que estabelece padrões técnicos não previstos no Acordo SPS.[3]

A OMC define como um dos pilares do Acordo SPS a manutenção dos direitos soberanos de seus membros ao estabelecer o nível de proteção adequado, assegurando, entretanto, que tal direito não seja utilizado de maneira inapropriada e dele não resultem barreiras desnecessárias ao comércio internacional.[4] A preocupação e o cuidado dos negociadores do Acordo SPS ao estabelecer que o nível aceitável de risco é uma decisão política de cada membro soberano, pode ser observada no requerimento de que o risco seja comprovado por meio de uma análise científica.

Com o objetivo de harmonizar as medidas sanitárias e fitossanitárias, o Acordo SPS não só recomenda, como também incentiva seus membros a tomarem por base padrões ou recomendações internacionais na adoção de suas medidas. O Anexo A ao Acordo SPS define esses padrões e recomendações internacionais como aqueles constantes da Comissão do Codex Alimentarius, do Escritório Internacional de Epizootias, e das organizações regionais e internacionais que operam dentro do sistema da Convenção Internacional de Proteção das Plantas.

Conforme verificado acima, o nível aceitável de risco é decisão de cada país soberano, conforme previsão do artigo 3.3 do Acordo SPS. No entanto, caso não observadas as demais normas do Acordo SPS – como justificativa científica e avaliação de risco – a medida pode ser enquadrada como protecionista.

O artigo 12.1 do Acordo SPS determina a criação de um Comitê de Medidas Sanitárias e Fitossanitárias constituído de representantes de todos os membros da OMC e cujas decisões são tomadas por consenso. O objeti-

---

qualquer outra cobrança interna, além daquelas aplicadas, direta ou indiretamente, a produtos domésticos similares" (Artigo III.2 do GATT 1947).

3 Vide WTO, *Understanding the WTO agreement on sanitary and phytossanitary (SPS) measures.* Disponível em: http://www.wto.org/english/tratop_e/sps_e/sps_agreement_cbt_e/intro1_e.htm.

4 Idem, ibidem.

vo deste comitê é o estabelecimento de um forum regular de consultas e a implementação do Acordo SPS com vistas à harmonização dos *standards*.

2. A finalidade deste trabalho e o interesse do Brasil

O presente trabalho tem por finalidade avaliar as normas do Acordo SPS à luz das decisões proferidas pelo Órgão de Apelação (em sua sigla em inglês, AB) e Painéis nos quatro casos que analisaram o Acordo até o presente momento: EC-Hormones,[5] Australia-Salmon,[6] Japan-Agricultural Products[7] e Japan-Apples,[8] buscando identificar se o Acordo é, ou pode ser, utilizado com propósito protecionista, como o AB vem tratando essa questão e, especialmente, qual é o futuro do Acordo SPS considerando-se a implementação das decisões da OMC.

Nesse passo, discutiremos questões substantivas do Acordo, traçando paralelos entre os artigos 3.1 e 3.3 do acordo SPS (adoção de padrões internacionais x maior nível de proteção), e dos artigos 5 e 2.2 do acordo SPS (verificação de risco x justificativa científica). Finalmente, discutiremos brevemente alguns assuntos procedimentais de particular relevância para disputas decorrentes do Acordo SPS, como o ônus da prova e a participação de peritos.

Na prática, esse trabalho destina-se a educar o público em geral a respeito da utilização de normas sanitárias e fitossanitárias de acordo com os requisitos do Acordo SPS, além de ajudar a identificar quando uma norma sanitária e/ou fitossanitária pode ser considerada protecionista e restritiva ao comércio internacional, em violação ao Acordo SPS.

O tema é atual e de bastante relevância, já que se tem observado a crescente aplicação de normas sanitárias e/ou fitossanitárias com vistas a regulamentar o controle de doenças bovinas, como a febre aftosa, o uso de hormônios de crescimento em animais destinados ao consumo humano, e medidas de preservação de alimentos como frutas e vegetais, para citar alguns exemplos.

De particular relevância é o interesse do Brasil – grande exportador de produtos agrícolas – na aplicação e regulamentação das normas SPS,

[5] WT/DS26 e WT/DS48.

[6] WT/DS18.

[7] WT/DS76.

[8] WT/DS245.

visto que vem sofrendo prejuízos relevantes pela imposição de medidas por países para os quais exporta. Um exemplo são as medidas sanitárias impostas pelos Estados Unidos para a carne suína (impostas devido ao registro, no passado, de contaminação por aftosa e peste suína), carne bovina e frutas e vegetais.

Nesse sentido, observe-se o estudo da Lei do Bioterrorismo americana à luz das normas da OMC, da autoria de Luizella Branco e Patrícia Vilhena, contido na presente coletânea.

Para a carne suína e bovina não existem, até o presente momento, iniciativas concretas para entendimentos sanitários entre o Brasil e os Estados Unidos, e não existe reconhecimento mútuo de áreas livres ou de baixa incidência de enfermidades. Em especial para a carne bovina, inexiste um acordo sanitário entre os dois países.

Já com relação a frutas e vegetais, verifica-se uma morosidade na aplicação de medidas sanitárias e fitossanitárias. O USDA, órgão americano responsável pela regulamentação e verificação de normas SPS, opera de maneira vagarosa e burocrática na realização de exames e provas para efetivo controle de doenças e pragas, bem como para condução de análise de risco. Um exemplo da morosidade foi o processo de aprovação do mamão papaia brasileiro, que foi iniciado em 1993 e concluído somente em 1998.[9]

Outro exemplo são as medidas SPS impostas pela Comunidade Européia à importação de carne bovina brasileira em decorrência da incidência de febre aftosa no Rio Grande do Sul.[10]

3. Análise das normas do acordo SPS

3.1. Artigo 2.2 x Artigo 5 do Acordo SPS (verificação de risco x justificativa científica)

O artigo 2.2 estabelece regras básicas para a aplicação de uma medida sanitária ou fitossanitária. Os membros do acordo SPS devem assegurar que toda medida sanitária ou fitossanitária seja aplicada somente na medida do

[9] Fonte: Barreiras às Exportações Brasileiras (SECEX), e *Relatório das barreiras a produtos e restrições a serviços e investimentos nos EUA*, preparado pela Embaixada do Brasil em Washington e publicado pela editora Aduaneiras (3. ed., 2003, p. 43).

[10] Tarifa Européia – Lista Consolidada OMC/EU.

necessário para proteger a saúde humana, animal e vegetal, que a medida seja fundamentada em princípios científicos, e que não seja mantida sem comprovação científica suficiente. A exceção a estas regras está no parágrafo 7 do artigo 5, conforme veremos a seguir.

Podemos classificar tal artigo como a norma mais importante do Acordo SPS, pois todas as demais normas do Acordo dependem dele, pois é onde se estabelece a obrigatoriedade dos membros em garantir que toda medida sanitária ou fitossanitária seja baseada em princípios científicos, e que a medida não permaneça em vigor sem comprovação científica suficiente a ampará-la.

A grande questão em torno do artigo 2.2 é o que pode ou não ser considerado como justificativa científica. No caso EC-Hormones, o Painel e o AB entenderam que as justificativas da Comunidade Européia, por estarem baseadas em estudos científicos minoritários, não seriam suficientes para determinar o nível de proteção necessário.

Alguns autores entendem que a limitação ao uso de entendimentos científicos minoritários impõe uma séria limitação ao direito dos Membros de estabelecer o seu próprio nível de proteção. Um autor específico lança a polêmica de que a história demonstra que a maioria nem sempre está certa quando se trata da busca da verdade.[11]

Já o artigo 5 impõe alguns limites à discricionariedade dos membros na determinação do nível de proteção apropriado, regulando duas questões importantes: a avaliação e a administração do risco na determinação do nível de proteção apropriado.

O parágrafo 5.7 deste artigo, especificamente, regula as situações em que não existem evidências científicas suficientes para justificar a aplicação da medida sanitária ou fitossanitária. Nesse casos, os membros podem aplicar medidas provisórias, baseadas na informação disponível, que pode ser aquela encontrada em organizações internacionais, ou medidas semelhantes aplicadas por outros membros.

O parágrafo 5.7 também pode ser aplicado nos casos em que um padrão internacional ainda não foi desenvolvido, em que as teorias científicas existentes são conflitantes ou, em que não há informação suficiente.

[11] J. Martin Wagner, The WTO's interpretation of the SPS agreement has undermined the right of governments to establish appropriate levels of protection against risk, *The International Law Journal of Georgetown University Law Center*, vol. 31, n. 3.

Os parágrafos 5.1 a 5.3, por sua vez, regulam a avaliação de risco. O primeiro determina que uma medida sanitária ou fitossanitária deve ser sempre baseada na avaliação do risco para a saúde humana, animal ou vegetal. Já o parágrafo 5.3 determina que, na avaliação de risco à saúde animal ou vegetal, alguns fatores econômicos relevantes devem ser levados em consideração, como o dano potencial em termos de perda de produção ou venda caso uma peste seja introduzida ou disseminada, o custo do controle ou erradicação no território do membro importador e o custo-benefício da utilização de medidas alternativas para limitação do risco.

O AB, em EC-Hormones, interpretou o requerimento de *based on*, ou "fundamentada em", contido na norma do artigo 5.1, como uma referência a que deve existir uma *rational relationship*, ou seja, de que haja uma relação racional e objetiva entre a medida e a avaliação de risco.[12]

Segundo o AB, essa regra não deve ser interpretada como uma obrigação de que o membro que adote uma medida sanitária deva ter conduzido a sua própria avaliação de risco. Pelo contrário, o artigo 5.1, conforme interpretado pelo AB, apenas determina que a medida sanitária seja fundamentada em uma avaliação de acordo com a circunstância. A medida pode muito bem ser justificada, de forma racional, por uma avaliação de risco conduzida por outro membro, ou por uma organização internacional, por exemplo.

No caso específico de EC-Hormones, o AB verificou que a medida da Comunidade Européia sequer estava baseada em avaliação de risco, conforme descrito acima, e, por essa razão, não determinou o parâmetro de como este *rational relationship* deveria ocorrer. O AB restringiu-se a afirmar que a intenção do artigo 5.1 é a de que deve existir uma relação objetiva entre a medida e a avaliação de risco, deixando em aberto esta interpretação para futuros casos ou negociações no âmbito da OMC.

Parte da lacuna deixada pelo AB naquele caso pode ser preenchida pela interpretação que o AB dá ao requisito de consistência do artigo 5.5. Foram identificados três requisitos diferentes neste artigo: (i) diferentes situações podem exigir diferentes tipos de proteção; (ii) membros devem evitar que tais diferenças sejam infundadas ou arbitrárias e, finalmente, (iii) as diferenças não devem resultar em discriminação ou restrição disfarçada ao comércio internacional.

---

[12] WT/DS26/AB/R. par. 189.

Esse teste também foi aplicado no caso Austrália-Salmon, onde o AB confirmou a decisão do Painel de que a medida australiana violava o artigo 5.5, pois deixou de preencher os requisitos de consistência especificados naquele artigo.

Já o parágrafo 5.2 lista os elementos que devem ser levados em consideração na avaliação do risco. São eles: métodos de produção e processamento; métodos de inspeção, amostra e teste; existência de doenças ou pestes específicas em determinadas áreas; existência de áreas livre de pestes e doenças; condições ecológicas e ambientais; e quarentena e outros tratamentos.

Existe uma controvérsia com relação a essa lista ser restritiva ou não, ou seja, alguns autores[13] entendem que esta é uma lista fechada, mas que cada item pode, mas não necessariamente deve, ser levado em consideração. Outra corrente[14] entende que os itens devem, obrigatoriamente, ser levados em consideração, mas não é clara com relação à inclusão de outros itens no momento da análise. O caso EC-Hormones bem observou que a lista do artigo 5.2 não exclui questões não associadas a ciências físicas, tendo notado também que esta não é uma lista fechada.

No que diz respeito à saúde das plantas, um país tem interesse legítimo em manter medidas fitossanitárias para prevenir a introdução de organismos destrutivos que possam causar danos graves ao seu setor agrícola.

Ao avaliar o risco à vida de uma planta em particular, os membros devem considerar um amplo espectro de fatores contidos nos artigos 5.2 e 5.3. O AB estabeleceu um processo de três fases para essa avaliação em Austrália-Salmon. Os membros devem (a) identificar as doenças potenciais cuja entrada esteja ameaçada pelo comércio e seus potenciais efeitos, (b) avaliar as chances da entrada daquela doença e suas conseqüências, e (c) avaliar as chances de entrada e conseqüências advindas da medida fitossanitária proposta.[15]

Membros que pretendam manter medidas mais rigorosas do que os padrões internacionais devem apresentar uma justificativa científica ou uma

---

[13] Joost Pauwelyn, The WTO agreement on sanitary and phytossanitary (SPS) measures as applied in the first three SPS disputes, *Journal of International Economic Law*, p. 641-664, 1999.

[14] Idem, ibidem.

[15] WT/DS18/AB/R, par. 121.

avaliação de risco. No entanto, as teorias científicas não precisam refletir, necessariamente, a visão dominante na comunidade científica.

Já os artigos 5.4 a 5.6 regulam a administração do risco. O artigo 5.4 aconselha enfaticamente os membros a minimizar os efeitos negativos ao comércio, e o artigo 5.5 determina que os membros devem evitar decisões arbitrárias ou não justificáveis na distinção dos níveis considerados apropriados para cada situação, se tal distinção resultar em discriminação ou restrição disfarçada ao comércio internacional.

Com relação ao artigo 5.4, o AB, em EC-Hormones, entendeu que essa norma não impõe uma obrigação aos membros, mas tão-somente estabelece que tal previsão deve ser levada em consideração na interpretação de outras normas do Acordo SPS.

O Anexo A do Acordo define a avaliação de risco como a avaliação dos potenciais efeitos adversos da presença de aditivos, contaminantes, toxinas ou organismos causadores de doenças à saúde humana, de animais ou plantas.

Já em Japan-Apples,[16] o AB verificou que a medida japonesa não estava fundamentada em uma avaliação de risco conforme requerido pelo artigo 5.1, pois não satisfazia a definição de avaliação de risco prevista no parágrafo 4 do Anexo A do Acordo SPS. Na interpretação do AB, a medida japonesa (i) falhou em avaliar a probabilidade de entrada, estabelecimento ou disseminação da doença em questão e, (ii) falhou na realização de uma avaliação de acordo com as medidas SPS que seriam aplicadas.

O artigo 5 como um todo estabelece algumas diretrizes que devem ser levadas em consideração em uma avaliação de risco e na escolha da medida apropriada para aquele determinado risco.

O AB, ainda em EC-Hormones, entendeu que não há razão para que esta lista seja interpretada restritivamente. De certa forma, o AB ampliou a lista, incluindo fatores como preferências culturais e valores sociais ao enfatizar que o risco a ser analisado de acordo com o artigo 5.1 "não é somente aquele risco que pode ser comprovado em laboratório, mas também o potencial efeito adverso que pode ser causado à saúde humana no mundo real, onde as pessoas vivem, trabalham e morrem".[17]

[16] WT/DS245/AB/R, par. 189-216.

[17] WT/DS26/AB/R, par. 187.

O Painel e o AB fizeram diversas outras considerações a respeito do risco, como a necessidade de que a avaliação seja específica, ou seja, no caso EC-Hormones, a avaliação deveria ser com relação ao risco que alguns hormônios específicos poderiam causar à saúde humana, e não com relação a hormônios em geral.

3.2. *Artigo 3.1 x Artigo 3.3 do Acordo SPS (adoção de padrões internacionais x maior nível de proteção)*

O artigo 3.1 estabelece a obrigação dos membros em fundamentar suas medidas sanitárias ou fitossanitárias em padrões, orientações ou recomendações internacionais, quando existentes. A finalidade do artigo é a promoção da harmonização das medidas de acordo com padrões internacionais.

A jurisprudência, em EC-Hormones, deu interpretação mais ampla a esta norma, esclarecendo que a expressão *based on*, ou "com fundamento em", utilizada no artigo, é menos rigorosa do que se fosse utilizada a expressão *conform to*, ou "em conformidade com".

O artigo 3.3, por outro lado, autoriza a utilização de medidas que resultem em um maior nível de proteção sanitária do que aqueles estabelecidos nos padrões internacionais, sempre com a observação de que deve haver uma justificativa científica para tanto, ou que o membro tenha realizado uma avaliação de risco de acordo com as normas do Artigo 5.

Esse artigo foi redigido em respeito à soberania dos membros e à idéia de que o nível de proteção adequado para cada membro pode ser determinado de acordo com o entendimento de cada um, seja em razão de uma diferente percepção cultural, seja porque um determinado membro possuiu agências administrativas com regras específicas para a condução de análises científicas e avaliação de risco, como é o caso do Food and Drug Administration (FDA) dos Estados Unidos.

O artigo 3.3 é facilmente interpretado como a exceção ao artigo 3.1[18] ou, como alguns autores[19] mais radicais preferem, como uma rota de fuga da regra de harmonização prevista no artigo 3.1, já que autorizaria o desvio dos

[18] Conforme interpretado pelo AB em *EC-Hormones*, par. 157-177.

[19] Dale E. McNiel, The first case under the WTO's sanitary and phytossanitary agreement: the European Union's Hormone Ban, 39, *VA. J. INT'L L.* 89, 107, 1998.

padrões internacionais pela aplicação de normas próprias de cada membro, as quais poderiam ser medidas protecionistas mascaradas.

No entanto, o AB, em EC-Hormones rejeitou essa interpretação, afirmando que os artigos 3.1, 3.2 e 3.3 devem ser aplicados conjuntamente, já que cada um desses artigos regula uma situação diferente.

Nesse sentido, a norma do artigo 3.3 faz todo sentido quando aplicada para determinados casos, como o de um membro que, hipoteticamente, tenha como base de sua alimentação o arroz, sendo que as normas internacionais do Codex para esse alimento são determinadas de acordo com dados globais e não regionais. Nesse caso, o membro em questão poderia determinar o nível de resíduo de pesticidas autorizado no cultivo do arroz que será consumido pela sua população em um padrão mais alto do que o do Codex.[20]

A norma do artigo 3.3 também pode ser aplicada para casos em que novos estudos sejam disponibilizados e comprovem que o risco à saúde oferecido por aquele determinado alimento é maior do que o padrão em vigor adotado pelas organizações internacionais.

Alguns autores entendem que a decisão do AB nesse caso enfraqueceu o acordo SPS, especialmente na sua interpretação da relação entre os artigos 3.1, 3.2 e 3.3 do Acordo. O AB entendeu que esses três artigos têm o mesmo peso, contrariamente ao que havia decidido o Painel, ou seja, de que os artigos 3.1 e 3.2 seriam a regra geral, e o artigo 3.3 a exceção.

O AB, entretanto, não analisou se a proibição dos hormônios pela Comunidade Européia estava ou não baseada em padrões internacionais, deixando uma lacuna nesse sentido. O AB interpretou, ainda, que o artigo 3.3 exige que medidas não baseadas em padrões internacionais devem apresentar justificativa científica e atender aos requisitos do artigo 5 (avaliação de risco, por exemplo).

Finalmente, com relação ao nível aceitável de risco estabelecido por cada membro, é importante esclarecer a diferença entre a avaliação de risco, que é uma avaliação científica, e a administração do risco, que envolve decisões de cunho social. Uma vez avaliado o risco, ou seja, uma vez que o risco e a probabilidade da sua ocorrência sejam identificados, o próximo passo é a decisão do membro de poder/querer aceitar esse risco. Uma vez tomada a decisão, o membro estabelece o seu "nível aceitável de risco".

---

[20] Idem, ibidem.

A determinação e aplicação do nível apropriado de risco por um membro fazem parte da administração do risco.[21]

Se um membro julgar impossível a tolerância do risco avaliado, deverá adotar uma medida sanitária ou fitossanitária para redução do nível de risco ao que considera aceitável. Por essa razão, o nível aceitável de risco é essencial na avaliação de consistência de uma medida com as normas da OMC.[22]

Como vimos acima, o artigo 5.6 determina que uma medida sanitária ou fitossanitária não deve ser mais restritiva ao comércio do que o necessário para atender ao nível apropriado de proteção. Como visto, tanto o caso Austrália-Salmon (par. 7.115-153) como o caso Japan – Varietals (par. 8.64-104) aplicaram o teste de consistência indicado acima.

4. Aspectos procedimentais relevantes na solução de disputas decorrentes do Acordo SPS

Para fazerem valer os seus direitos, os membros da OMC podem recorrer ao Sistema de Solução de Controvérsias (em sua sigla em inglês DSU), cujas regras e procedimentos se aplicam incondicionalmente a disputas decorrentes do Acordo SPS.

De acordo com a última atualização realizada pela UNCTAD,[23] 21 reclamações foram apresentadas à OMC com relação ao Acordo SPS, em 18 assuntos diferentes. Países em desenvolvimento estiveram envolvidos em sete disputas, sendo quatro como reclamantes[24] e seis como reclamados.[25] Destas, as quatro ora sob análise resultaram em relatórios de Painel e Órgão de Apelação.

A seguir, discutiremos alguns aspectos procedimentais de particular relevância para disputas decorrentes do Acordo SPS, como o ônus da prova e a participação de peritos.

---

21 WT/DS26/R, par. 8160 e WT/DS48/R, par. 8163.

22 Joost Pauwelyn, Op. cit.

23 Unites Nations Conference on Trade and Development, *Course on dispute settlement*, World Trade Organization, 3.9 SPS Measures, 2003.

24 WT/DS134, WT/DS205, WT/DS237 e WT/DS256.

25 WT/DS96, WT/DS133, WT/DS203, WT/DS205, WT/DS237 e WT/DS256.

4.1. Ônus da prova

O AB, em EC-Hormones, entendeu que o ônus inicial da prova é da parte que iniciou a disputa, ou seja, daquele que questiona a medida. Esta determinação faz todo sentido, já que o AB precisa estabelecer o chamado caso prima facie, ou seja, de que, na ausência de argumentos da parte contrária, exista um caso que deva ser avaliado pelo Painel. Feito isto, o ônus da prova reverte para a parte que teve a sua medida questionada, a qual deve responder à alegação de inconsistência.[26]

Esta questão é particularmente importante, visto que existe grande incerteza com relação ao ônus da prova em disputas decorrentes de assuntos relacionados à saúde.

O AB indicou também nesse caso que a parte que alega um determinado fato, seja ela a reclamante ou a reclamada, é responsável pela prova do fato alegado. Mais uma vez, foi acertada a decisão do AB, pois a questão do ônus da prova em disputas dessa natureza é bastante controvertida.

4.2. Participação de peritos

Como em qualquer litígio doméstico, onde o juiz nem sempre possui conhecimento científico necessário para julgar todas as causas que são submetidas à sua apreciação, o mesmo ocorre nas disputas na OMC, onde os painelistas em geral não possuem conhecimento técnico necessário para resolver disputas envolvendo questões sanitárias e fitossanitárias complexas.

O artigo 13 dos Entendimentos sobre a Solução de Controvérsias, e o artigo 11.2 do Acordo SPS autorizam os painelistas a buscar o auxílio de peritos técnicos. Os painelistas dos casos EC-Hormones, Austrália-Salmon e Japan-Agricultural Products, todos utilizaram esta prerrogativa e utilizaram os serviços de peritos. Em geral, o Painel submete perguntas aos peritos individualmente e a opinião dos peritos não implica obrigação por parte do Painel em adotá-las.

4.3. Como é feita a implementação das decisões?

De acordo com a norma dos artigos 16.4 e 17.14 do DSU, a adoção dos relatórios de Painel e AB é automática, a menos que haja consenso contra aquela decisão.

---

[26] WT/DS26/AB/R, par. 98.

Uma vez adotado o relatório pelo Órgão de Solução de Controvérsias (em sua sigla em inglês DSB), o membro reclamado tem o dever de notificar o DSB de suas intenções com relação à implementação das recomendações adotadas. Caso o cumprimento imediato não seja possível, o membro deverá fazê-lo dentro de prazo razoável (*reasonable period of time*). Tal prazo será acordado entre as partes e aprovado pelo DSB em até 45 dias da data da adoção do relatório, ou por meio de arbitragem em prazo de até 90 dias da adoção. De todo modo, o DSB deve manter o acompanhamento do assunto até sua resolução final.

Nos casos EC-Hormones e Australia-Salmon, o prazo razoável foi determinado por meio de arbitragem. Em procedimentos de arbitragem como esse, uma diretriz para o árbitro é de que o prazo não deve exceder 15 meses da data da adoção do relatório do Painel ou do AB. O artigo 21.3(c), no entanto, indica que esse prazo pode ser maior ou menor, dependendo do caso.

No caso EC-Hormones, a Comunidade Européia teve 15 meses para a implementação, e no caso Austrália-Salmon o árbitro afirmou que o prazo não deveria incluir o tempo necessário para a condução de novos estudos e, por essa razão, conferiu à Austrália 8 meses para implementação da decisão. Já em Japan-Agricultural Products, as partes concordaram que o prazo razoável seria de 9 meses e 12 dias.

Interessante verificar que no caso EC-Hormones a Comunidade Européia não cumpriu o prazo estabelecido para implementação, o que levou os Estados Unidos e o Canadá a serem autorizados a retaliar contra ela. Este caso ainda não se encerrou. O caso Austrália-Salmon também não foi implementado no prazo. Nesse caso, o relatório do Painel do Artigo 21.5 foi adotado pelo DSB em 20 de março de 2000. Já em Japan-Agricultural Products, O Japão e os Estados Unidos notificaram o DSB, em 23 de agosto de 2001, que haviam chegado a uma solução mutuamente satisfatória com relação à suspensão da proibição da importação dos bens sob disputa. O mesmo ocorreu no caso Japan-Apples, onde o Japão e os Estados Unidos também comunicaram o DSB, em 2 de setembro de 2005, acerca da solução mutuamente satisfatória encontrada pelas partes.

5. Conclusão – O Acordo SPS vem sendo usado com propósitos protecionistas? Qual o futuro do Acordo SPS?

A jurisprudência de maior relevância para o Acordo SPS foi o caso EC-Hormones. Para aqueles que acreditavam que o Acordo SPS seria um forte instrumento na determinação de que membros deveriam, obrigatoriamente, fundamentar suas medidas sanitárias e fitossanitárias em princípios científicos consolidados e padrões internacionais, o caso EC-Hormones demonstrou que o acordo deve ser interpretado de maneira mais flexível, ao interpretar o requerimento de *based on*, ou "fundamentada em", contido na norma do artigo 5.1 como sendo uma referência dos negociadores de que os padrões não deveriam ser tão rígidos como o imaginado por alguns intérpretes do Acordo SPS, mas sim de que deveria haver uma relação racional e objetiva entre a medida e a avaliação de risco.

Para alguns, essa decisão do AB falhou na análise do artigo 2.2 do Acordo, o qual prevê a necessidade de que as medidas aplicadas pelos membros devem ser fundamentadas em princípios científicos, ao não responder objetivamente à questão "a medida tem fundamento científico?". Além disso, alguns autores entendem que a decisão do AB enfraqueceu também o artigo 3.1, que requer que as medidas sejam fundadas também em padrões internacionais. Aparentemente, a interpretação que o AB deu ao conceito de *based on* enfraqueceu o Acordo, na medida em que deu maior amplitude à norma do artigo 5.1 no sentido de que medidas não orientadas por padrões internacionais deveriam ser fundamentadas em uma análise de risco.

No entanto, a reação acima é desproporcional à interpretação do Acordo SPS realizada por casos mais recentes, como é o caso de Japan-Apples, em que o AB manteve a decisão do Painel de que a medida japonesa não tinha comprovação científica suficiente e, portanto, era contrária à norma do artigo 2.2 do Acordo SPS.

O AB rejeitou o argumento do Japão de que o Painel deveria analisar o caso com base no artigo 2.2, mas à luz da abordagem que o Japão deu ao risco e à comprovação científica da medida. Este argumento vai em sentido contrário ao padrão de análise objetiva dos fatos que deve ser adotada pelo Painel e foi, portanto, rejeitado pelo AB.

Diante dos dois cenários expostos acima, verifica-se que, em se tratando de questões relacionadas à saúde, cujos padrões não são matemáticos e estão em constante evolução, a grande dificuldade está em determinar qual será o tipo de comprovação científica que deverá ser adotada, em comparação com a avaliação de risco a ser conduzida pelo membro soberano.

Obviamente, a necessidade de comprovação científica deve guiar o membro na aplicação de medidas sanitárias e fitossanitárias. No entanto, os padrões de comprovação científica não devem ser estáticos nem ter um espectro reduzido de possibilidades.

Em contrapartida está a posição do membro soberano, que deve conduzir uma análise de risco fundamentada na comprovação científica disponível. Com base nisso, a decisão do AB em Japan-Apples parece acertada, pois considerou a medida claramente desproporcional ao risco identificado pelo Japão. O AB concluiu, ainda, que alguns dos requerimentos da medida não possuíam comprovação científica suficiente e, portanto, a medida estava em desacordo com o artigo 2.2 do Acordo.

Finalmente, observado o histórico dos quatro casos analisados no presente trabalho, podemos tirar duas conclusões que servem de indicativo para futuras disputas decorrentes do Acordo SPS: (i) os membros que tiveram suas medidas sanitárias e fitossanitárias questionadas na OMC de fato aplicaram as medidas em desatendimento às normas do Acordo; e (ii) as medidas aplicadas estavam em desacordo pela ausência ou precariedade de evidências científicas, e não porque o AB entendeu que determinados padrões internacionais deveriam ou não ser seguidos, o que implicou a fragilidade da análise de risco realizada pelos membros.

Dessa forma, parece-nos que o Acordo SPS, apesar de ter sido interpretado de forma ampla pelo AB no caso EC-Hormones, caminha na direção certa, que é a de permitir que os membros possam adotar medidas sanitárias e fitossanitárias com a finalidade de proteger a saúde humana, dos animais e plantas, desde que haja uma relação racional e objetiva entre a comprovação científica produzida e a análise de risco.

Além disso, os Painéis e o AB têm-se mostrado capazes de avaliar assuntos científicos complexos, mediante a participação essencial de peritos especializados em determinados assuntos.

Entretanto, apesar da recente evolução, o Acordo SPS ainda precisa de mais clareza com relação à adoção de padrões objetivos sobre a aplicação de medidas com base unicamente na análise de risco em contrapartida à adoção de padrões internacionais, o que atualmente vem sendo feito caso a caso, sujeita à interpretação dos membros e dos Painéis e Órgãos de Apelação.

A evolução do Acordo é natural, mas os membros devem ficar atentos para que tal evolução ocorra de maneira ordenada, o que pode ser feito por meio de novas disputas ou por meio das negociações conduzidas pelo Comitê SPS, o qual, em suas reuniões periódicas realizadas durante o ano de 2005, considerou uma vasta gama de assuntos, incluindo, por exemplo, preocupações com relação ao nível máximo de resíduos de pesticidas em diversos produtos, medidas em resposta à gripe aviária, à doença da vaca-louca e à febre aftosa, além de diversas preocupações relacionadas à saúde das plantas. Um número sensível de questões ligadas à falta de definição relativa ao reconhecimento de animais livres de doenças e plantas livres de pestes foi também discutido durante esse ano.[27]

Por fim, no que diz respeito ao interesse do Brasil, como visto anteriormente, as exportações brasileiras de carne bovina e suína não alcançam os mercados de maior volume de importações em razão de medidas sanitárias e fitossanitárias. Muitas dessas medidas possuem o caráter protecionista proibido pelo Acordo SPS e criticado pela OMC. Cumpre ao Brasil, então, não só ficar atento como também se informar sobre as restrições impostas, de forma a desenvolver o senso crítico e técnico necessário para avaliar o comportamento de seus principais importadores. No Brasil a agência reguladora de medidas sanitárias e fitossanitárias é a ANVISA – Agência Nacional de Vigilância Sanitária.

Bibliografia

EMBAIXADA DO BRASIL EM WASHINGTON. *Relatório das barreiras a produtos e restrições a serviços e investimentos nos EUA*. 3. ed. São Paulo: Aduaneiras, 2003.

LIMA, Rodrigo Carvalho de Abreu. *Medidas sanitárias e fitossanitárias na OMC, neoprotecionismo ou defesa de objetivos legítimos*. São Paulo: Aduaneiras, 2005.

McNIEL, Dale E. The first case under the WTO's sanitary and phytossanitary agreement: the European Union's hormone ban, 39. *VA. J. INT'L L.* 89, 107, 1998.

PAUWELYN, Joost. The WTO agreement on sanitary and phytossanitary (SPS) measures as applied in the first three SPS disputes. *Journal of International Economic Law*, p. 641-664, 1999.

THOMSON, Andrew P. *Australia-Salmon and compliance issues surrounding the SPS agreement: sovereign acceptance and measures adaptation.*

UNITED NATIONS CONFERENCE ON TRADE AND DEVELOPMENT. *Course on Dispute Settlement.* World Trade Organization, 3.9 SPS Measures.

WAGNER, J. Martin. The WTO's interpretation of the SPS agreement has undermined the right of governments to establish appropriate levels of protection against risk, *The International Law Journal of Georgetown University Law Center*, vol. 31, n. 3.

WHITLOCK, Joseph P. Japan – measures affecting agricultural products: lessons for future SPS and agricultural trade disputes, The International Law Journal of Georgetown University Law Center, vol. 33.

WORLD TRADE ORGANIZATION website (http://www.wto.org).

WÜGER, Daniel. The never ending story: the implementation phase in the dispute between the EC and the United States on Hormone-Treated Beef, *The International Law Journal of Georgetown University Law Center*, vol. 33.

[27] WTO, G/L/755.

A LEI DO BIOTERRORISMO NORTE-AMERICANA E SUA REPERCUSSÃO SOBRE O COMÉRCIO INTERNACIONAL DO BRASIL

LUIZELLA G. B. BRANCO* e PATRÍCIA M. C. DE VILHENA**

I – Introdução

O aperfeiçoamento das regras para o comércio multilateral, resultante das rodadas de negociação no âmbito do GATT (*General Agreement on Tariffs and Trade*), levou a uma diminuição das tarifas, o que estimulou a liberalização dos mercados em nível mundial.

Como reflexo dessa liberalização, os países signatários, num movimento contrário, passaram a empregar ações de defesa contra o maior fluxo de importações que se seguiu, com o objetivo de resguardar seus mercados internos, como barreiras não-tarifárias. Estas, por sua vez, recaem, dentre outras, sobre aspectos técnicos, ambientais, sanitários e fitossanitários das importações, que nem sempre são facilmente percebidos, dando origem ao protecionismo disfarçado, que se convencionou chamar de neoprotecionismo.

Com o surgimento da Lei do Bioterrorismo nos Estados Unidos em 2002, os países tiveram que atender a procedimentos especiais para a exportação de produtos alimentares e agrícolas para o mercado norte-americano. As exigências criadas a partir dessa lei, que visa resguardar a saúde pública, tornaram-se, em muitos casos, um entrave para produtores e exportadores em razão da maior burocracia e dos custos mais elevados para o cumprimento das novas medidas. Assim, é com a finalidade de investigar quais são os elementos que permitem a um país aplicar medidas restritivas ao comércio diante de questões legítimas, como a preservação da vida e da saúde, que o presente estudo se propõe a analisar a Lei do Bioterrorismo norte-americana.

---

* Advogada sênior do escritório Castro, Barros, Sobral, Gomes Advogados.

** Advogada sênior do escritório Castro, Barros, Sobral, Gomes Advogados em Belo Horizonte-MG.

As autoras fazem um especial agradecimento a Rodrigo Carvalho Abreu Lima, que colaborou na pesquisa, e a João Augusto Baptista Neto e Renata Correa Neves, que contribuíram no levantamento de dados estatísticos apresentados.

A idéia é ponderar as exigências da mencionada Lei perante as regras da Organização Mundial do Comércio – OMC, mais especificamente à luz do Acordo sobre Barreiras Técnicas ao Comércio (TBT) e do Acordo sobre a Aplicação de Medidas Sanitárias e Fitossanitárias (Acordo SPS), com o objetivo de analisar sua prática no comércio internacional e a sua repercussão para o Brasil.

Para apresentar essas questões o presente estudo se divide em quatro partes. A primeira dedica-se a uma breve análise dos Acordos TBT e SPS, a fim de identificar quais são as hipóteses legais que excetuam o comércio internacional. Após discorrer rapidamente sobre os conceitos de biossegurança e bioterrorismo, a segunda parte do artigo faz uma descrição da Lei de Bioterrorismo norte-americana, identificando nessa regulamentação os principais pontos de entrave às exportações de produtos brasileiros. A terceira parte analisa a adequação dessa lei à luz dos Acordos TBT e SPS, e a quarta parte ocupa-se em fazer uma reflexão das implicações da Lei para a economia brasileira. Por fim, na conclusão, as autoras tecem sugestões com vistas à superação dos obstáculos trazidos pela Lei de Bioterrorismo norte-americana aos exportadores brasileiros.

II – Breve descrição dos Acordos TBT e SPS

As barreiras técnicas foram primeiramente contempladas pelo GATT 47, que fazia referências gerais sobre regulamentos e padrões técnicos nos artigos III, XI e XX. O tema só passou a ser tratado com mais profundidade na Rodada Tóquio, realizada no período de 1973 a 1979, quando o mundo passava por restrições comerciais em virtude do cenário econômico pouco favorável em face da crise do petróleo e do aumento do desemprego.[1]

Diante do cenário protecionista formado, os membros passaram a se concentrar em temas específicos com o fim avaliar o impacto das barreiras não-tarifárias ao comércio, e concluíram que as barreiras técnicas constituíam a maior categoria de medidas não-tarifárias enfrentada pelos exportadores. Assim, ao final da Rodada Tóquio, foram criados vários acordos específicos como o objetivo de restringir a adoção indiscriminada

[1] Rodrigo Carvalho Abreu. Lima, *Medidas sanitárias e fitossanitárias na OMC: neoprotecionismo ou defesa de objetivos legítimos*, São Paulo, Aduaneiras, 2005, p. 59.

de barreiras não-tarifárias ao comércio,[2] entre os quais o Standards Code, código de normas que tinha por objetivo regular a aplicação de barreiras técnicas ao comércio.

Entretanto, a falta de comprometimento de todas as Partes Contratantes em relação ao que se negociava ("GATT *à la carte*"), fez que apenas 32 dos 102 países que participavam da rodada acolhessem o Standards Code.[3] Assim, o Acordo sobre Barreiras Técnicas ao Comércio (Agreement on Technical Barriers to Trade) ou Acordo TBT, concluído na Rodada Uruguai (1986-1994), substituiu o Standards Code e aprimorou suas regras, tornando-se obrigatório para todos os membros da OMC.

Apesar de seu caráter obrigatório, o Acordo TBT não prevê expressamente as normas e os regulamentos que devem ser adotados pelos países. Antes, estabelece princípios genéricos e programáticos com o objetivo de nortear os membros na criação de normas e regras específicas que deverão fazer parte de acordos em matéria de padrões técnicos, tanto por normas facultativas quanto por regulamentos obrigatórios. E, como forma de prevenir a diversidade, o Acordo encoraja os países a usarem padrões internacionais, reconhecendo, contudo, o direito dos países em adotar padrões que considerem apropriados.

Não obstante dispor expressamente que os membros devem assegurar que os regulamentos não criem "obstáculos desnecessários" ao comércio internacional, o Acordo TBT não elimina, entretanto, a zona cinzenta de subjetividade que paira sobre sua interpretação, deixando-a ao sabor dos interesses comerciais dos países. Tomemos como exemplo a controvérsia levada pelo Brasil contra os Estados Unidos em sede da OMC (DS 4 – United States. Standards for reformulated and conventional gasoline" que versou sobre a aplicação discriminatória do Regulamento de Combustíveis e Aditivos:

---

2 Ao final da Rodada Tóquio foram assinados 9 Códigos, a saber: Subsídios e Medidas Compensatórias, Código de Normas, Procedimentos de Licenciamento de Importação, Compras Governamentais, Valoração Aduaneira; *Antidumping*, Acordo sobre Carne Bovina, Acordo Internacional sobre Lacticínios, Comércio de Aeronaves Civis (Grace Tanno e Paulo Ferraciolli, Barreiras técnicas: o papel do Inmetro do GATT à OMC, p.2. disponível em: www.inmetro.gov.br/barreirastecnicas).

3 Sob esse aspecto, vale salientar que Brasil, Argentina e Chile foram os únicos países da América Latina que à época, 1983, assinaram o acordo, demonstrando desde cedo preocupação e alinhamento com o tema tratado (Grace Tanno e Paulo Ferraciolli, op. cit., p. 2).

Padrões para Gasolina reformada e Gasolina Convencional.[4] Na reclamação, o Brasil invocou inconsistência da norma norte-americana com os artigos I e III do GATT, bem como o descompasso do referido regulamento com o artigo 2 do Acordo TBT, por entender que a aplicação dos padrões técnicos norte-americanos à gasolina brasileira importada transgredia a obrigação de conceder ao produto estrangeiro tratamento não menos favorável ao concedido a produtos nacionais. Como resultado, o painel foi favorável ao pleito brasileiro, sendo posteriormente a decisão ratificada pelo órgão de apelação do órgão de solução de controvérsias.

Entretanto, à medida que padrões técnicos passam a ser observados nos produtos internacionalmente comercializados, quando um produto não cumpre as especificações da regulação técnica pertinente, sua venda não será permitida, não sendo por isso considerada necessariamente uma medida protecionista. Portanto, os países se deparam com problemas técnicos que, embora possam não ser considerados "barreiras" *stricto sensu*, acabam por restringir a exportação de países menos desenvolvidos, em virtude de impedimentos diversos que oneram a produção e reduzem a margem de competitividade.

Em razão dessa distorção, o Acordo TBT dispõe à facilitação de acesso de produtos dos países em desenvolvimento e de menor desenvolvimento relativo. Essa via preferencial se dá por meio de concessão de tratamento especial e diferenciado, uma vez que esses países normalmente enfrentam dificuldades tecnológicas para acompanhar os rigorosos padrões técnicos exigidos por certos membros, principalmente os países desenvolvidos.

Com o intuito de suplantar tais dificuldades, os países mais desenvolvidos se comprometeram no Acordo TBT a promover programas de Cooperação Técnica[5] com os países menos desenvolvidos por meio da transferência de tecnologia. Somente dessa forma é possível obter um nível de confiança suficiente entre os países para a assinatura de Acordos de Reconhecimento

---

[4] Regulamento de Gasolina, publicado em 16 de fevereiro de 1994 pela Secretaria Especial do Meio Ambiente dos Estados Unidos.

[5] Para saber mais detalhes sobre os Acordos de Cooperação Técnica de que o Brasil faz parte atualmente, acesse www.inmetro.gov.br/barreirastecnicas/coopTecnica.asp.

Mútuo (Mutual Recognition Agreement) – MRAs[6] dos procedimentos de avaliação de conformidade.[7]

Com vistas a proporcionar uma maior transparência às regras relativas a questões técnicas do comércio internacional, o Acordo TBT determina que cada membro se responsabilize pela manutenção de um centro de informações para a disseminação das notificações dos seus regulamentos e normas técnicas, assim como de seus procedimentos de avaliação da conformidade. No Brasil, o INMETRO – Instituto Nacional de Metrologia, Normalização e Qualidade Industrial, exerce esse papel por meio do Ponto Focal de Barreiras Técnicas às Exportações, que vem desenvolvendo um relevante trabalho junto ao empresariado nacional, principalmente o de pequeno e médio porte.[8]

O Acordo TBT é, portanto, aplicado de forma ampla a regulamentos técnicos e padrões, inclusive aqueles que têm por objetivo a proteção à saúde. Entretanto, na Rodada Uruguai os negociadores perceberam que as medidas sanitárias e fitossanitárias mereciam regras especiais, apartadas daquelas aplicáveis à extensa categoria dos regulamentos técnicos.[9] Essa percepção ficou evidenciada durante a Rodada, quando se observou que

---

6 Os Acordos de Reconhecimento Mútuo – MRAs existem com o objetivo de evitar custos adicionais ao produtor. Assim, uma vez aprovado, o produto amparado por esses Acordos não se sujeita à realização de novos testes em outras localidades. Em outras palavras, testado uma vez, "aceito em qualquer lugar" (*Manual Barreiras Técnicas às Exportações. O que são e como superá-las*. Coordenação de Articulação Internacional do Inmetro – Caint, INMETRO, p. 11. Disponível em: http://www.inmetro.gov.br/barreirastecnicas/Manual_BarrTecnicas.pdf. Para saber mais detalhes sobre os Acordos de Reconhecimento Mútuo de que o Brasil faz parte, acesse www.inmetro.gov.br/barreirastecnicas/recMutuo.asp.

7 Os procedimentos de avaliação e conformidade representam a função central na operação dos Acordos de Reconhecimento Mútuo – MRAs. São os procedimentos utilizados, direta ou indiretamente, para verificar o cumprimento das prescrições pertinentes aos regulamentos técnicos ou normas. Os procedimentos para a avaliação da conformidade compreendem, entre outros, os de amostragem, prova e inspeção; avaliação, verificação e garantia da conformidade; registro, acreditação e aprovação, separadamente ou em distintas combinações.

8 *Manual Barreiras Técnicas às Exportações. O que são e como superá-las*, op. cit., p. 19.

9 Para aprofundar o tema das Barreiras Técnicas ao Comércio Internacional, sugerimos o livro de Tatiana Lacerda Prazeres, *Comércio internacional e protecionismo: as barreiras técnicas na OMC*, São Paulo, Aduaneiras.

do total de notificações recebidas pelo Comitê do Acordo sobre Barreiras Técnicas, 47% recaiam sobre preocupações com a saúde humana.[10] Dessa forma surgiu o Acordo SPS, que visa tratar especificamente das medidas sanitárias e fitossanitárias.

O Acordo sobre a Aplicação de Medidas Sanitárias e Fitossanitárias (*Agreement on the Application of Sanitary and Phytossanitary Measures*), ou simplesmente Acordo SPS, foi assim um dos Acordos elaborados durante a Rodada Uruguai e faz parte do Anexo I A do Acordo de Marrakesh, que constituiu a OMC.

O Acordo SPS prevê as regras básicas para que medidas sanitárias e fitossanitárias não se convertam em barreiras ao comércio. Permite que os países imponham controles sobre o comércio quando destinados à proteção da vida e da saúde humana, animal e vegetal. A condição a esta aplicação é que tais medidas devem ser estabelecidas de forma não discriminatória, e devem ser fundamentadas em evidências científicas.

Cabe aqui relembrar que um dos objetivos estabelecidos no preâmbulo do GATT foi a eliminação do tratamento discriminatório no comércio internacional, ou seja, a eliminação do tratamento distinto e discricionário entre as partes contratantes. O princípio da não discriminação, desenvolvido pelas regras relativas ao tratamento nacional e nação-mais-favorecida, está previsto no artigo I do GATT, que, embora não faça nenhuma referência explícita a esse preceito, dispõe que "qualquer vantagem, favor, privilégio ou imunidade geral concedida a algum produto originário ou destinado a algum país seja imediata e incondicionalmente estendido a todos os demais países".

Dessa forma, o Acordo SPS cria disciplinas para resguardar a saúde e a vida humanas e dos animais (medidas sanitárias) e a saúde e vida das plantas (medidas fitossanitárias) contra riscos contidos nos alimentos e nos produtos agrícolas, como doenças e pestes.

Pode-se, portanto, dizer que esse Acordo tem dupla finalidade, qual seja:

---

[10] Rodrigo Carvalho Abreu Lima, Sílvia Helena Galvão de Miranda, Fabrízio Galli, *Febre aftosa. Impacto sobre as exportações brasileiras de carnes e o contexto mundial das barreiras sanitárias*. Instituto de Estudos do Comércio e Negociações Internacionais – Ícone, e Centro de Estudos Avançados em Economia Aplicada – ESALQ/USP, São Paulo, 2005, p. 9. Disponível em: http://www.iconebrasil.org.br/Publicacoes/ICONE-CEPEA_Aftosa%20(final).pdf.

- reconhecer o direito soberano dos membros a proporcionar o nível de proteção de saúde que considerem adequados; e
- garantir que as medidas sanitárias e fitossanitárias não representem restrições desnecessárias e arbitrárias sob um ponto de vista científico ou que possam encobrir medidas protecionistas.

Ao mesmo tempo em que permite aos países estabelecerem suas próprias leis, decretos, regulamentos e normas relacionadas à saúde e à segurança dos alimentos, animais e plantas, o Acordo SPS exige que essa regulamentação se aplique na medida necessária para proteger a saúde, e não estabeleça discriminação entre países com condições idênticas ou semelhantes; em outras palavras, objetiva evitar que a "proteção" não se transforme em protecionismo.

O Acordo também apóia a utilização dos padrões internacionais, criados pela Comissão do *Codex Alimentarius* (segurança dos alimentos), pelo Escritório Internacional de Epizootias - OIE (saúde animal) e pela Convenção Internacional de Proteção Vegetal – CIPV (saúde das plantas), e a harmonização dos padrões próprios, criados pelos membros. Nesse sentido, o artigo 4 do Acordo prevê que os membros devem reconhecer que as medidas aplicadas por outros países são equivalentes às suas, quando alcançam um mesmo nível de proteção.

Segundo o art. 1.1 do Acordo SPS,[11] existem dois requisitos para que as medidas sanitárias e fitossanitárias possam ser aplicadas: a) que a medida colocada em questão seja uma medida sanitária ou fitossanitária; e b) que os efeitos da mesma afetem direta ou indiretamente o comércio internacional. O artigo não prevê, portanto, a necessidade de comprovação de redução no fluxo comercial, bastando apenas que se confirme ser a medida aplicável a produtos importados para que se presuma haver um impacto no comércio internacional.

O parágrafo 1, Anexo A, do SPS, define as medidas sanitárias e fitossanitárias como sendo aquelas aplicadas para:

- proteger a vida ou a saúde animal ou vegetal dentro do território de um membro, dos riscos procedentes da entrada, estabelecimento

[11] Art. 1.1 do Acordo SPS: "Este Acordo aplica-se a todas as medidas sanitárias e fitossanitárias que possam direta e indiretamente afetar o comércio internacional. Tais medidas serão elaboradas e aplicadas em conformidade com os dispositivos do presente Acordo".

ou disseminação de pestes, doenças ou organismos hospedeiros ou causadores de doença;

- para proteger a vida ou a saúde humana ou animal dentro do território de um membro, dos riscos procedentes de aditivos, agentes poluidores, toxinas, organismos causadores de doenças vindos de alimentos, bebidas ou suprimentos alimentares;
- para proteger a vida ou a saúde humana, dentro do território de um membro, dos riscos procedentes de doenças causadas por animais, plantas ou produtos destes, ou provenientes da entrada, estabelecimento ou disseminação de pestes; ou
- para prevenir ou limitar outros danos dentro do território de um membro, provenientes da entrada, estabelecimento ou disseminação de pragas.

As medidas sanitárias e fitossanitárias incluem toda a legislação pertinente, decretos, regulamentos, exigências e procedimentos, incluindo, inter alia: os critérios relativos ao produto final; os processos e métodos de produção; os procedimentos para testes, inspeção, certificação e homologação; os regimes de quarentena, incluindo exigências pertinentes associadas com o transporte de animais ou vegetais ou os materiais necessários à sua sobrevivência durante o transporte; os dispositivos relativos a métodos estatísticos pertinentes, procedimentos de amostragem e métodos de avaliação de risco; e requisitos para embalagem e rotulagem diretamente relacionados com a segurança dos alimentos.

Entretanto, a definição acima é apenas ilustrativa. Se a medida governamental exarada contiver os objetivos mencionados nos itens descritos, será considerada medida sanitária e fitossanitária, mesmo não estando prevista na definição do Anexo A.1, não importando também o seu formato.

O Acordo apóia a utilização dos padrões internacionais e a harmonização dos padrões nacionais, além de solicitar aos países que aceitem diferentes métodos sobre a aplicação de medidas sanitárias de outros países, dentro do princípio da equivalência sanitária, desde que tais medidas garantam o nível de proteção desejada.[12] É importante observar, contudo,

[12] O Acordo SPS não impõe a todos os países os mesmos requisitos sanitários e fitossanitários devido à existência de diferentes tipos de clima, doenças ou circunstâncias de segurança alimentar. Desse modo, estes irão variar consoante as condições alimentares, animais e vegetais apresentadas no país de origem.

que as medidas destinadas à aplicação territorial de padrões domésticos de saúde são excluídas da aplicação do Acordo SPS.

Desse modo, verifica-se, o Acordo SPS mantém a permeabilidade contida no Acordo TBT, desta vez com relação à prerrogativa de conferir aos membros a adoção de seus próprios critérios sanitários e fitossanitários. Como ressalvado anteriormente, esse fato abre a possibilidade de serem impostas medidas restritivas arbitrárias, que oscilam segundo a conveniência dos países. Vejamos o exemplo do embargo da Rússia à carne bovina brasileira quando do surgimento de focos da febre aftosa nos estados do Pará e Amazonas, em 2004. Esse país, um dos maiores importadores de carne bovina do Brasil, embora reconhecendo o princípio da regionalização,[13] proibiu nessa ocasião a compra de carne brasileira, inclusive a de frango, animal que não é atingido pela doença.[14] Vale lembrar que a Rússia pleiteava apoio do Brasil para a sua entrada na OMC e o embargo tinha, nesse caso, um forte apelo político.

Outro exemplo de protecionismo disfarçado que vale registrar foi o caso do embargo as uvas chilenas pelos Estados Unidos. No dia 13 de março de 1989, a *US Food and Drug Administration* (FDA)[15] anunciou ter encontrado dois cachos de uvas contaminados com cianeto (ácido cianídrico). Embora a quantidade de cianeto encontrado nas uvas não fosse letal, a FDA, sem consultar o governo chileno, baniu imediatamente a fruta do

---

[13] O princípio da regionalização, previsto no artigo 6 do Acordo SPS e no Código de Saúde dos Animais Terrestres (OIT), determina que os países reconheçam as áreas livres ou de baixa prevalência de doenças no território de seus parceiros comerciais, com o propósito de permitir o controle mais eficaz das doenças, e evitar barreiras injustificadas ao comércio internacional. Entretanto, embora seu conceito seja nítido, seu reconhecimento e aplicação não ocorrem com facilidade. Esse tema é alvo de discussões constantes no Comitê do Acordo SPS. Em junho de 2005, o Brasil manifestou-se sobre o assunto e enfatizou a necessidade de estabelecer, no âmbito da OMC, um procedimento para o reconhecimento da regionalização. Mais detalhes sobre o princípio da regionalização podem ser obtidos no *site* eletrônico http://www.iconebrasil.org.br.

[14] Rodrigo Carvalho Abreu Lima, Sílvia Helena Galvão de Miranda e Fabrízio Galli, *Febre aftosa. Impacto sobre as exportações brasileiras de carnes e o contexto mundial das barreiras sanitárias*, op. cit., p. 18.

[15] Agência americana que tem a missão de proteger consumidores e a saúde pública americana, assegurando a qualidade de produtos veterinários, de produtos biológicos, de remédios e de produtos médicos, do suprimento de alimentos para a nação americana, de cosméticos e de produtos que emitem radiação.

mercado norte-americano, determinando às lojas e mercados que suspendessem sua venda, deixando os consumidores alarmados. Contudo, após minuciosos testes, o embargo foi suspenso quatro dias depois do anúncio de contaminação. Como resultado, em poucos dias o Chile sofreu prejuízos de mais de US$ 400 milhões. Entre outras hipóteses levantadas, suspeita-se que esse incidente tenha sido provocado por parte de produtores norte-americanos de frutas que, ansiosos por proteger seu mercado, teriam utilizado de sabotagem com fins protecionistas.[16]

Por fim, vale observar que nem todas as medidas destinadas à saúde pública são consideradas medidas sanitárias ou fitossanitárias. As restrições comerciais por motivos de saúde podem ser tratadas tanto pelo Acordo SPS quanto pelo Acordo TBT. Entretanto, há diferenças no âmbito desses Acordos. Assim é que medidas relacionadas a outros riscos à saúde, relevantes para o comércio internacional, e medidas não diretamente destinadas à proteção da saúde, mas ao consumidor, não se encaixam na definição e, portanto, não estão sujeitas às disciplinas do Acordo SPS,[17] sendo tratadas pelo Acordo TBT.

No caso dos alimentos, por exemplo, não se consideram medidas sanitárias ou fitossanitárias as determinações relativas às exigências de constar na etiqueta seu valor nutritivo, normas de qualidade e regulamentação das embalagens, de forma que, nesses casos, aplica-se o Acordo TBT. Entretanto, as prescrições relativas a etiquetas que guardem relação com a inocuidade do alimento se consideram medidas sanitárias.[18]

Do acima exposto, e à luz do artigo XX do GATT que enumera as hipóteses legais de exceção ao comércio internacional, podemos concluir que nem toda forma de protecionismo é vedada pela OMC. Sobre esse ponto, Tatiana Lacerda Prazeres[19] destaca que:

---

[16] Eduardo Engel, *M.R.A. Poisoned grapes, mad cows and protectionism*, disponível em: http://cowles.econ.yale.edu/~engel/pubs/grapes.pdf.

[17] Para mais detalhes sobre o Acordo sobre a aplicação de Medidas Sanitárias e Fitossanitárias, recomendamos a obra de Rodrigo Carvalho Abreu Lima, intitulada *Medidas sanitárias e fitossanitárias na OMC: neoprotecionismo ou defesa de objetivos legítimos*, São Paulo, Aduaneiras.

[18] V. http://www.wto.org/spanish/tratop_s/sps_s/sps_agreement_cbt_s/c1s4p1_s.htm.

[19] Tatiana Lacerda Prazeres, *Comércio internacional e protecionismo: as barreiras técnicas na OMC*. São Paulo, Aduaneiras, 2003, p. 77.

> "Muito embora o objetivo último da Organização seja a promoção do comércio internacional sem restrições de qualquer natureza, este propósito é programático. Enquanto seu fim não é alcançado, uma série de dispositivos dos acordos da OMC buscam especificar com detalhes as exceções ao livre comércio, com vistas a evitar que sua utilização de modo abusivo comprometa o caminho da liberalização comercial. O livre comércio é a regra; a proteção, a exceção".

Daí a importância de os exportadores brasileiros ficarem atentos para lidar apropriadamente com a iminente ameaça de barreiras não-tarifárias, procurando as autoridades competentes em busca de apoio e assessoria técnica que visem à aplicação de medidas firmes e eficientes contra o neoprotecionismo.

Antes de adentrar ao tema dedicado a Lei do Bioterrorismo norte-americana, é oportuno fazer uma breve distinção entre esta e a questão da biossegurança. Este rápido esclarecimento é válido na medida em que o conceito de biossegurança tem sido utilizado equivocadamente para descrever a estrutura e o aparelhamento em resposta ao bioterrorismo. É o que veremos a seguir.

III – Biossegurança e bioterrorismo

Biossegurança, assim como bioterrorismo, é um instituto relativamente novo e sua definição varia de país para país, bem como entre diferentes grupos de especialistas. Em termos gerais, biossegurança em alimentação e agricultura descreve o conceito e o processo de administrar, de uma forma sistêmica, riscos biológicos associados com os alimentos e a agricultura (podemos incluir numa forma mais ampla agronomia, florestas, pescados e aspectos ambientais relacionados).[20] Alguns países como o Brasil já estabeleceram suas políticas de biossegurança.[21]

---

[20] Paulo Rubin, Bioterrorism act: administrative detention, recordkeeping requirements. America Botanical Council. *Herbal Gram*, 2004, 61: 62, 63, disponível em: www.herbalgram.org.

[21] A Nova Zelândia ratificou sua Lei de Biossegurança em 1993 e criou, em 1999, o Ministério e o Conselho da Biossegurança para gerenciar riscos à economia, ao meio ambiente e à segurança pelo movimento de vários organismos. Similarmente, a Biossegurança da Austrália, departamento de agricultura, florestas e pesca, lida com riscos pertencentes à importação de animais, plantas e seus produtos. No Brasil, a questão da Biossegurança é regulamentada pela Lei 11.105, de 24.03.2005.

Já o bioterrorismo foi definido pela Organização Mundial da Saúde, no documento intitulado *Terrorist threats to food: guidance for establishing and strengthening prevention and response systems* como, "the malicious contamination of food for terrorism purpose", e o define como "... an act or threat of deliberate contamination of food for human consumption with chemical, biological or radionuclear agents for the purpose of causing injury or death to civilian populations and/or disrupting social, economic or political stability".[22] O documento também enumera os potenciais impactos do bioterrorismo, a saber:[23]

– doença e morte;

– efeitos na economia e no comércio;

– impacto nos serviços de saúde pública;

– implicações políticas e sociais.

Gian Carlo Delgado Ramos, em texto intitulado *Bioterrorismo de Estado y bioterrorismo internacional*,[24] explica que para entender a fundo a lógica do bioterrorismo, necessário se faz entender a natureza do próprio terrorismo, e chama a atenção para o boom biotecnológico que se deu a partir da década de 1970, que coincide com o desenvolvimento e produção por parte dos grupos internacionais. O autor enumera cronologicamente alguns exemplos de bioterrorismo internacional originados de grupos internacionais:[25]

Abril de 1997 (Washington, D.C.) – Grupo: Counter Holocaust Lobbyist of Zion. Uso de antrax.

Maio de 1992 (Minnesota) – Grupo: Minnesota Patriot's Council. Planejou-se assassinar pessoas do governo local com rícino.

Abril de 1990 – março de 1995 (Japão) – Grupo: Aum Shinrikyo (Verdade Suprema). Realizaram vários ataques com botulinum e antrax.

---

[22] FOOD SAFETY DEPARTMENT. WORLD HEALTH ORGANIZATION. *Guidance for establishing and strengthening prevention and response systems*, p. 4, disponível em: www.who.int/fsf.

[23] Idem, ibidem, p. 6.

[24] Gian Carlo Delgado Ramos, Bioterrorismo de Estado y bioterrorismo internacional, in *Globalização do terror, ameaça bioterrorista*. La Habana, Cuba, Ed. CIDCC Juan Marianello, p. 1, disponível em: www.eumed.net/paz/tepys/gcdr.htm.

[25] Idem, ibidem, p. 10.

Agosto de 1984 (Oregon) – Culto religioso Rajneeshee. Infectou 751 pessoas com Salmonella na cadeia de restaurantes Wasco Country.

Pode-se citar ainda como exemplo recente da ação do bioterrorismo, o envio de cartas anônimas para o Ministério da Agricultura e Silvicultura, na Nova Zelândia, em maio de 2005, que ameaçavam a Ilha Waihek com a contaminação do vírus FMD (*foot and mouth disease*), da febre aftosa, caso o Governo se recusasse a fazer mudanças no sistema de impostos e a pagar uma grande quantia em dinheiro. Mesmo com indícios de que tudo não passava de uma brincadeira, a Autoridade de Segurança Alimentar da Nova Zelândia suspendeu o abate de animais na referida ilha e procedeu a rigorosas inspeções veterinárias até a verificação de que as ameaças eram apenas blefes e que não se concretizariam.

IV – A Lei do Bioterrorismo norte-americana

Após os atentados de 11 de setembro de 2001 ocorridos nos EUA, várias iniciativas surgiram para tentar prevenir incidentes relativos à utilização de agentes químicos e biológicos para fins de contaminação da população mundial. Internacionalmente, foi proposto, por exemplo, o Código de Segurança para Portos e Embarcações (ISPS Code). Os EUA, inicialmente, criaram a Associação das Alfândegas e Empresários para Combate ao Terrorismo (C-TPAT) bem como a Lei de Segurança de Contêineres (CSI), para ser objeto de acordos bilaterais entre os EUA e outros países que porventura se interessassem. Ambas as iniciativas americanas foram de adesão voluntária.

Posteriormente, a intensa preocupação com a possibilidade de novos atentados levou os EUA a promulgarem, em junho de 2002, a lei denominada *Public Health Security and Bioterrorism Preparedness and Response Act de 2002*, de aplicação compulsória e não de adesão voluntária, como as medidas anteriormente citadas. Referida lei, conhecida como a Lei do Bioterrorismo norte-americana, entrou em vigor no dia 12 de dezembro de 2003, criando diversas exigências para a exportação de alimentos e produtos agrícolas para os EUA. A Lei do Bioterrorismo norte-americana é constituída de cinco títulos, a saber: I. Preparação Nacional contra o Bioterrorismo e Outras Emergências de Saúde Pública; II. Melhoramento dos Controles sobre Agentes Biológicos Perigosos e Toxinas; III. Proteção da Segurança Alimentar e do Fornecimento de Medicamentos; IV. Segurança da Água Potável; V. Provisões Adicionais. Cada um destes títulos dispõe sobre medidas necessárias para a prevenção, preparação para emergências e resposta a ataques bioterroristas em todas as áreas de saúde pública.

Em virtude de toda a nova burocracia criada, o FDA – *US Food and Drug Administration*,[26] estabeleceu um período de transição de oito meses após a entrada em vigor da lei para que as empresas dispusessem de um período razoável para se adaptarem às novas exigências. De acordo com o comunicado constante do website www.fda.gov, até o dia 12 de agosto de 2004, o FDA e o CBP – *US Bureau of Customs and Border* puderam utilizar apenas iniciativas de comunicação e educação, estando autorizados a impor multas somente após esse prazo, sendo que somente em última análise deveriam recusar embarques para os Estados Unidos. Tais medidas foram tomadas porque, segundo estimativa do próprio FDA, quando da criação da lei, estavam previstos 421.676 registros de importações, já excluídos 16% das empresas estrangeiras que não conseguiriam cumprir as exigências da lei.[27]

O título III da Lei contém rigorosas regras para a comercialização e importação de alimentos destinados ao consumo nos EUA, o que impõe conhecer a fundo tais regras, a fim de que se possam cumprir as novas exigências ou eventualmente até mesmo questioná-las. As exigências, como se verá a seguir, atingem um leque enorme de produtos, de laticínios a frutas frescas, bebidas, entre outros, estando excluídos apenas os produtos regulados exclusivamente pelo Departamento da Agricultura Americano, quais sejam a carne bovina, frango e alguns derivados de ovos.

IV.1. Produtos sujeitos a regulamentação

De acordo com informações fornecidas pelo FDA, são exemplos de alimentos atingidos pela nova Lei do Bioterrorismo norte-americana:[28] os suplementos e ingredientes alimentares e dietéticos; fórmulas infantis; bebidas (incluindo bebidas alcoólicas e água engarrafada); frutas e vegetais;

---

26 Agência americana que tem a missão de proteger os consumidores e a saúde pública americana, assegurando a qualidade de produtos veterinários, de produtos biológicos, de remédios e produtos médicos, do suprimento de alimentos para a nação americana, de cosméticos e de produtos que emitem radiação.

27 Annalina Camboim, *Bioterrorismo e as exportações brasileiras*" – *conjuntura econômica*, Fundação Getulio Vargas, v. 57, n. 11, nov. 2003.

28 Cartilha Câmara de Comércio Exterior (CAMEX) – Secretaria Executiva (SE) Disponível em: www.desenvolvimento.gov.br.

pescados e frutos do mar; produtos lácteos e ovos *in natura*; produtos ou *commodities* agrícolas não processados utilizados como alimentos ou como componentes de alimentos; alimentos enlatados e congelados; produtos de panificação, salgadinhos e doces (*snacks*), inclusive balas e goma de mascar; animais vivos destinados à fabricação de alimentos e rações animais e alimentos para animais de estimação.

Não estão incluídas na definição de alimentos as substâncias que entram em contato com os alimentos, bem como pesticidas.

A Lei do Bioterrorismo norte-americana também regula a exportação de drogas, imponndo exigências para esses produtos, no Subtítulo B, título III, da referida lei.

IV.2. Identificação das exigências

As principais exigências da Lei do Bioterrorismo norte-americana constam do Título III da referida lei, nas seções que serão detalhadas a seguir.[29]

A seção 303 do Título III da Lei do Bioterrorismo norte-americana estabelece que, nos casos em que o FDA tenha evidências ou informações confiáveis de que determinado alimento constitui uma ameaça de prejuízo à saúde ou de risco de morte para humanos ou animas, poderá deter o alimento. Observa-se que tal dispositivo é bastante amplo e genérico. Desde que tenha informações confiáveis sobre a possibilidade de ameaça de prejuízo a saúde de humanos ou animais, o FDA poderá, segundo sua discricionariedade, deter o alimento, independentemente de ser perecível ou não. Não há critérios científicos específicos para a determinação da ameaça de prejuízo à saúde ou risco de morte para humanos ou animais, sendo a decisão motivada apenas pela discricionariedade do FDA.

A seção 305 determina que todo proprietário, operador ou agente encarregado de uma empresa doméstica ou estrangeira (fábrica, depósito, estabelecimento importador) que manufatura, processa, empacota ou estoca alimentos ou suplementos alimentares destinados ao consumo humano ou animal nos EUA faça o registro junto ao FDA. Note-se que a exigência se aplica tanto a empresa doméstica quanto estrangeira. Além da obrigação de

[29] Bioterrorism Act – Food Safety Department – World Health Organization – Disponível em: www.who.int/fsf.

registro, a seção seguinte estabelece que tais empresas deverão manter, por período de até dois anos, uma série de informações sobre seus supridores imediatamente precedentes e sobre os receptores imediatamente subseqüentes dos alimentos e suprimentos por elas manuseados.

A Seção 306 autoriza o acesso do FDA a todos os registros dos estabelecimentos definidos na Seção 305 sempre que haja "evidência razoavelmente digna de crédito" de que um alimento originário desses estabelecimentos represente ameaça séria a saúde ou à vida de seres humanos e animais.

A Seção 307 declara a obrigatoriedade de aviso prévio para cada partida de produtos alimentícios importado pelos EUA. Os produtos sem aviso prévio terão a entrada no país recusada e ficarão retidos até que o importador, proprietário ou consignatório formalize o aviso, ainda que se trate de produto perecível, estando prevista, outrossim, a averiguação de possível risco do carregamento à saúde ou vida humana ou animal. O não cumprimento desta exigência irá gerar atrasos na entrega da mercadoria pelo exportador, visto que ela não será liberada enquanto não for cumprida a exigência.

De acordo com a Seção 308, será exigida a afixação de um aviso no contêiner dos produtos recusados com os dizeres "United States: Refused Entry". Neste caso, importante observar que todos os custos relacionados a este procedimento correrão por conta do proprietário ou responsável pelo produto.

O Subtítulo B do Titulo III da referida lei aplica-se apenas a proteção de estoque de drogas (*protection of drug supply*) que apresentem definições específicas, de acordo com o Capitulo II do Federal Drug and Cosmetics Act. São basicamente produtos reconhecidos pelas farmacopéias oficiais e homeopáticas norte-americanas ou outro formulário oficial nacional utilizado em diagnóstico, cura, mitigação, tratamento ou prevenção de doenças em seres humanos ou animais. As Seções 321 e 322 desse título estabelecem exigências semelhantes às dos alimentos no que concerne à necessidade de registro atual de produtos estrangeiros e requisitos para fornecimento de informações adicionais sobre os produtos.[30]

---

[30] Mayard Samis Zolotar, *Comentários sobre o Bioterrorism Act a luz do Acordo sobre Barreiras Técnicas ao Comércio da OMC*, disponível em: www.inmetro.gov.br/barreirastecnicas.

A regulamentação dos mencionados dispositivos legais, conforme visto, foi feita pelo FDA.

No caso de registro da empresa junto ao FDA, as empresas estrangeiras devem informar o nome de um agente norte-americano que será o responsável pela comunicação entre o FDA e a empresa. Esse agente deverá atender aos seguintes requisitos: residir ou manter local de negócios nos EUA; e estar fisicamente presente nos EUA. As duas exigências são cumulativas e não alternativas. Tais exigências representam custos extras ao exportador, que terá que contratar o agente e remunerá-lo pela prestação de tal serviço.

Estão isentos da obrigatoriedade do registro junto ao FDA residências particulares, estabelecimentos e estruturas de coleta e distribuição de água potável não engarrafada, veículos de transporte que levem alimentos em seu interior apenas pela duração do trajeto normal percorrido, fazendas, restaurantes e estabelecimentos varejistas, estabelecimentos sem fins lucrativos, embarcações pesqueiras (não processadoras) e estabelecimentos e instalações industriais regulados exclusivamente em sua totalidade pelo Departamento de Agricultura dos EUA.

O registro pode ser realizado pela internet, formulário escrito ou CD-ROM junto ao FDA.

Com referência ao aviso prévio, a regulamentação do FDA estabelece que este poderá ser enviado pela internet, por meio do sistema Prior Notice System Interface, disponível no *site* ou pelo sistema ABI disponibilizado pelo órgão alfandegário dos EUA, o CBP (Customs and Border Protection). Caso os sistemas do FDA e CBP estejam indisponíveis, a regulamentação prevê que o aviso prévio poderá ser enviado por fax ou e-mail.

Tal aviso deverá ser recebido e confirmado pelo FDA no prazo de cinco dias da data de chegada da carga. A exigência e aviso prévio se aplica aos alimentos importados destinados a consumo, estocagem, comercialização ou distribuição nos EUA, incluindo alimentos obtidos por meio de doação, alimentos sem valor comercial, amostras de qualidade assegurada ou controle de qualidade, alimentos em trânsito nos EUA, alimentos para exportação futura, bem como alimentos para uso em zona de comércio exterior dos EUA (*US Foreign Trade Zone*).

Estão isentos de apresentar o aviso prévio os alimentos levados ou acompanhados de outra forma por indivíduo que chega aos EUA, quando destinados ao uso pessoal do indivíduo; os alimentos elaborados por indivíduo em sua residência e posteriormente enviados a outros indivíduos nos

EUA como presente, por motivos não comerciais; os alimentos que serão reexportados a partir dos EUA, quando os mesmos não saiam do porto de entrada até o momento de embarque das exportações; e os produtos regulamentos exclusivamente e em sua totalidade pelo Departamento de Agricultura dos EUA. Conforme já observado, o atraso ou não envio do aviso representará risco de não entrega do produto no tempo contratado pelo exportador, visto que o mesmo ficará retido no porto.

A não observância à Lei do Bioterrorismo norte-americana constitui ato proibido na legislação norte-americana sobre alimentos e medicamentos. A importação de produtos alimentícios de estabelecimento não registrado está sujeita a processo civil em que o Governo dos Estados Unidos pede a uma Corte Federal para intimar pessoas acusadas de cometer ato proibido. Nesse caso, as mercadorias oriundas de um estabelecimento não registrado ficarão retidas no porto de entrada.

V – Adequação da Lei do Bioterrorismo norte-americana aos Acordos TBT e SPS

Como salientado anteriormente, no âmbito do GATT/OMC, a questão sobre barreiras técnicas foi formalmente tratada na Rodada Tóquio, o que resultou no Standards Code, que entrou em vigor em 1980. Como se viu, tratava-se de um acordo plurilateral, subscrito apenas por 39 países, entre os quais o Brasil. Assim, durante a Rodada Uruguai, as discussões sobre o tema se aprofundaram e surgiu o Acordo Sobre Barreiras Técnicas ao Comércio (Acordo TBT), de adesão obrigatória para todos os membros da OMC.[31]

O Acordo TBT define regulamento técnico como sendo o "documento que enuncia as características de um produto, ou os processos e métodos de produção a ele relacionado, incluídas as disposições administrativas aplicáveis, cujo cumprimento é obrigatório. Poderá tratar, também, parcial ou exclusivamente, de terminologia, símbolos e requisitos de embalagem, marcação ou rotulagem aplicáveis a um produto, processo ou método de produção".

É possível argumentar que a Lei do Bioterrorismo norte-americana se enquadra nessa definição, por ser um documento que enuncia características de um produto, incluindo as disposições administrativas a ele aplicáveis.

[31] Paulo Ferracioli, *Negociações sobre barreiras técnicas*, Comércio Exterior em Perspectiva, CNI, jul. 2002.

Pelo exame da Lei do Bioterrorismo norte-americana, observa-se que a maior parte das provisões do Título III mencionadas anteriormente adota o critério discricionário "da existência de evidência razoavelmente digna de crédito"[32] de que os alimentos representam ameaça séria à saúde ou morte a seres humanos e animais. Dessa forma, entendemos que é possível argumentar que esse método fere o disposto no Artigo 2.2 do Acordo TBT,[33] visto que não utiliza informações técnicas e científicas para a avaliação da proporcionalidade do risco.

Assim, as disposições da Lei do Bioterrorismo norte-americana, de acordo com o disposto no acordo TBT, podem resultar em barreiras técnicas à exportação dos produtos por ela abrangidos. Esta situação, conforme já dito, se torna ainda mais grave para países em desenvolvimento, que, devido à menor capacitação tecnológica, não participam de Acordos de Reconhecimento Mútuo – MRAs (*Mutual Recognition Agreements*). Para os exportadores desses países, as exigências da Lei do Bioterrorismo norte-americana resultam em custos extras elevados, associados a múltiplas certificações, reduzindo consideravelmente a margem de competitividade do produto.

Apesar da existência desses acordos, é importante registrar que não se aplicam a produtos, tendo como escopo apenas o reconhecimento dos sistemas de gestão de qualidade. Assim, tais acordos não incluem os produtos, que são objeto da Lei do Bioterrorismo norte-americana.

Nesse particular, Mayard Zolotar destaca que, mesmo sendo a situação do Brasil bem diferente da dos outros países em desenvolvimento, por sua participação em diversos MRAs, "estas se tornam semelhantes quando se

---

32 Grifo das autoras.

33 Artigo 2.2 do Acordo TBT: "Os Membros assegurarão que os regulamentos técnicos não sejam elaborados, adotados ou aplicados com a finalidade ou o efeito de criar obstáculos técnicos ao comércio internacional. Para este fim, os regulamentos técnicos não serão mais restritivos ao comércio que o necessário para realizar um objetivo legítimo, tendo em conta os riscos que a não realização criaria. Tais objetivos legítimos são, exemplificadamente: imperativos de segurança nacional, prevenção de práticas enganosas, proteção de saúde ou segurança humana, da saúde ou vida animal ou vegetal, ou do meio ambiente. Ao avaliar tais riscos, os elementos pertinentes a serem levados em consideração são, *inter alia*: informação técnica e cientifica disponível, a tecnologia de processamento conexa ou os usos finais a que se destinam os produtos".

analisa o escopo de ação destes Acordos, comparando-o com o que seria necessário para atender às exigências impostas pela Lei em questão".[34]

Nesse contexto, a mencionada autora sugere para a minoração desse problema a adesão do Brasil aos Atos do Conselho da Organização para Cooperação e Desenvolvimento Econômico – OCDE,[35] objetivando a criação de uma unidade de monitoramento de Boas Práticas de Laboratórios no país como uma alternativa para reduzir o possível impacto da Lei do Bioterrorismo norte-americana sobre as exportações brasileiras.[36] Estas são aplicáveis em pesquisas relacionadas à segurança de produtos conexos com a saúde humana, vegetal, animal e ao meio ambiente, nos casos relacionados a estudos que fundamentam a concessão, renovação ou modificação de registro e pesquisa de agrotóxicos e afins; produtos veterinários, cosméticos, aditivos de alimentos e rações e produtos químicos industriais; testes de produtos químicos, biológicos ou biotecnológicos para obtenção de propriedades físicas, químicas, físico-químicas e requerimento para estabelecimento, modificação ou isenção de tolerâncias para a utilização desses produtos.

Segundo Zolotar, a possibilidade de comparação dos dados produzidos por esses ensaios constituiria a base para a aceitação mútua desses dados entre os países signatários dos atos do Conselho da OCDE. Entretanto, embora essa idéia pareça à primeira vista solucionar o problema da aceitação mais expedita de produtos brasileiros do gênero alimentício nos EUA, entendemos que tal assertiva merece uma reflexão mais profunda, pois, uma vez que o Brasil passasse a integrar o mencionado Conselho, seria automaticamente graduado, transpondo seu *status* atual de país em desenvolvimento para país desenvolvido. Como resultado, o país deixaria de beneficiar-se de tratamento preferencial de programas especiais concedidos por diversos países, com o Sistema Geral de Preferências – SGP, por exemplo. Portanto, faz-se necessário estimar em que medida essa iniciativa atenderia aos interesses nacionais e avaliar cuidadosamente as implicações dessa mudança.

Nesse sentido, alternativamente, acreditamos ser mais acertado o entendimento apresentado na pesquisa sobre soluções negociáveis para contenciosos comerciais com os EUA, Washington, D.C., 2000, desenvol-

[34] Zolotar, Mayard Samis, op. cit.

[35] Organização internacional formada pelos 30 países de mais elevado desenvolvimento industrial que tem por finalidade maior a discussão, o desenvolvimento e o incremento de políticas econômicas e sociais de interesse de seus membros.

[36] Mayard Samis Zolotar, op. cit.

vida pela empresa LC Consulting – International Trade & Business,[37] que sugere o desenvolvimento de gestões técnicas junto a autoridades sanitárias e fitossanitárias norte-americanas como uma saída para agilizar e resolver questões dessa natureza no plano bilateral. Acreditamos que seria bastante positivo e proveitoso para o País estabelecer intercâmbios entre os laboratórios brasileiros e norte-americanos, bem como com os demais laboratórios estrangeiros dos países com os quais o Brasil mantém parcerias comerciais, a fim de ativar um relacionamento de mútua confiança entre as autoridades sanitárias e fitossanitárias desses países. Note-se que por ser esse relacionamento parte de um processo levará ainda um tempo até que comece a surtir os resultados desejados.

Por sua vez, o acordo SPS, em seu artigo 2.2,[38] condiciona igualmente a aplicação de medidas sanitárias e fitossanitárias à observância de princípios científicos, no limite necessário para proteger a vida e a saúde humana, animal e vegetal.

Verifica-se, desse modo, que a Lei do Bioterrorismo norte-americana está em consonância, em princípio, com as exceções previstas no artigo 20 do GATT, as quais autorizam os governos agirem de forma a proteger a vida ou a saúde humana, animal ou vegetal, desde que essas medidas não constituam discriminações arbitrárias entre os países,[39] ou sejam utilizadas como disfarce ao protecionismo. Entretanto, a forma como essas exceções serão aplicadas é que pode determinar, ou não, sua legitimidade.

Com tudo isso, pode-se concluir que a aplicação das regras da Lei do Bioterrorismo norte-americana pode vir, de fato, a constituir uma barreira comercial a exportadores, principalmente os de pequeno e médio porte. Todavia, por não infringir os princípios do comércio internacional e por respeitar o princípio do tratamento nacional, sua aplicação é legal, na medida em que não seja utilizada com fins protecionistas. Assim, sempre que um país se sentir prejudicado por suspeitar que a lei está sendo utilizada

[37] *Soluções negociáveis para contenciosos comerciais com os EUA*, Washington, D.C., LC Consulting – International Trade & Business, 2000, p. 43.

[38] Artigo 2.2 do Acordo SPS: "Os membros assegurarão que qualquer medida sanitária ou fitossanitária será aplicada só até a extensão necessária para proteger o ser, a vida ou a saúde do ser humano, animal ou vegetal, baseada em princípios científicos e que não será mantida sem evidência científica suficiente, exceto como fornecido para em parágrafo 7 de Artigo 5".

[39] Grifo das autoras.

de forma arbitrária e injustificável, terá que levantar a questão no âmbito da OMC.

V.1. Setores brasileiros atingidos

Como vimos, a Lei do Bioterrorismo norte-americana trouxe uma série de alterações nos procedimentos de importação de produtos alimentícios. Como conseqüência, as empresas exportadoras tiveram que se adaptar a novas exigências para continuar tendo acesso a esse mercado, o que significou um aumento adicional dos custos, especialmente em relação à nomeação de agente nos EUA. Além disso, as empresas passaram a enfrentar outros desafios como o atraso na entrega da mercadoria, em virtude da conferência das cargas nos portos norte-americanos. Esse fato certamente diminui a certeza da entrega em tempo hábil, podendo levar o importador norte-americano a substituir produtos importados por nacionais, a fim de assegurar que receberá o produto na época contratada.

Para a maioria dos analistas em comércio exterior, os mais prejudicados com a nova regulamentação foram os micro, pequenos e médios exportadores, visto que os grandes exportadores têm mais facilidade financeira e operacional para cumprir as novas determinações. A permanência no mercado norte-americano irá depender da capacidade de as empresas se adaptarem e transporem com eficiência as previsões da nova regulamentação. Observe-se, por exemplo, o caso do pequeno exportador Julius Kaeser, da empresa paranaense exportadora de chocolates para cães Kaprichoc. Segundo referido exportador, "com as determinações da Lei do Bioterrorismo norte-americana, que cria uma série de complicações para a exportação de produtos alimentícios àquele país, optamos por aguardar as coisas acontecerem após a data de 12 de dezembro, mesmo que já tenhamos contatos iniciados".[40]

Conforme já mencionado, o próprio governo norte-americano, quando da promulgação da lei, estimou que cerca de 16% das empresas no mundo que exportam alimentos aos EUA deveriam deixar de fazê-lo, a partir da entrada em vigor da legislação contra o bioterrorismo. Alguns observadores brasileiros acreditam que as empresas nacionais não serão totalmente afetadas, visto que têm plenas condições de se adaptar às novas exigências, uma vez que não são muitas as empresas exportadoras de alimentos (no

[40] Entrevista ao Netmarinha, de 30 set. 2003.

Brasil, há um alto grau de concentração de empresas exportadoras: apenas 100 respondem por 80% das exportações).[41] Essa realidade se estende para outros setores produtivos, já que, em termos gerais, as grandes empresas são responsáveis por 89,9% das exportações nacionais, enquanto as micro e pequenas, e médias empresas representam, respectivamente, 2,6% e 8,1% das exportações brasileiras.[42]

Por fim, ressalvamos ainda que o único tema relativo ao Acordo sobre Barreiras Técnicas ao Comércio (Acordo TBT) incluído no mandato das negociações da Rodada de Doha é o *Ecolabeling* (exigências sobre rotulagem e etiquetagem, principalmente no que se refere a questões ambientais). Tais decisões podem ser, como as exigências impostas pela nova Lei do Bioterrorismo norte-americana, bastante prejudiciais às exportações de países em desenvolvimento como o Brasil, que não dispõe de infra-estrutura tecnológica para viabilizar o fornecimento das informações requeridas. Assim, órgãos, sociedades e associações que se dispõem a fazer estudos sobre as implicações na economia de tais medidas devem ser estimulados, a fim de que o país possa, em futuras rodadas de negociações, estar mais aparelhado para discussões e ter maiores condições de inclusive liderá-las, como já ocorre com relação a outros temas.

V.2. Implicações para a economia brasileira

Como visto, é certo que as novas regras criam um aumento significativo nos custos e burocracia para o exportador brasileiro, sendo atingidos especialmente os micro, pequenos e médios exportadores, o que dificulta mais ainda o acesso ao mercado norte-americano. Alguns analistas estimaram que, no primeiro ano de implementação da lei, a redução nas exportações seria de 15%, percentual que poderá ser reduzido com o passar dos anos.[43]

As implicações da Lei do Bioterrorismo norte-americana para a economia brasileira ainda não foram medidas com precisão, em virtude de a lei estar em vigor há pouco tempo.

Os dados levantados entre janeiro a dezembro de 2003 e 2004 registram uma queda acentuada das exportações brasileiras de suco de laranja

---

41 *Gazeta Mercantil*, 17 dez. 2003.

42 Fonte: Ministério do Desenvolvimento, Indústria e Comércio Exterior, jan. 2006.

43 *Valor Econômico*, 12 dez. 2003.

e açúcar, dois importantes produtos da pauta de exportações do gênero alimentício do Brasil para os Estados Unidos. Vejamos o quadro abaixo:

Período: janeiro a dezembro de 2003

Produto	**Valor US$ F.O.B**	**Part. (%)**
Sucos de laranja, congelados, não fermentados	172.991.226	1,04
Açúcar de cana, bruto	69.660.514	0,42

Fonte: SISCOMEX

Período: janeiro a dezembro de 2004

Produto	**Valor US$ F.O.B**	**Part. (%)**
Sucos de laranja, congelados, não fermentados	102.282.151	0,51
Açúcar de cana, bruto	53.695.378	0,27

Fonte: SISCOMEX

A comparação dos dois perídos demonstra uma clara retração do fluxo comercial desses produtos para o mercado norte-americano, dado que o consideramos como um efeito sintomático e imediato da implementação da Lei do bioterrorismo norte-americana.

Por outro lado, de acordo ainda com pesquisa realizada junto ao Ministério do Desenvolvimento, Indústria e Comércio Exterior,[44] em 28.06.2005, das empresas brasileiras exportadoras de produtos alimentícios para os Estados Unidos, capítulos 01 a 24 da Tarifa Externa Comum – TEC, entre janeiro de 2004 e maio de 2005, 1.292 empresas efetuaram exportações de US$ 2,63 bilhões. Já nos dezessete meses anteriores à implementação da Lei do Bioterrorismo norte-americana, entre agosto de 2002 e dezembro de 2003, 1.252 empresas brasileiras exportaram US$ 2,23 bilhões. A pesquisa registrou também um aumento de 40 empresas exportando para os Estados Unidos na comparação dos dois períodos. Importante ressaltar, no entanto, que a investigação realizada não considerou variáveis como a cotação do dólar e a época de entressafra. Vejamos o quadro abaixo:

[44] Colaborou com esta pesquisa João Augusto Baptista Neto, Analista de Comércio Exterior do MDIC/SECEX/DEPLA/CGET.

Período Exportado	Empresas brasileiras exportadoras de alimentos	Valor em dólares
agosto de 2002 a dezembro de 2003	1.252	US$ 2,23 bilhões
janeiro de 2004 a maio de 2005	1.292	US$ 2,63 bilhões

Acreditamos que o fenômeno do aumento das exportações de produtos alimentícios para os EUA seja justificado pela impossibilidade de outras empresas estrangeiras cumprirem com a nova regulamentação, fato que contribuiu para a promoção de uma maior participação das empresas nacionais, que, como vimos, constitui-se majoritariamente por grandes empresas da nossa base exportadora. Também atribuímos a esse incremento o estímulo das autoridades nacionais com vistas a promover as exportações do Brasil.

Esta constatação reforça o entendimento de que os grandes exportadores brasileiros não foram ainda substancialmente afetados pela nova Lei do Bioterrorismo norte-americana, uma vez que a fatia representativa das nossas exportações para aquele país é composta por grandes empresas. Entretanto, apesar de não apresentar uma ameaça aos grandes exportadores, a nova lei prejudica os micro, pequenos e médios exportadores, na medida em que introduz mais custos decorrentes de novas exigências burocráticas.

Cabe ainda registrar que os portos brasileiros também foram afetados pela nova regulamentação. De acordo com a Lei do Bioterrorismo norte-americana, os portos que não se adequaram à nova regulamentação internacional proposta pelos EUA, a partir de 1.º de julho de 2004, não receberam credenciamento para realizar operações de exportações para os EUA. De acordo com dados da ANTAQ (Agência Nacional de Transportes Aquaviários), o Brasil possui 35 portos e cerca de 90 terminais de uso privativo com tráfego internacional que estarão sujeitos a nova regulamentação. Esta mesma agência previu que apenas 60% dos portos brasileiros conseguiriam implantar as normas de segurança contra terrorismo exigidas pelos EUA.

Ao longo do trabalho demonstrou-se que as exceções ao livre comércio são legais e legítimas, estando previstas pelos Acordos que fazem parte integrante da OMC, mais especificamente nos Acordos TBT e SPS. Como visto, a aplicação dessas medidas é que pode variar conforme os interesses econômicos e políticos dos países envolvidos.

Após verificarmos que a Lei do Bioterrorismo norte-americana está, em princípio, em conformidade com a regras multilaterais de comércio, fazemos a seguir algumas sugestões para que os exportadores brasileiros se concentrem nas exceções previstas pelos Acordos, a fim de que não sejam empregadas de forma tendenciosa, ilícita e protecionista. É o que passamos a fazer a seguir.

VI – Conclusões

É certo que exigências técnicas, voluntárias ou obrigatórias, são muitas vezes utilizadas como forma de proteção dissimulada a mercados nacionais, limitando a livre circulação de mercadorias. A Lei norte-americana do bioterrorismo, ao criar novas exigências para a comercialização e importação de alimentos, prejudica principalmente os micro, pequenos e médios empresários brasileiros, tornando-se uma barreira para aqueles que não conseguem cumprir com todas as suas determinações. Além disso, notamos que apesar de ajustar-se às normas da OMC, a referida Lei pode representar uma restrição ao mercado norte-americano também para as grandes empresas, dependendo de sua aplicação.

Nesse sentido, nossa primeira recomendação é no sentido do fortalecimento da educação e da pró-atividade do empresariado privado, que deve acompanhar o desenvolvimento de todas as iniciativas relacionadas à implementação da Lei do Bioterrorismo norte-americana, analisando as dificuldades decorrentes da implementação de cada uma delas, os impactos nos preços dos produtos importados, as perdas nas exportações.

No Brasil, os debates sobre as barreiras não-tarifárias ainda se restringem a fóruns específicos e técnicos, não atingindo efetivamente a todas as camadas empresariais. Daí a importância de se promover a informação junto ao empresariado brasileiro, sobretudo junto ao de pequeno e médio porte, que é o mais vulnerável, para que por meio do reconhecimento da imposição de barreiras não-tarifárias mascaradas de medidas técnicas, sanitárias e fitossanitárias, possam buscar o auxílio necessário dos canais nacionais competentes.

Cabe, portanto, ao empresário, bem como às entidades associativas e representativas dos setores envolvidos, monitorar seus dados de exportações e concluir pelo seu prejuízo ou ameaça, agindo ativamente junto aos órgãos públicos apropriados para que sejam tomadas medidas cabíveis. O INMETRO é o órgão no Brasil que pode ser de grande utilidade no auxílio a estas questões. O site deste órgão possui informações claras e precisas sobre conceitos de barreiras técnicas ao comércio e estudos referentes à Lei do Bioterrorismo norte-americana.

Ademais, outra sugestão reside na aproximação entre laboratórios brasileiros e norte-americanos com a finalidade de desenvolver um intercâmbio de práticas laboratoriais e criar gestões técnicas junto a autoridades sanitárias e fitossanitárias norte-americanas. Entendemos que o fortalecimento desse vínculo bilateral acarretaria o reconhecimento e confiança mútuos necessários para alcançarmos resultados positivos e duradouros em médio prazo para as nossas exportações de alimentos.

Por fim, vale lembrar que os empecilhos gerados pela Lei do Bioterrorismo norte-americana podem representar uma oportunidade aos exportadores brasileiros para ocuparem nichos de mercado em virtude da desistência de concorrentes estrangeiros em atender as exigências do governo norte-americano. Assim, diante das dificuldades burocráticas enfrentadas pelos micro e pequenos exportadores, e dos elevados custos para cumpri-las, sugerimos como opção a criação de consórcios e cooperativas para a instalação das estruturas logísticas necessárias para atender ás novas exigências.

A partir dessas iniciativas estaremos ajustados à realidade competitiva mundial atual e adequadamente preparados para enfrentar os obstáculos ao nosso comércio, possibilitando, conseqüentemente, um ambiente mais favorável para o desempenho de nossas exportações.

Bibliografia

CAMBOIM, Annalina. Bioterrorismo e as exportações brasileiras. *Revista Conjuntura Econômica,* Rio de Janeiro, Fundação Getulio Vargas, v. 57, n. 11, nov. 2003.

CARTILHA CÂMARA DE COMÉRCIO EXTERIOR (CAMEX) – Secretaria Executiva (SE).

FERRACIOLI, Paulo. Negociações sobre barreiras técnicas. *Revista Comércio Exterior em Perspectiva,* CNI, jul. 2002.

FOOD SAFETY ISSUES. *Terrorist threats to food. Guidance for establishing and strengthening prevention and response systems.* Food Safety Department. World Health.

LIMA, Rodrigo Carvalho Abreu. *Medidas sanitárias e fitossanitárias na OMC: neoprotecionismo ou defesa de objetivos legítimos.* São Paulo: Aduaneiras, 2005.

LIMA, Rodrigo Carvalho Abreu; MIRANDA, Sílvia Helena Galvão de; GALLI, Fabrízio. Febre aftosa. *Impacto sobre as exportações brasileiras de carnes e o contexto mundial das barreiras sanitárias*. São Paulo: Instituto de Estudos do Comércio e Negociações Internacionais – Ícone, e Centro de Estudos Avançados em Economia Aplicada – ESALQ/USP, 2005.

PRAZERES, Tatiana Lacerda. *Comércio internacional e protecionismo: as barreiras técnicas na OMC*. São Paulo: Aduaneiras, 2003.

RAMOS, Gian Carlo Delgado. Bioterrorismo de Estado y bioterrorismo internacional. In: *Globalização do terror, ameaça bioterrorista*. La Habana, Cuba: Ed. CIDCC Juan Marianello.

RUBIN, Paul. Bioterrorism act: administrative detention, recordkeeping requirements. *American Botanical Council*. Herbal Gram, 2004, n. 61, p. 62-63. Disponível em: www.herbalgram.org.

TANNO, Grace; FERRACIOLLI, Paulo. *Barreiras técnicas: o papel do Inmetro do GATT a OMC*. Disponível em: www.inmetro.gov.br/barreirastecnicas.

ZOLOTAR, Mayard Samis. *Comentários sobre o Bioterrorism Act à luz do Acordo Sobre Barreiras Técnicas ao Comércio da OMC. Ponto Focal de Barreiras Técnicas às Exportações*, p. 2. Disponível em: www.inmetro.gov.br/barreirastecnicas.

Sites eletrônicos consultados

www.agenciact.mct.gov.br

www.desenvolvimento.gov.br

www.desenvolvimento.gov.br/sitio/secex/negIntrnacionais/barExtInfComerciais

www.eumed.net/paz/tepys/gcdr.htm

www.fda.gov

www.herbalgram.org

www.inmetro.gov.br/barreirastecnicas

www.inmetro.gov.br/barreirastecnicas/coopTecnica.asp

www.inmetro.gov.br/barreirastecnicas/definicoes.asp

www.inmetro.gov.br/barreirastecnicas/faq/pontoFocal.asp.

www.inmetro.gov.br/barreirastecnicas/recMutuo.asp

www.who.int/fsf

www.wto.org

http://cowles.econ.yale.edu/

http://www.iconebrasil.org.br

http://www.inmetro.gov.br/barreirastecnicas/Manual_BarrTecnicas.pdf

http://www.wto.org/spanish/tratop_s/sps_s/sps_agreement_cbt_s/c1s4p1_s.htm

O LONGO ALCANCE DA LEI NORTE-AMERICANA: EXEMPLOS DE COMO SUA EXTRATERRITORIALIDADE PODE AFETAR EMPRESAS BRASILEIRAS

RENATA BRANDÃO VASCONCELLOS[1]

Em certos contextos os Estados Unidos parecem onipresentes. Essa é, muito provavelmente, uma estratégia para a preservação da tão bem articulada hegemonia norte-americana sobre os demais países. Com a lei norte-americana não é diferente. Existe um movimento consciente dos Poderes Legislativo e Judiciário norte-americanos visando a manter a posição jurídica dos Estados Unidos – seja na esfera econômica, militar, humanitária, ambiental – como sendo a predominante, por eles considerada como certa e justa. No âmbito jurídico, para justificar esse fim, os meios utilizados estão intimamente ligados à teoria da extraterritorialidade da lei.

Este artigo discute o alcance extraterritorial[2] da lei norte-americana, no que diz respeito às leis anticorrupção estrangeira, antifraude e de con-

---

1 Advogada associada do escritório Porter, Wright, Morris & Arthur, em Washington, D.C. As opiniões expressadas neste artigo são exclusivamente da autora e não refletem necessariamente as opiniões do escritório Porter, Wright, Morris & Arthur. A autora pode ser contactada no seguinte endereço eletrônico: rvasconcellos@porterwright.com.

2 A extraterritorialidade da lei ocorre quando uma norma interna aplica-se a pessoas, direitos ou relações existentes fora dos limites do Estado legislador. Além da clara intenção da lei ou da sua natureza intrínseca de aplicação extraterritorial, a aplicação extraterritorial da lei norte-americana tem ainda que ultrapassar dois obstáculos: o primeiro seria a chamada jurisdição prescritiva extraterritorial. Esse tipo de jurisdição procura uma justificativa jurídica para a aplicação da lei à disputa ou conduta: (1) pela localização do fato que deu origem à disputa nos Estados Unidos (i.e.: jurisdição territorial); (2) pelo efeito provocado nos Estados Unidos pela ato em questão (i.e.: de efeito); (3) pela nacionalidade norte-americana dos autores (i.e.: nacionalidade); (4) pelo efeito provocado em vítimas norte-americanas (i.e.: personalidade passiva); (5) em prol da proteção de um princípio maior americano – segurança nacional, por exemplo (i.e.: proteção); (6) ou mesmo pelo alegado interesse "universal" em se resolver a disputa nos Estados Unidos (i.e.: universal).

trole de exportação. O artigo apresenta uma breve exposição dessas leis e analisa seus efeitos no Brasil sob três enfoques: primeiramente, discute-se a possibilidade de execução da lei norte-americana no Brasil; apresentam-se em seguida sugestões para uma possível resposta brasileira ao problema; e, finalmente, discutem-se ações preventivas em transações internacionais para minimizar os riscos da aplicação da lei norte-americana.

1. A Lei Anticorrupção Estrangeira

A Lei Anticorrupção Estrangeira norte-americana, o *Foreign Corrupt Practices Act* (FCPA),[3] proíbe que um indivíduo (pessoa jurídica, física ou seus representantes) pague ou ofereça pagamento, ou prometa dinheiro, ou algo de valor, para funcionários de governos estrangeiros (inclusive políticos e seus partidos) em troca de negócios[4] – essas são as chamadas disposições anticorrupção da lei. Para evitar o "caixa dois", a lei também exige

---

Diante de tantos princípios de jurisdição extraterritorial, o julgador respectivo tem um leque de opções para justificar a aplicação da lei norte-americana. O segundo obstáculo a ser ultrapassado para que a lei norte-americana se aplique é o de que seja razoável a sua aplicação diante da disputa/conduta. Sobre este tema, vide Adam Isaac Hasson, Extraterritorial jurisdiction and sovereign immunity on trial: Noriega, Pinochet, and Milosevic – Trends in political accountability and transactional criminal law. *Boston College International & Comparative Law Review*, v. 25, p. 125, 135 e 136, 1996. Disponível em: http://www.bc.edu/. Acesso em: 21 out. 2005. Também sobre o tema da extraterritorialidade da lei norte-americana, vide Mark P. Gibney, The extraterritorial application of U.S. law: the perversion of democratic governance, the reversal of institutional roles, and the imperative of establishing normative principles, *Boston College International & Comparative Law Review*, v. 19, p. 297, 1996. Vide também H. Lowell e Brown. The extraterritorial reach of the U.S. government's campaign against international bribery, *Hastings International and Comparative Law Review*, v. 22, p. 407, 1999.

[3] Lei 95-213, de 19 de dezembro de 1977, codificada em 15 U.S.C. (*U.S. Code*) §§ 78dd, 78ff, 78m.

[4] Seguindo os princípios do FCPA, há atualmente pelo menos três tratados multilaterais sobre o assunto: a Convenção Interamericana contra a Corrupção de 1996 (Convenção da OEA), a Convenção de Combate à Corrupção da União Européia de 1997 (Convenção da UE); e a Convenção Anticorrupção de 1998 da Organização para Cooperação e Desenvolvimento Econômico (Convenção da OCDE). O Brasil é signatário da Convenção da OEA, aprovada pelo Congresso brasileiro em 25 de junho de 2002 (Decreto-lei 152) e promulgada em 7 de outubro de 2002 (Decreto 4.410).

que certas empresas mantenham seus livros e registros contábeis sempre corretos e monitorados por controles internos – as chamadas disposições contábeis da lei.

A lei anticorrupção entrou em vigor em 1977 como uma resposta à investigação do caso *Watergate*, que revelou a existência de contribuições ilegais à campanha de reeleição do Presidente Nixon e de suborno a pessoas públicas estrangeiras. Muitas empresas norte-americanas entendem que se encontram em uma posição desfavorável no mercado internacional desde o início da vigência da lei, em comparação com as empresas de outros países, onde o suborno de funcionários públicos estrangeiros não constitui violação de lei específica.

Os alvos principais do FCPA são denominados de "emissores" (*issuers*) e "organizações internas" (*domestic concerns*). Tais são, em geral, os possíveis violadores do FCPA. Consideram-se emissoras todas as empresas que emitam valores mobiliários registrados, bem como aquelas que apresentam relatórios periódicos à *Security and Exchange Commission* (SEC),[5] e seus respectivos diretores, executivos, empregados e representantes, sejam norte-americanos ou estrangeiros.[6] A lei define organizações internas como qualquer cidadão, nacional, ou residente nos Estados Unidos, empresa, associação ou organização que tenha seu domicílio principal nos Estados Unidos ou que seja registrada nos Estados Unidos.[7] Em 1998, uma emenda[8] à lei estendeu aos estrangeiros a proibição de praticar qualquer ação que resulte em ato corrupto no território dos Estados Unidos. A emenda também proibiu que emissores e organizações domésticas pratiquem atos de corrupção no exterior.[9]

As disposições contábeis do FCPA aplicam-se somente às empresas emissoras.[10] Essas regras somente atingirão subsidiárias estrangeiras não-

---

5 A agência norte-americana correspondente à Comissão de Valores Mobiliários brasileira (CVM).

6 15 U.S.C. (*U.S. Code)* § 78dd-1 (FCPA).

7 15 U.S.C. § 78dd-2 (FCPA).

8 Lei 105-366, de 10 de novembro de 1998. Essa emenda foi necessária após a ratificação dos Estados Unidos à Convenção da OCDE. Codificada em parte em 15 U.S.C.A. § 78dd-3(a).

9 Lei 105-366, de 10 de novembro de 1998, codificada em parte em 15 U.S.C. A. §§ 78dd-1(g), 78dd-2(i).

10 15 U.S.C. § 78m.

emissoras se a matriz controlar a subsidiária.[11] A grande dúvida é se as disposições anticorrupção do FCPA se aplicam às subsidiárias de empresas norte-americanas localizadas fora dos Estados Unidos. Logicamente, se a subsidiária for uma *emissora*, deverá cumprir as disposições anticorrupção do FCPA.[12] Mas e as subsidiárias não-emissoras? Em duas circunstâncias essas subsidiárias estarão sujeitas às disposições anticorrupção do FCPA: (1) por meio de responsabilidade direta por atos praticados nos Estados Unidos pela subsidiária;[13] e (2) indiretamente, por meio de responsabilidade atribuída à matriz e seus executivos por atos praticados pela subsidiária.[14] No segundo caso, se o ato ilícito fosse praticado pela empresa estrangeira com qualquer envolvimento da empresa norte-americana (i.e., autorização, aquiescência, direção etc.), esta última seria responsabilizada pela violação.[15] O que se pretende é impedir que as subsidiárias estrangeiras façam pagamentos suspeitos a governos estrangeiros por determinação das matrizes norte-americanas.

Um cenário interessante surge, nesse momento, diante da propalada corrupção na política brasileira.[16] O oferecimento de propina a um deputado ou senador brasileiro por uma empresa brasileira subsidiária de uma empresa norte-americana configuraria um ato sujeito a processo por violação do FCPA, nos Estados Unidos. Mas como a lei norte-americana se aplicaria a um ato ilícito ocorrido no Brasil, cometido por brasileiros, sem efeito direto nos

[11] 15 U.S.C. § 78m(b)(6).

[12] Em geral, essas são as empresas brasileiras que negociam Recibos de Depósitos Americanos (*American Depository Receipts* – ADRs) – certificados de empresas estrangeiras (que não sejam norte-americanas), negociáveis no mercado financeiro americano e não no país de origem. Há, atualmente, cerca de 70 empresas brasileiras que emitem ADRs no mercado americano. Vide JP Morgan. Disponível em: http://www.adr.com. Acesso em: 30 set. 2005.

[13] 15 U.S.C. § 78dd-3(a).

[14] 15 U.S.C. § 78dd-1(a), 2(a), e 3(a).

[15] Jay G. Martin, *Compliance with the Foreign Corrupt Practices Act of 1977 in the Post-Sarbanes-Oxley World*. Winstead Sechrest & Minick P.C., p. 4 e 5, fev. 2004. Disponível em: http://www.winstead.com/articles. Acesso em: 15 set. 2005.

[16] O FCPA considera políticos e seus partidos servidores públicos de governos estrangeiros (*government officials*). Nesse sentido, o FCPA se mostra a mais ampla das leis anticorrupção. Vide 15 U.S.C. § 78dd-1(a)(2). A Convenção da UE e a Convenção da OCDE não se estendem a políticos e seus partidos. Vide o art. 1(4)(a) da Convenção da OCDE e o art. 1 da Convenção da EU.

Estados Unidos? Primeiramente, é bom lembrar que o FCPA é, por natureza, uma lei de aplicação extraterritorial relativa à corrupção estrangeira. Além disso, em certos casos, um mínimo contato com o território norte-americano (e.g.: utilizar o correio ou o sistema telefônico norte-americano) já é nexo suficiente para adquirir jurisdição territorial.[17]

Outras situações podem ainda envolver empresas brasileiras e o FCPA. Nos negócios internacionais entre empresas não associadas, a empresa norte-americana pode incorrer em responsabilidade por violações do FCPA praticadas pela empresa brasileira que a represente. Assim, são observadas claras tentativas de cumprimento do FCPA nos contratos de representação comercial, de consultoria ou de distribuição de mercadorias, nos quais a empresa representada se encontra nos Estados Unidos. As áreas de maior vulnerabilidade às violações do FCPA envolvem contratos em que o conhecimento e os contatos do contratado com as autoridades governamentais nacionais são fatores essenciais no relacionamento entre contratante e contratado. A violação ocorre quando o representante, ansioso por conseguir fechar o negócio, suborna a autoridade governamental. Para a proteção da empresa norte-americana, nesses contratos é comum a existência de cláusulas dispondo, expressamente, sobre a obrigatoriedade do cumprimento do FCPA. Geralmente há cláusulas específicas que proíbem o contratado de oferecer qualquer pagamento, contribuição ou objeto de valor a qualquer pessoa ou organização pública para a obtenção de negócios.

Uma outra hipótese de envolvimento entre o FCPA e uma empresa brasileira se evidencia quando essa empresa emprega um cidadão norte-americano. Nessas circunstâncias, o cidadão norte-americano que praticar o ato corrupto para obter um negócio estará violando o FCPA, onde quer que o ato ou a violação ocorra.[18]

Violações do FCPA podem resultar em multas altíssimas e em alguns casos, em penas de reclusão. As empresas podem ser multadas em até US$2 milhões e os indivíduos em até US$ 100 mil e reclusão por até cinco anos.[19]

---

[17] H. Lowell e Brown, Extraterritorial jurisdiction under the 1998 amendments to the Foreign Corrupt Practices Act: does the government's reach now exceed its grasp?, *North Carolina Journal of International Law & Commercial Regulation,* v. 26, p. 239, 2001.

[18] Vide supra nota 15.

[19] 15 U.S.C. §§ 78dd-2(g), 78dd-3(e), 78ff(c).

2. A Lei Antifraude Americana

A principal lei antifraude norte-americana, chamada de Lei Sarbanes-Oxley,[20] entrou em vigor em 30 de julho de 2002, em resposta aos escândalos contábeis nas grandes corporações norte-americanas (e.g.; Enron e WordCom). Para recuperar a credibilidade do mercado financeiro norte-americano, a lei antifraude introduziu normas rígidas de controle sobre a contabilidade das empresas, responsabilizando seus executivos por conduta imprópria.

A intenção da lei antifraude é clara: prevenir fraudes e responsabilizar maus administradores. Para tal, a lei aumentou a independência dos auditores, proibiu empréstimos a executivos, expandiu o requisito de demonstrações financeiras, criou uma certificação obrigatória e aumentou as penalidades civis e criminais por violação das leis sobre investimentos.

Assim como o FCPA, trata-se de mais uma lei que afeta não somente empresas norte-americanas mas também as empresas estrangeiras que emitam valores mobiliários registrados e aquelas que apresentam relatórios periódicos à SEC.[21] Além das empresas brasileiras emissoras, qualquer filial brasileira de empresas norte-americanas sujeita à lei deve se adequar às exigências, pois faz parte do controle interno contábil da matriz norte-americana.

Reconhecendo as dificuldades das empresas estrangeiras em se adaptarem à lei, a SEC recentemente resolveu adiar a implementação de parte da lei (Seção 404) a essas empresas para o ano fiscal que termina após 15 de julho de 2006.[22] A seção 404 diz respeito ao controle contábil interno das empresas: exige documentos assinados por diretores e auditores atestando a correção da contabilidade interna da empresa, bem como a emissão de relatórios anuais à SEC que comprovem o cumprimento das exigências. Assim, até 2006, as empresas estrangeiras devem providenciar a adequação de seus livros contábeis às exigências da lei antifraude.

---

[20] Lei 107-204, de 30 de junho de 2002.

[21] Vide supra nota 12.

[22] *Extension of compliance dates for non-accelerated filers and foreign private issuers regarding internal control over financial reporting requirements*. Security and Exchange Commission, 2 mar. 2005. Disponível em: http://www.sec.gov. Acesso em: 30 set. 2005.

No Brasil, a Instrução 358 da Comissão de Valores Mobiliários (CVM), de janeiro de 2002,[23] apresenta pontos em comum com a Lei Antifraude norte-americana. A instrução se aplica às companhias abertas, disciplina a divulgação de informações na negociação de valores mobiliários e na aquisição de ações, além de estabelecer condições para a negociação de ações de companhias abertas. Trata-se de uma resposta da lei brasileira e uma tentativa de se adequar aos novos padrões de responsabilidade financeira exigidos de empresas multinacionais.

As exigências da lei antifraude representam um alto custo para as empresas a ela sujeitas, pois incluem o treinamento de empregados, a adaptação dos livros contábeis, uma maior transparência e cuidado nas transações financeiras, etc. Entretanto, o resultado do cumprimento da lei beneficiará investidores no mercado financeiro mundial. Aproveitando-se desse cenário, as grandes empresas de contabilidade já estão oferecendo diversos serviços que visam ao cumprimento e à adaptação à lei antifraude norte-americana por parte de empresas no Brasil e em outros países.

Dada a importância da natureza da lei no país que é o símbolo do capitalismo mundial, as sanções pela sua violação são extremamente severas, incluindo multas de valor muito alto (até US $5 milhões) e penas restritivas de liberdade (até 25 anos de reclusão).[24]

3. As leis de controle de exportação

O controle das exportações, há muito tempo, vem sendo motivo de preocupação do governo norte-americano. Depois dos atentados de 11 de setembro de 2001, o assunto passou a ter maior importância. Hoje, o controle de exportação é, tanto do ponto de vista de legislação[25] como de implementação, uma das principais responsabilidades da Alfândega norte-america-

---

[23] Disponível em: http://www.cvm.gov.br/. Acesso em: 30 set. 2005.

[24] Secções 807 e 906, Lei 107-204, de 30 de junho de 2002.

[25] As principais leis e regulamentações norte-americanas sobre o controle de exportação são: o *International Economic Emergency Powers Act* (IEEPA) (50 U.S.C. §§ 1701-1706), o *Export Administration Act* de 1979 (EAA) (50 U.S.C. App. §§ 2401-2420), o *Arms Export Control Act* (AECA) (22 U.S.C. §§ 2751-2799), o *International in Traffic Arms Regulations* (ITAR) (22 C.F.R § § 120-130) e a *Export Administration Regulations* (EAR) (15 C.F.R. (*Code of Federal Regulations* – Código de Regulamentações Federais) §§ 730-774).

na,[26] do Departamento de Comércio dos EUA (DOC), e, em menor grau, dos Departamentos de Estado (DOS) e Tesouro (DOT) norte-americanos. À Alfândega cabe a execução das leis nas fronteiras norte-americanas; ao DOC o controle administrativo de produtos com aplicações civis (i.e.: emissão de autorizações, licenças); ao DOS, o controle da exportação de produtos militares;[27] e, finalmente, ao DOT, a implementação de embargos comercias contra determinados países e pessoas.[28]

É bastante legítimo e um direito de cada país restringir a exportação de certos produtos, tecnologias e serviços àqueles que sejam considerados um risco à segurança nacional. Mas os Estados Unidos vão mais além. No que diz respeito aos embargos comerciais, estes se aplicam às *filiais* de empresas norte-americanas no estrangeiro.[29] Entretanto, *subsidiárias*[30] norte-americanas em outros países estão sujeitas somente aos embargos comerciais norte-

---

26 *U.S. Customs and Border Protection*, atualmente parte do Departamento de Segurança Nacional (*Department of Homeland Security*).

27 O DOS está proibido por regulamentação de aprovar licenças para a exportação de produtos militares aos seguintes países: Afeganistão, Belarus, Burma, Congo, China, Coréia Norte, Cuba, Haiti, Irã, Iraque, Libéria, Líbia, Ruanda, Somália, Sudão, Síria e Vietnã. O Congresso americano atualmente negocia a retirada da Líbia e a inclusao da Venezuela nessa lista. 22 C.F.R. § 126.1.

28 Os Estados Unidos mantêm embargos comerciais contra os Bálcans, Burma, Coréia do Norte, Costa do Marfim, Cuba, Irã, Iraque, Libéria, Síria, Sudão e Zimbábue. Os embargos são administrados pelo Office o Foreign Assets Control (OFAC), um subdepartamento do Departamento do Tesouro Norte-Americano. Também sob a responsabilidade do OFAC, está a lista de pessoas e entidades proibidas (*Specially Designated Nationals List*). *Specially designated nationals list*. Office of Foreign Assets Control, Departamento do Tesouro Norte-Americano. Disponível em: http://www.treas.gov/offices/enforcement/ofac/sanctions/. Acesso em: 15 set. 2005.

29 As regulamentações sobre os embargos norte-americanos definem "*U.S. persons*" como, entre outros, qualquer pessoa jurídica incorporada nos Estados Unidos, expressamente incluindo filiais estrangeiras. Vide por exemplo 31 C.F.R. § 537.314 (embargo contra Burma).

30 Nesse particular, existe uma importante diferença que deve ser notada entre a filial e a subsidiaria no contexto norte-americano. A primeira seria uma mera extensão da empresa norte-americana em outra localização, controlada diretamente pela matriz; e a segunda teria certa autonomia e identidade corporativa independente, mas seria indiretamente controlada ou de propriedade da empresa norte-americana.

americanos a Cuba[31] e a Coréia do Norte.[32] Assim, uma empresa no Brasil, *subsidiária* de uma empresa norte-americana, estaria proibida pelas leis norte-americanas de exportar do Brasil qualquer produto para Cuba ou Coréia do Norte. Já as *filiais* de empresas norte-americanas no Brasil estariam sujeitas às proibições de todos os embargos comerciais americanos.

A regulamentação norte-americana[33] administrada pelo DOT também exige que a pessoa estrangeira que tenha posse de produtos de origem norte-americana cumpra o embargo comercial norte-americano a Cuba, Coréia do Norte, Sudão e Irã.[34] Assim, a revenda de qualquer produto norte-americano por empresa brasileira para esses países, configurar-se-ia como violação da lei norte-americana.

A extraterritorialidade da lei administrada pelo DOC está intimamente relacionada à origem do produto.[35] A regulamentação do DOC obriga o exportador a obter licenças para a exportação de vários produtos. Produtos estrangeiros não estão sob o controle do DOC, somente produtos de origem norte-americana, onde quer que se encontrem. Entretanto, produtos estrangeiros que incorporam mais do que uma quantidade mínima de componentes norte-americanos[36] também estão sujeitos às restrições do DOC. Além disso, certos produtos estrangeiros que incorporem tecnologia norte-americana

---

[31] 31 C.F.R. § 515.329. Vide também: *Frequently asked questions, who must comply with OFAC regulations?* Office of Foreign Assets Control, Departamento do Tesouro Norte-Americano. Disponível em: http://www.treas.gov/offices/enforcement/ofac/faq/. Acesso em: 30 set. 2005.

[32] 31 C.F.R. § 500.329. Vide também. *Frequently asked questions, who must comply with OFAC regulations?* Office of Foreign Assets Control, Departamento do Tesouro Norte-Americano. Disponível em: http://www.treas.gov/offices/enforcement/ofac/faq/. Acesso em: 30 set. 2005.

[33] 31 C.F.R. § 500.533 (Cuba), 31 C.F.R. § 500.573 (Coréia do Norte), 31 C.F.R. § 515.559 (Cuba), 31 C.F.R. § 538.507 (Sudão), 31 C.F.R. §§ 560.205, 560.414, 560.420, 560.511 (Irã – 10% de conteúdo mínimo americano).

[34] Vide também. *Frequently asked questions, who must comply with OFAC regulations?* Office of Foreign Assets Control, Departamento do Tesouro Norte-Americano. Disponível em: http://www.treas.gov/offices/enforcement/ofac/faq/. Acesso em: 30 set. 2005.

[35] 15 C.F.R. § 734.3.

[36] Em geral, produtos cujos componentes norte-americanos representam mais de10% do valor total do produto, se exportados para países que apóiam o terrorismo (segundo a regulamentação norte-americana: Cuba, Irã, Coréia do Norte, Líbia, Síria e Sudão) ou 25%, se exportados para os demais países. 15 C.F.R. §§ 734.3(a)(3), 734.4.

também estão sujeitos às mesmas restrições. Na prática, se uma empresa, legitimamente brasileira, importa dos Estados Unidos um produto norte-americano controlado pelo DOC, a revenda desse produto a certos países exigiria licença dessa agência norte-americana. Ainda sob o mesmo enfoque, se a empresa brasileira produz um artigo que incorpora um valor mínimo de componentes norte-americanos,[37] sua exportação também estaria sob o controle do DOC. Para evitar a violação da lei, empresas norte-americanas que exportam produtos controlados pelo DOC são aconselhadas a incluir em toda documentação de exportação uma declaração informando ao comprador que a revenda desses produtos para determinados países é proibida pela lei norte-americana.

O DOC também administra a regulamentação contra boicotes. De acordo com essa regulamentação, é proibido, em transações comerciais, que qualquer pessoa se recuse, ou até que apenas *concorde* com a recusa, em negociar com determinados países. Essa regulamentação visa claramente combater o boicote árabe contra Israel. Na regulamentação, a definição do termo "pessoa" é bastante ampla, já que inclui subsidiárias, empresas afiliadas, ou qualquer outro estabelecimento permanente, no estrangeiro, de uma empresa norte-americana.[38] Desse modo, uma subsidiária brasileira que participe de uma licitação para a venda de produtos a um governo árabe, na qual se inclua exigência de que o fornecedor do produto não tenha negócios com qualquer empresa de nacionalidade israelense, pode estar, tecnicamente, violando a lei norte-americana antiboicote.

Tanto o DOC como o DOS adotam uma curiosa definição sobre o ato de exportar. Exportar não significa somente enviar o produto para fora do país, mas também transferir o produto, a tecnologia ou a informação confidencial sobre o produto a um estrangeiro no território norte-americano e no exterior.[39] Às vezes uma simples proposta de serviço para uma empresa estrangeira que envolva um produto militar, controlado pelo DOS, ou produto de uso dual[40] controlado pelo DOC, pode exigir autorização prévia do departamento competente. O mesmo pode-se aplicar, por exemplo, à visita de um brasileiro a uma fábrica norte-americana que produza um artigo militar ou de uso dual.

---

[37] Idem

[38] 15 C.F.R. § 760.1(b)(1).

[39] 15 C.F.R. § 734.2, 22 C.F.R.§ 120.17.

[40] Em Inglês, *dual use*. Entenda-se de uso civil e militar concorrentemente.

Várias agências governamentais norte-americanas mantêm listas de indivíduos e empresas de diversas nacionalidades com os quais as empresas norte-americanas não devem negociar. São as denominadas "listas negras". Dado o caráter extraterritorial das leis de controle de exportação norte-americanas, empresas brasileiras podem julgar prudente realizar uma investigação mínima sobre o cliente estrangeiro, antes do fechamento do negócio. Essa conduta evitaria negócios com pessoas nessas listas – que também incluem cidadãos e empresas norte-americanas. Essas listas, que estão disponíveis nos sites eletrônicos de agências governamentais norte-americanas na internet,[41] são fontes úteis e confiáveis para fins de investigação. A mais volumosa das listas, denominada *Specially Designated Nationals and Blocked Persons* (SDN), inclui pessoas e empresas[42] suspeitas de envolvimento com atividades de terrorismo e/ou de tráfico de drogas, ou ainda empresas controladas por governos de países embargados. Muitos dos nomes listados na lista SDN também aparecem na lista da Organização das Nações Unidas.[43] Outras listas, menores, incluem pessoas e empresas que tiveram seu direito de exportar suspenso pelo DOC[44] ou pelo DOS,[45] ou indivíduos envolvidos em atividades de proliferação de armas de destruição em massa.[46]

4. Devemos temer a lei norte-americana?

Há vários registros em tribunais norte-americanos de processos envolvendo empresas estrangeiras por violação de lei norte-americana, em parti-

41 V.: *site* eletrônico do Departamento do Tesouro Norte-Americano. Disponível em: http://www.treas.gov/offices/enforcement/ofac/. Acesso em: 19 set. 2005; *site* eletrônico do Departamento de Comércio Norte-Americano. Disponível em: http://www.bis.doc.gov/. Acesso em: 19 set. 2005 (contém endereços de todas as listas negras); *site* eletrônico do Departamento de Estado Norte-Americano. Disponível em: http://pmdtc.org/. Acesso em: 19 set. 2005.

42 Existem alguns brasileiros e pessoas residentes no Brasil listadas na SDN, em sua maioria com nomes de origem árabe. Vide *SDN List.* Departamento do Tesouro Norte-Americano, Office of Foreign Assets Control, Disponível em: http://www.treas.gov/offices/enforcement/ofac/. Acesso em: 19 set. 2005.

43 Federal Register, v. 68, p. 51048, ago. 2003. (publicação norte-americana correspondente ao *Diário Oficial da União*) (cópia da lista das Nações Unidas).

44 A denominada *Denied persons list.* Disponível em: http://www.bis.doc.gov/dpl/Default.shtm. Acesso em: 5 out. 2005.

45 A denominada *Debarred list.* Disponível em: http://pmdtc.org/debar059.htm. Acesso em: 5 out. 2005.

46 A denominada *Entity list.* Vide 15 C.F.R. Part 744, Supplement 4.

cular no que diz respeito ao FCPA[47-48] e às leis de controle de exportação.[49]

---

[47] O *site* eletrônico da SEC contém várias notas relativas a casos envolvendo subsidiárias estrangeiras por violações do FCPA. Eis alguns exemplos: Em 2000, a SEC entrou em acordo com a IBM para o término de uma investigação administrativa por violação do FCPA. A SEC acusava a IBM de subornar autoridades do governo argentino por meio da sua subsidiária, a IBM-Argentina, S.A. Houve também um processo judicial em que a IBM foi penalizada em U$ 300 mil. (*SEC Enforcement*. Security and Exchange Commission, p. 5. Disponível em: http://www.sec.gov/pdf/annrep01/ar01enforce.pdf. Acesso em: 15 set. 2005). Em 2002, Syncor International Corp. foi multada em US$ 500 mil por pagamentos ilícitos feitos pelas suas subsidiárias no México, Tailândia e Bélgica a hospitais públicos desses países (*SEC obtains $500,000 penalty against syncor international corporation for violating the anti-bribery provisions of the foreign corrupt practices act.* Security and Exchange Commission, 10 dez. 2002. Disponível em: http://www.sec.org. Acesso em: 9 set. 2005). Em 2004, uma multinacional sueca (ABB Ltd.) e suas subsidiárias na Nigéria, Angola e Cazaquistão, foram condenadas a pagar uma multa de mais de US $10 milhões por pagamentos ilícitos (*SEC sues ABB Ltd. in foreign bribery case*. Security and Exchange Commission, 6 jul. 2004. Disponível em: http://www.sec.org. Acesso em: 9 set. 2005).

[48] Em 1996, uma empresa italiana foi processada por violar o FCPA por conduta que ocorreu inteiramente na Itália. A empresa foi processada por ser considerada uma emissora, pois emitia ADRs no mercado financeiro americano. A empresa italiana foi multada em US $300 mil (*FCPA civil enforcement actions by the U.S. Security and Exchange Commission*. Departamento de Justiça Norte-Americano. Disponível em: http://www.usdoj.gov/criminal/fraud/fcpa/. Acesso em: 1.º out. 2005).

[49] O Departamento de Comércio relata vários casos recentes contra estrangeiros por violações das leis de controle de exportação. Como ilustração, seguem alguns exemplos: em maio de 2003, duas subsidiárias estrangeiras de uma empresa americana (Reliance Electric) foram investigadas administrativamente pelo Departamento de Comércio por violações da Lei Antiboicote norte-americana. *Don't let this happen to you: an introduction to U.S. export control law: real life investigations of export control and antiboycott violations.* Departamento de Comércio Norte-Americano, Bureau of Industry and Security, abr. 2005. Disponível em: http://www.bis.doc.gov/. Acesso em: 15 set. 2005. Em agosto de 2005, um sul-africano, proprietário de uma empresa na Cidade do Cabo, África do Sul, foi condenado por exportar produtos nucleares de origem norte-americana para o Paquistão e a Índia, resultado de uma investigação inicial do Departamento de Comércio. (*South African resident sentenced for trafficking in nuclear detonators and other commodities controlled for nuclear non-proliferation reasons*. Departamento de Justiça Norte-Americano, 5 ago. 2005. Disponível em: http://www.usdoj.gov/usao/dc. Acesso em: 15 set. 2005). Há pendente um processo judicial contra um cidadão iraniano e sua empresa de empilhadeiras, e dois cidadãos americanos, acusados de violar o embargo norte-americano contra o Irã. (*U.S. and Iranian forklift truck companies officials indicted*

A lei antifraude é muito recente para ter uma jurisprudência estabelecida, mas já há casos contra empresas estrangeiras.[50]

A SEC, que junto com o Departamento de Justiça norte-americano (DOJ) divide a responsabilidade pelo cumprimento do FCPA e da lei antifraude, adota uma postura bastante agressiva quanto às investigações de empresas estrangeiras, visando à proteção do investidor norte-americano. Em 2001, por exemplo, a SEC fechou acordos de cooperação com mais de 30 autoridades estrangeiras, com o intuito de trocar informações sobre o cumprimento de suas leis no estrangeiro.[51] O volume de pedidos de assistência a jurisdições estrangeiras é impressionante: no ano fiscal de 2003 foram 309 pedidos; em 2002, 448 pedidos;[52] e, em 2001, 364 pedidos de assistência internacional. A mesma agência pressiona ativamente a comunidade internacional com o propósito de fortalecer os padrões internacionais de contabilidade, de transparência e de declarações financeiras obrigatórias junto à International Organization of Securities Commission – IOSCO.[53]

De acordo com a lei brasileira, é possível que um processo contra uma empresa brasileira seja iniciado e concluído nos Estados Unidos, e que a sentença seja executada no Brasil. Entretanto, a sentença estrangeira só terá validade no Brasil se homologada pelo Superior Tribunal de Justiça (STJ).[54] O STJ não julga o mérito, a justiça ou a injustiça da sentença estrangeira,

---

for violating embargo on Iran. Departamento de Comércio Norte-Americano, Bureau of Industry and Security, 29 ago. 2005. Disponível em: http://www.bis.doc.gov. Acesso em: 15 set. 2005).

[50] Em 2003, por exemplo, a SEC iniciou uma investigação contra a empresa francesa, Vivendi Universal, por suspeita de violação da lei antifraude. (*SEC 2002 Annual Report: international affairs*. Security and Exchange Commission. Disponível em: http://www.sec.gov/. Acesso em: 15 set. 2005).

[51] *SEC 2002 Annual Report: international affairs*. Security and Exchange Commission. 2002. Disponível em: http://www.sec.gov/. Acesso em: 15 set. 2005.

[52] *SEC 2002 Annual Report: international affairs*. Security and Exchange Commission. 2002. Disponível em: http://www.sec.gov/. Acesso em: 15 set. 2005.

[53] Organização Internacional de Comissões Mobiliárias (tradução livre do original inglês pela autora).

[54] A competência de homologação de sentença estrangeira no Brasil era até recentemente do Supremo Tribunal Federal. A Emenda Constitucional 45/2004 transferiu essa competência para o STJ. Vide Constituição Federal, artigo 102, I, *h*; artigo 105, I, *i*. Vide também artigo 15 da Lei de Introdução ao Código Civil (requisitos para homologação da sentença estrangeira no Brasil).

mas a lei brasileira exige que a lei estrangeira não viole os princípios da ordem pública, da soberania nacional e os bons costumes.[55]

Existe a possibilidade de que um processo (judicial ou administrativo) seja iniciado contra uma empresa brasileira nos Estados Unidos,[56] podendo resultar em multas, suspensões do direito de comerciar, inclusões em listas negras, etc. Para uma subsidiária brasileira, o cumprimento da lei norte-americana é também uma questão de adequação à política da matriz norte-americana. Entretanto, é mais provável que a matriz norte-americana, em determinadas situações, como no caso do FCPA, seja processada por atos praticados pelas subsidiárias estrangeiras. Mesmo sem a ameaça de um processo, também é razoável considerar o interesse que a matriz norte-americana deve ter em que as suas subsidiárias estejam conscientes da cultura corporativa da matriz, no cumprimento da lei norte-americana.

5. Uma proposta para a resposta brasileira

Alguns países vêm reagindo contra a posição norte-americana de extraterritorialidade da lei por meio das chamadas leis de bloqueio (*blocking statutes*). Essas leis proíbem que seus cidadãos cumpram certas leis norte-americanas ou dificultem seu cumprimento no país. Austrália, Canadá, França e Inglaterra vêm utilizando leis de bloqueio com o propósito de impedir a jurisdição norte-americana sobre seus cidadãos em determinados casos. No Canadá, por exemplo, está em vigor desde 1992 lei que proíbe subsidiárias norte-americanas no Canadá de adotarem o embargo norte-americano contra Cuba.[57] O governo canadense exige que empresas canadenses negociem normalmente com Cuba e que informem ao governo qualquer iniciativa da matriz norte-americana de impor o cumprimento do embargo. Outra opção, mas de menor efeito, são as leis que permitem a jurisdição norte-americana sobre uma disputa, mas autorizam os cidadãos a reclamarem os prejuízos

[55] Lei de Introdução ao Código Civil, artigo 17.

[56] *Vide* exemplos de processos administrativos e judiciais citados supra.

[57] *Canada amends order blocking U.S. trade restrictions: foreign extraterritorial measures (United States) order.* Canadian Department of Foreign Affairs and International Trade. 18 jan. 1996. Disponível em: http://www.canadiannetworkoncuba.ca/. Acesso em: 16 ago. 2005.

sofridos com a sanção imposta pela lei norte-americana contra o autor original da ação (*claw back statutes*).[58]

No Brasil, o Congresso deveria considerar a imposição de leis de bloqueios[59] contra as leis norte-americanas que prejudicam o empresário brasileiro. A verdade é que nossas empresas já enfrentam obstáculos suficientes para sua inserção no mercado internacional (e.g.: a alfândega, os impostos, a falta de reconhecimento da marca comercial, o transporte, o seguro, etc.). Não precisamos que outro país nos imponha restrições ao comércio com determinados países meramente por questões ideológicas com as quais, em geral, não concordamos.

No Brasil, como explicado anteriormente, está nas mãos do STJ a homologação, ou não, de uma sentença estrangeira. Assim, na falta de leis de bloqueio, é possível que o STJ impeça a execução de certas sentenças norte-americanas que ultrapassem os limites razoáveis, alegando violação da soberania nacional, da ordem pública e/ou dos bons costumes.

A efetiva participação do Brasil em esforços, no âmbito internacional, visando à harmonização da lei comercial também poderá trazer benefícios às nossas empresas. A Convenção do Wassenaar[60] é um bom exemplo de como a comunidade internacional tenta contribuir para a estabilidade e a segurança internacional por meio da harmonização de suas leis. O objetivo da Convenção é o de promover a transparência e a responsabilidade dos países quanto a exportação de armamentos e tecnologia de uso dual.[61] Os signatários[62] preparam

---

58 Vide por exemplo: *The United Kingdom's Protection of Trading Interests Act*, 1980; *Canada's Foreign Extraterritorial Measures Act*, 1984; e *Australia's Foreign Proceedings (Excess of Jurisdiction) Act*, 1984.

59 Há pelo menos uma iniciativa no Brasil a esse respeito, mas de competência bastante duvidosa. A Câmara Municipal do Rio de Janeiro aprovou lei que veta empresas que apóiam o boicote dos EUA a Cuba em licitações no município (Nelson Vasconcelos, A lei dos outros: conexão global. *O Globo*, Economia, 30 ago. 2005. Disponível em: http://www.oglobo.globo.com/jornal/colunas/. Acesso em: 30 ago. 2005). A lei municipal viola a competência exclusiva da União em legislar sobre licitações públicas. Vide artigo 22, XXVII, da Constituição Federal.

60 Convenção do Wassenaar *(Wassenaar Arrangement)*. Disponível em: http://www.wassenaar.org/. Acesso em: 15 set. 2005.

61 Vide supra nota 39.

62 São signatários da Convenção do Wassenaar os seguintes países: Alemanha, Argentina, Austrália, Áustria, Bélgica, Bulgária, Canadá, Croácia, Dinamarca, Eslováquia, Eslovênia, Espanha, Estados Unidos, Estonia, Finlândia, França,

listas de produtos, freqüentemente atualizadas, cujas exportações devem ser controladas e monitoradas por suas leis.

6. Minimizando a ocorrência de problemas

No âmbito da iniciativa privada, torna-se relevante que as grandes multinacionais adotem uma política clara a respeito das normas adotadas por suas subsidiárias espalhadas pelo mundo, mesmo que isso implique obrigações mais onerosas do que aquelas exigidas pela lei nacional de cada país. Esse é um ônus que grandes empresas têm que pagar, nos dias atuais, por estarem inseridas e por se beneficiarem do comércio internacional. Pequenas empresas brasileiras que importam e revendem produtos norte-americanos devem questionar o exportador norte-americano a respeito das exigências da lei norte-americana e, a título de precaução, incluir uma cláusula no contrato transferindo ao exportador a responsibilidade por comunicá-las a respeito de tais exigências.[63]

Independentemente do tipo de empresa, subsidiárias ou não, é de praxe, como uma prática de diligência empresarial, seguir certos procedimentos antes da conclusão de negócios com clientes estrangeiros e até brasileiros. Nesse sentido, o DOC publicou uma cartilha denominada Red Flag Indicators,[64] de muita utilidade. Essa cartilha apresenta ao empresário várias circunstâncias suspeitas, nas quais a violação da lei é mais provável. Como por exemplo:

Grécia, Holanda, Hungria, Irlanda, Itália, Japão, Letônia, Lituânia, Luxemburgo, Malta, Noruega, Nova Zelândia, Polônia, Portugal, Reino Unido, República da Coréia, República Tcheca, Romênia, Rússia, Suécia, Suíça, Turquia e Ucrânia (*Convenção do Wassenaar.* Disponível em: http://www.wassenaar.org/. Acesso em: 15 set. 2005).

63 Cabe ressaltar que a validade de tal cláusula tem valor jurídico duvidoso, já que tanto no direito brasileiro como no direito norte-americano não se pode alegar ignorância da lei. Entretanto, a exigência de que o exportador informe o importador brasileiro sobre os requisitos da lei norte-americana aumenta a conscientização do exportador para que na prática aquele, que está numa posição melhor do que a do brasileiro, faça esse papel.

64 *Red flags indicators, things to look for in export transactions.* Departamento de Comércio Norte-Americano, Bureau of Industry and Security. Disponível em: http://www.bis.doc.gov/. Acesso em: 19 set. 2005.

Red Flag Indicators

- O cliente ou o seu endereço são similares a um endereço encontrado nas listas negras.
- O cliente ou o seu representante reluta em fornecer informações sobre o uso final do produto.
- As características do produto não se encaixam com a linha de negócios do comprador: como, por exemplo, um pedido de armamentos feito por uma loja de roupas.
- O produto solicitado é incompatível com o nível técnico do país para onde está sendo enviado.
- O cliente está disposto a pagar em espécie por um produto de preço bastante alto.
- O cliente não tem qualquer experiência em comércio internacional.
- O cliente não se mostra conhecedor das características e do desempenho do produto.
- O cliente dispensa facilidades oferecidas como instalação, treinamento, manutenção do produto.
- As datas de entregas são vagas ou a entrega está planejada para um endereço suspeito.
- A destinatária final do produto é uma empresa de transportes.
- A rota do frete é suspeita, considerando-se o destino final do produto. O empacotamento do produto não é compatível com o método de transporte.
- Quando questionado, o comprador é evasivo sobre a utilização do produto – se para o mercado interno ou para reexportação.

Diante desses cenários, o DOC exige que o empresário investigue, cuidadosamente, o pedido de serviço ou produto e, caso a investigação não frutifique, reavalie o fechamento do negócio. Essa lista de comportamentos suspeitos não tem fronteiras, aplicando-se claramente a situações que cabem ser investigadas em qualquer país pelo empresário atento aos riscos em transações comerciais internacionais.

Com relação às leis anticorrupção e antifraude, seria prudente para as empresas brasileiras que transacionam no mercado norte-americano buscar assistência legal especializada nessas áreas, para evitar possíveis e futuras responsabilidades por violações das leis. As obrigações jurídicas nessas áreas são extremamente complexas para uma simples investigação interna. No caso da subsidiária, a matriz provavelmente lhe proverá esse serviço.

7. Conclusão

A aplicação extraterritorial de uma lei é um assunto delicado e complexo. O que pode parecer perfeitamente razoável para um país, pode claramente ferir a soberania nacional de outro. É inegável a postura agressiva do governo norte-americano no que diz respeito ao assunto. Urge considerar também que a tendência a curto prazo, devido à atual administração norte-americana, aliada a um cenário internacional conflituoso, é de que o governo norte-americano dê maior ênfase à expansão extraterritorial da aplicação de sua lei como forma de proteger seus interesses.

Deve-se ainda considerar que, no mundo de hoje, onde o livre trânsito de pessoas é bastante facilitado e os negócios têm, cada vez mais, caráter global, que a escolha da lei apropriada para reger a disputa entre países tende a se tornar mais complexa. As leis de bloqueio podem ser uma solução, mas a adoção delas por muitos países poderá desencadear inúmeras controvérsias. Nesse sentido, o estímulo à realização de tratados internacionais e a participação mais efetiva do Brasil nestes, procurando defender uma posição de maior harmonização dessas leis, talvez seja a melhor resposta para a questão.

Subsidiárias de empresas norte-americanas terão mais cedo ou mais tarde que se adequar a muitas das exigências da lei comercial norte-americana, para que a matriz não venha a ser responsabilizada pelo seu descumprimento. Esse é um ônus que as subsidiárias têm que pagar por estarem inseridas no comércio internacional. Já as pequenas empresas brasileiras devem estar conscientes do longo alcance da lei norte-americana. Nesse aspecto, será preciso minimizar os riscos, por meio de uma investigação mais detalhada do potencial cliente norte-americano. Ademais, deverão ter mais atenção na redação de contratos, e, por fim, empreender uma análise séria do risco-benefício de cada transação com as empresas norte-americanas.

Bibliografia

Canada amends order blocking U.S. trade restrictions: foreign extraterritorial measures (United States) order. Canadian Department of Foreign Affairs and International Trade. 18 de jan. 1996. Disponível em: http://www.canadiannetworkoncuba.ca/. Acesso em: 16 ago. 2005.

Don't let this happen to you: an introduction to U.S. export control law: real life investigations of export control and antiboycott violations. Departamento de Comércio Norte-Americano, Bureau of Industry and Security, abr. 2005. Disponível em: http://www.bis.doc.gov/. Acesso em: 15 set. 2005.

Extension of compliance dates for non-accelerated filers and foreign private issues regarding internal control over financial reporting requirements. Security and Exchange Commission, 2 mar. 2005. Disponível em: http://www.sec.gov. Acesso em: 30 set. 2005.

FCPA Civil Enforcement Actions by the U.S. Security and Exchange Commission. Departamento de Justiça Norte-Americano. Disponível em: http://www.usdoj.gov/criminal/fraud/fcpa/. Acesso em: 1.º out. 2005.

Frequently Asked Questions, Who must comply with OFAC regulations? Office of Foreign Assets Control, Departamento do Tesouro Norte-Americano. Disponível em: http://www.treas.gov/offices/enforcement/ofac/faq/. Acesso em: 30 set. 2005.

GIBNEY, Mark P. The extraterritorial application of U.S. Law: the perversion of democratic governance, the reversal of institutional roles, and the imperative of establishing normative principles. *Boston College International & Comparative Law Review*, v. 19, p. 297, 1996.

HASSON, Adam Isaac. Extraterritorial jurisdiction and sovereign immunity on trial: Noriega, Pinochet, and Milosevic – trends in political accountability and transactional criminal law. *Boston College International & Comparative Law Review*, v. 25, p. 125, 135 e 136, 1996. Disponível em: http://www.bc.edu/. Acesso em: 21 out. 2005.

LOWELL, H.; BROWN. The extraterritorial reach of the U.S. government's campaign against international bribery. *Hastings International and Comparative Law Review,* v. 22, p. 407, 1999.

LOWELL, H.; BROWN. Extraterritorial jurisdiction under the 1998 amendments to the foreign corrupt practices act: does the government's reach now exceed its grasp? *North Carolina Journal of International Law & Commercial Regulation,* v. 26, p. 239, 2001.

MARTIN, Jay G. Compliance with the foreign corrupt practices *Act of 1977 in the Post-Sarbanes-Oxley world.* Winstead Sechrest & Minick P.C., p. 4, 5.fev.2004. Disponível em: http://www.winstead.com/articles. Acesso em: 15 set. 2005.

Red flags indicators, things to look for in export transactions. Departamento de Comércio Norte-Americano, Bureau of Industry and Security. Disponível em: http://www.bis.doc.gov/. Acesso em: 19 set. 2005.

SEC 2002 Annual Report: international affairs. Security and Exchange Commission. Disponível em: http://www.sec.gov/. Acesso em: 15 set. 2005.

SEC Enforcement. Security and Exchange Commission, p. 5. Disponível em: http://www.sec.gov/pdf/annrep01/ar01enforce.pdf. Acesso em: 15 set. 2005.

SEC sues ABB Ltd. in foreign bribery case. Security and Exchange Commission. 6 jul. 2004. Disponível em: http://www.sec.org. Acesso em: 9 set. 2005.

SEC obtains $500,000 penalty against syncor international corporation for violating the anti-bribery provisions of the foreign corrupt practices act. Security and Exchange Commission, 10 dez. 2002. Disponível em: http://www.sec.org. Acesso em: 9 set. 2005.

South African resident sentenced for trafficking in nuclear detonators and other commodities controlled for nuclear non-proliferation reasons. Departamento de Justiça Norte-Americano, 5 ago. 2005. Disponível em: http://www.usdoj.gov/usao/dc. Acesso em: 15 set. 2005.

Specially designated nationals list. Office of Foreign Assets Control. Departamento do Tesouro Norte-Americano. Disponível em: http://www.treas.gov/offices/enforcement/ofac/sanctions/. Acesso em: 15 set. 2005.

U.S. and Iranian forklift truck companies officials indicted for violating embargo on Iran. Departamento de Comércio Norte-Americano, Bureau of Industry and Security, 29 ago. 2005. Disponível em: http://www.bis.doc.gov. Acesso em: 15 set. 2005.

VASCONCELOS, Nelson. A lei dos outros: conexão global. *O Globo,* Economia, 30 ago. 2005. Disponível em: http://www.oglobo.globo.com/jornal/colunas/. Acesso em: 30 ago. 2005.

"SITUAÇÃO ESPECIAL DE MERCADO" E OS PAÍSES EM TRANSIÇÃO: DEFESA OU PROTEÇÃO?

SILVIA MARINA PINHEIRO[1]

I – Introdução

As negociações internacionais que ora se desenvolvem no âmbito da Rodada Doha, lançada em novembro de 2001, incluem discussões sobre o aprimoramento e a clarificação dos dispositivos do Acordo *Antidumping*. Desde sua criação em finais da Rodada Kennedy em 1969, esse acordo foi alvo de alterações em todas as rodadas de negociações comerciais subseqüentes. As modificações vêm, claramente, atribuindo maior tecnicidade a seus dispositivos. O objetivo é, sem dúvida, restringir o poder discricionário das autoridades relativamente a seu uso de forma protecionista. No entanto, deve-se acrescentar que, para países como o Brasil, cujas mudanças em regras dessa natureza vêm normalmente de "fora para dentro", as negociações internacionais são excelente oportunidade de acolher propostas que contribuam para a maior eficácia interna do mecanismo, o que não implica protecionismo ou excesso de permissividade.

Chama a atenção a intensificação do uso das ações *antidumping* pelos países em desenvolvimento, que, ao contrário do que se imagina, detêm distintas posições relativamente a seu objetivo. O grupo mais ativo de países que vêm demandando alterações nas regras do acordo *antidumping*, o chamado *Friends of Antidumping*,[2] é em sua maioria composto por países em desenvolvimento caract, no entanto, pela heterogeneidade quanto ao objetivo e forma de aplicação do referido instrumento.

---

1 Mestre em Relações Internacionais PUC-RJ e Doutora em Direito Internacional Público – UERJ, advogada e sócia da Guedes e Pinheiro Consultoria Internacional. A Guedes e Pinheiro participou diretamente do processo de revisão analisado no presente estudo.

2 O Grupo *Friends of Antidumping* (FAN) é integrado pelos seguintes países: Brasil, China, Japão, Coréia, Noruega, Chile, Colômbia, Hong Kong, Israel, Costa Rica, Cingapura, Suíça, Tailândia, Turquia, México, Taiwan, Peighu, Kinmen e Matsu (os quatro últimos são considerados territórios aduaneiros separados).

As propostas de alteração dos dispositivos do Acordo *Antidumping* em jogo no tabuleiro da OMC visam a temas variados. Na verdade, os *Friends of antidumping* têm se destacado pela sofisticação de suas sugestões. Para os membros cuja característica principal é a flexibilidade, uma maior especificação das regras pode não ser bem-vinda. No entanto, o excesso de discricionariedade atinge diretamente o princípio fundamental de qualquer sistema legal, ou seja, a segurança jurídica, com sérios prejuízos para seus usuários.

Lemme, Naidin, Gadelha e Mainiere[3] apresentam em seu estudo as principais posições dos membros integrantes dos *Friends of Antidumping*. Observa-se a variedade de posicionamentos e temas de interesse que se relacionam com as "distintas experiências vivenciadas por tais atores", como alvo ou como usuários do mecanismo.

O Brasil, ainda segundo as autoras, tem "em relação à negociação na área da defesa comercial posição equilibrada: visa o aprimoramento efetivo das regras, sem, contudo, inviabilizar a sua aplicação". Os Estados Unidos são notadamente o membro mais dedicado a referendar sua posição de forte aplicador do instrumento, rejeitando propostas que impliquem a "redução da discricionariedade de suas autoridades investigadoras". A Índia centraliza suas propostas na questão do tratamento diferenciado, enquanto a China, por razões óbvias, prioriza o tratamento dado a "economias não de mercado".

Falta ao Brasil maior reflexão sobre os objetivos das medidas *antidumping*, quais os aspectos cruciais a serem preservados por meio de dispositivos existentes ou quais necessitam de aprimoramento a partir de uma "visão brasileira" do mesmo. O temor brasileiro de aprimoramentos excessivos parece centrar-se na perda da discricionariedade. Porém, observa-se que a proteção à liberdade de decidir, amparada por regulamentação antiga e não mais adequada à dinâmica das ações *antidumping*, tem contribuído para o desrespeito da precedência e para a falta de uniformidade e coerência das decisões.

O objetivo do presente artigo é aproveitar o momento das negociações multilaterais que ora se desenvolvem para discutir a expressão "condições especiais de mercado", constante do art. 2.2 do Acordo *Antidumping*. Será verificada a seguir, com base em estudo de caso, a diferenciação entre

---

[3] Lemme, Naidim e Mainiere, *Temas em negociação sobre defesa comercial na Rodada Doha*. Julho de 2005. *Paper* disponibilizado à Coalizão Empresarial Brasileira /Confederação Nacional das Indústrias.

exportações praticadas a preços competitivos e aquelas que, apoiadas em "condições especiais de mercado", propiciam preços predatórios e desorganizadores do mercado no país importador.

Em primeiro lugar é preciso ressaltar que a questão da "situação especial de mercado" é um ponto de extrema importância para o comércio dos países em desenvolvimento. O incremento das relações comerciais com países em transição para economia de mercado aponta para sérias distorções, herança dos tempos de intervenção estatal, não tão simples de serem superadas. Ocorre que, nos casos de setores estratégicos importantes, quando monopólio e Estado se associam, a situação se agrava. A identificação de "condições especiais de mercado" tem por objetivo aparar as arestas que deprimem os preços para além de sua competitividade normal.

A permanência de práticas de associação do monopólio com o Estado é, na maioria das vezes, observada em setores produtivos estratégicos quando a presença do Estado se faz presente, controlando o preço do produto final ou de seus insumos, principalmente quando se trata de economias em transição. Adicionadas à vantagem comparativa do produto, muitas vezes as "condições especiais de mercado" acarretam preços de exportação em níveis insustentáveis e desleais.

As "condições especiais de mercado" não foram elencadas pelos art. 2.2 do Acordo *Antidumping* e pelo art. 6 do Decreto 1.602/1995, diversamente do que ocorreu com as "situações anormais de mercado". Estas últimas relacionam-se a preços inferiores aos custos de produção e vendas no mercado interno do país exportador realizadas entre empresas vinculadas ou por meio de acordos compensatórios. Identificadas vendas anormais ou em condições especiais no mercado doméstico, seus preços devem ser descartados para efeito do cálculo do valor normal e da conseqüente margem de *dumping*.

O temor dos países tradicionalmente de economia não de mercado, recentemente incorporados como membros da OMC, é de que a ausência de maiores explicações sobre o termo "condições especiais de mercado", possa contribuir com seu uso indiscriminado, o que motivou a apresentação de proposta na Rodada Doha de eliminação dessa expressão do texto legal.

Segundo a proposta chinesa, encampada pelo FAN,[4] deve ser eliminada a expressão "condições especiais de mercado" do art. 2.2 do Acordo

---

[4] WORLD TRADE ORGANIZATION – WTO TN/RL/GEN/9 – Negotiation Group on Rules – Determination of Normal Value.

Antidumping e incluída lista exaustiva de "situações fora do curso normal de mercado" que seriam adicionadas às atualmente previstas.

Incluídas as duas expressões no texto da lei, conclui-se que a intenção do legislador era diferenciá-as. Caso opte a representação brasileira pela exclusão das "condições especiais de mercado" do texto, deve-se estar atento para que a lista de situações anormais de mercado contemple práticas intervencionistas que distorçam os preços do produto ou insumos em sua comercialização no mercado doméstico. Como será observado na análise do caso a seguir, tais preços, além de não refletirem as regras de mercado, estão mascarados por operações de venda complexas e confidenciais, típicas de país em transição.

O caso analisado na segunda parte do trabalho exemplifica prática do governo russo que distorce os preços praticados no mercado doméstico e de exportação do produto nitrato de amônio, conseqüência de "condição especial de mercado". Neste estudo de caso, pode-se observar que a inexistência de regulamentação do tema da "especialidade do mercado" na lei brasileira levou as autoridades a ignorar os traços de anormalidade do mercado russo no setor analisado.

II – Revisão de direito *antidumping* aplicado contra importações de nitrato de amônio originário da Rússia

O *dumping* sobre fertilizantes é tema antigo na história da defesa comercial brasileira, figurando entre os primeiros processos *antidumping* julgados no país. Os fertilizantes têm como insumo principal o gás, cuja produção é abundante e estratégica para a economia da Rússia. A Rússia é hoje o maior supridor de gás mundial. Além disso, a decadência militar e industrial dessa antiga superpotência levou à valorização de sua vantagem comparativa nata: os recursos naturais de que dispõe em abundância. A comercialização do gás natural tornou-se, então, um forte instrumento político. O gás russo destina-se prioritariamente para a Europa, sendo sua única fonte de suprimento, o que tem gerado políticas de preços nocivas por parte da Rússia e forte resistência a estas por parte das instituições européias. A preocupação das autoridades européias com o poder de barganha russo vem levando à busca de fontes alternativas de energia e de suprimento.[5]

---

[5] Europe comes to terms with need for Russian gas. *The New York Times*. 8 jan. 2006.

Já a indústria nacional produtora de nitrato de amônio é uma tomadora de preços, dada a ausência de capacidade produtiva para o abastecimento da demanda brasileira em sua totalidade e a forte presença do produto do Leste europeu.

A citada revisão teve origem na ação interposta pela empresa Ultrafértil contra as importações de nitrato de amônio originárias da Rússia, Estônia e Ucrânia, e foi iniciada pela Circular SECEX 46, publicada no *DOU* de 23 agosto de 2001. A Resolução CAMEX 29, publicada no *DOU* de 21 de novembro de 2002, encerrou a investigação com aplicação de direitos *antidumping* contra a Rússia e a Ucrânia. Figuravam como importadores as empresas chamadas misturadoras representadas pela Associação de Misturadores do Brasil, AMA-BRASIL. Por meio das misturas de insumos importados ou fabricados internamente, os misturadores suprem o setor agrícola com os fertilizantes necessários aos distintos cultivos.

A peculiaridade da investigação residiu no fato de envolver, internamente, oposição entre interesses agrícolas e industriais e, externamente, exportações de produto que integra setor estratégico para os países do Leste europeu, principalmente para as ex-repúblicas soviéticas.

A revisão dos direitos *antidumping* aplicados às importações da Rússia com vistas à sua eliminação foi iniciada pelo governo brasileiro a pedido das indústrias misturadoras de adubos, representadas pela Associação de Misturadores do Brasil – AMA-BRASIL. Esta só foi passível de ser iniciada graças à promoção do país a economia de mercado, o que, ao ver das autoridades investigadoras brasileiras, cria uma circunstância excepcional e, por conseguinte, permite a abertura da revisão. Essa nova classificação da economia russa pelo governo brasileiro, como não poderia deixar de ser, foi bem recebida pelas empresas produtoras de adubos e importadoras do fertilizante objeto da investigação, exportadores russos e exportadores brasileiros de outros setores interessados em uma maior abertura do mercado daquele país às suas vendas.

II.I. Rússia: economia em transição ou de mercado?

A participação nos processos *antidumping* de países que viveram décadas de forte intervenção estatal demonstra estarem os mesmos atravessando típica fase de transição. Esses países detêm economias em que convivem setores internacionalizados com outros caracterizados por estruturas ainda arcaicas, onde a presença do Estado se destaca. A categorização apressada destas economias como de mercado, para efeito do cálculo do valor normal em investigações *antidumping*, pode acarretar distorções sobre o nível da margem de *dumping* encontrada.

A regulamentação sobre economias em transição seria, na verdade, a melhor forma de tratar os casos envolvendo países com tais características. No entanto, rejeitada esta categorização para certos parceiros comerciais, alçados a economias de mercado automaticamente, resta que seja melhor aprofundada a expressão "condição especial de mercado", constante do art. 2.2 do Acordo *Antidumping*. A opção pela análise do caso da Rússia deve-se ao fato de se tratar esse país, de fato, de uma economia em "transição", ainda não sendo sequer membro da OMC até a conclusão deste estudo.

Após passar por 70 anos de comunismo e ser por 10 anos considerada como economia de transição, a economia russa galgou o grau de economia de mercado nos EUA em junho de 2002. O México, até o presente momento, não reconheceu a economia russa como uma economia de mercado. No Brasil, o processo foi distinto. A Circular SECEX 59, de 28 de novembro de 2001, que regula as economias em transição entre outros procedimentos de uma investigação *antidumping*, lista no parágrafo 3.2.1 os países integrantes da categoria "em transição". Dentre os sete países que figuram no parágrafo, a Rússia estava ausente, sendo, à época, tratada como uma economia planificada.

O objetivo do texto legal era, ao reconhecer certas mudanças que vinham sendo operadas nos países "tradicionalmente de economia não de mercado", como remoção de monopólios estatais, controle e interferência sobre os preços internos, promovê-los à categoria de países que estariam envidando esforços de adaptação às regras de mercado. Para efeito da determinação do valor normal, diz a lei que devem ser adotados os preços praticados em seus mercados, em vez dos preços obtidos em um terceiro mercado de economia capitalista. No entanto, verificada a forte interferência estatal no setor produtor/exportador analisado, aplicam-se as regras do art. 7.º do Decreto 1.602/1995, que trata das economias "não predominantemente de mercado".

A graduação da Rússia para economia de mercado valeu-se de um atalho. Alçou o país a esta categoria sem passar pelo degrau intermediário de uma economia em transição ou pelos critérios estabelecidos pela Circular 59/2001 em seu parágrafo 3.3 de avaliação da existência de "condições de economia de mercado". Ao fazerem isso, as autoridades brasileiras, diferentemente de alguns países aplicadores de ações *antidumping*, não instituíram os testes para a verificação do nível de intervenção do Estado em economias historicamente estatizadas, processo este obrigatório para definir o tratamento legal a ser dispensado quando da determinação do valor normal.

A proteção da liberdade de escolha do governo em considerar ou não certo país como economia de mercado, dependendo de interesses pontuais, vem preponderando ante a avaliação técnica do tema.[6] Resta claro que mesmo em países como os EUA, que efetuam o referido teste, também existem interesses presentes, embora naquele país observe-se maior previsibilidade e discussão mais ampla.

No sistema brasileiro, pode-se dizer que a Rússia "pulou de ano na escola" e, contando com a boa vontade do professor, formou-se em economia de mercado com poucas aulas e sem recuperação. Sua conversão em economia de mercado, no Brasil, deu-se por meio da Circular SECEX 33, de 9 de maio de 2003, publicada no *DOU* de 26 de maio do mesmo ano. As características da Circular mencionada atenderam aos interesses dos importadores e exportadores russos de nitrato, ao permitir o início da revisão da investigação encerrada em 21 de novembro de 2002,[7] com a aplicação de direitos, no prazo inferior a um ano.

O tema foi tratado pelo texto legal da seguinte forma: (...) "esta mudança [para economia de mercado] é considerada como circunstância excepcional e, portanto, admitir-se-á pedido de revisão, nos termos do art. 58 do Decreto 1.602/95 das medidas *antidumping* sobre importações originárias da Rússia aplicadas *em menos de um ano*".

---

6 Observa-se que, no caso da transformação da China para uma economia de mercado, prevalece nitidamente a componente política. O Memorando de Entendimento entre Brasil e China assinado entre os representantes do governo da China e os representantes do governo brasileiro, publicado no *DOU* em 26 de novembro de 2004, prevê tratamento de economia de mercado para a China para efeito das ações *antidumping*. No entanto, a despeito de até o presente momento não ter sido publicada regulamentação sobre o tema, o DECOM já vem, em alguns casos, solicitando números sobre vendas no mercado interno e custos de produção chineses. Impera a incerteza com relação ao tema da conversão da China em economia de mercado. Alguns entendem pela obrigatoriedade legal de regulamentação, enquanto outros acreditam que o memorando é suficiente à colocação em prática dos critérios de economias de mercado para a determinação da margem de *dumping*. A publicação do Decreto 5.556/2005 regulando a aplicação de salvarguardas transitórias específicas contra as importações chinesas seria o outro lado da moeda.

7 Resolução Camex 29, de 18 de novembro de 2002.

A imposição pelo Brasil de direito *antidumping* sobre as importações de produto de extremo interesse para a Rússia, dado os excedentes da produção, foi considerada à época um obstáculo para as negociações comerciais desenvolvidas entre os dois países, quando o objetivo brasileiro era a abertura do mercado russo para setores exportadores brasileiros. Porém, a urgência em solucionar o tema resultou em Circular cujos comandos na prática resultariam em sério desrespeito aos princípios do Acordo *Antidumping* da OMC.

O dispositivo legal é falho ao não definir os "casos excepcionais de mudanças substanciais", inexistindo, até o momento, no país, revisão fundada no § 1.º do art. 58 do Decreto 1.602/1995.[8] No entanto, em respeito ao disposto no § 1.º do art. 25 do mesmo Decreto,[9] uma revisão de imposição de direitos *antidumping* decorrente da graduação de um país a economia de mercado deve ser iniciada após um ano de prazo a partir da publicação do correspondente instrumento.

A referida Circular não poderia promover o questionamento de decisões de investigações anteriores, consubstanciadas em dados de períodos de investigação de *dumping* e de dano, em que prevalecia visão oposta sobre a economia daquele país. Garantir à Circular o condão de transformar um país de economia não de mercado em uma economia de mercado em menos de um ano (prazo de análise de *dumping* como disposto no art. 25, § 1.º, do Decreto 1.602/1995) e, ainda, sob o "guarda-chuva" da "excepcionalidade", reabrir a investigação sem a justificação adequada é tentar atribuir-lhe po-

---

[8] "Art 58. Proceder-se-á a Revisão no todo ou em parte das decisões relativas à aplicação de direitos *antidumping*, a pedido de parte interessada ou por iniciativa de órgão ou entidade da Administração Pública Federal, ou da SECEX, desde que haja decorrido, no mínimo, um ano da imposição de direitos *antidumping* definitivos e que sejam apresentados elementos de prova suficientes de que: I) a aplicação do direito deixou de ser necessária para neutralizar o *dumping*; II) seria improvável que o dano subsistisse ou se reproduzisse caso o direito fosse revogado ou alterado; ou III) o direito não é ou deixou de ser suficiente para neutralizar o *dumping* causador do dano. § 1.º Em *casos excepcionais de mudanças substanciais das circunstâncias*, ou quando for de interesse nacional, poderão ser efetuadas revisões em intervalo menor, por requerimento de parte interessada ou de órgãos ou entidades da Administração Pública Federal, ou por iniciativa do órgão investigador.

[9] Parágrafo primeiro, art 25: "O período objeto da investigação da existência de *dumping* deverá compreender os doze meses mais próximos possíveis anteriores à data da abertura da investigação, podendo em circunstâncias excepcionais ser inferior a doze meses, mas nunca inferior a três meses".

deres que vão além do grau de discricionariedade facultado às autoridades do governo.

Desse modo, conscientes de que a urgência incorreria em ilegalidade questionável, aguardou a peticionária o prazo de um ano da publicação da Circular 33 para iniciar a investigação. O prazo de um ano constante da legislação é o período mínimo no Brasil para a determinação sobre *dumping* e relação de causalidade entre este e o prejuízo à indústria nacional. Decorrido tal prazo na vigência da referida Circular, legitimou-se a demanda de revisão dos importadores, não mais com base em circunstâncias excepcionais, mas na inexistência de *dumping*, fundada no inciso I do art. 58 do Decreto 1.602/1995.

II.II. O processo de revisão

A Circular SECEX 41, de 5 de julho de 2004, publicada no *DOU* de 7 de julho de 2004, iniciou a referida Revisão de Direitos *Antidumping* aplicados sobre as importações de nitrato de amônio originárias da Rússia, sendo esta a primeira investigação em que a Rússia foi tratada como economia predominantemente de mercado.

Figurou como peticionária no processo de Revisão a Associação de Misturadores de Adubos do Brasil – AMA-Brasil. A indústria nacional de fertilizantes foi representada pela única produtora nacional, Ultrafértil S/A, sendo três os exportadores russos identificados. Das três exportadoras russas, apenas a Eurochem respondeu aos questionários distribuídos aos exportadores, sendo apenas os seus dados levados em conta para fins de comprovação da inexistência de *dumping*. O dano à indústria local, como de praxe em revisões com base no inciso I do art 58, não foi objeto de discussão, sendo dispensados os indicadores econômicos e financeiros da indústria Ultrafértil de qualquer avaliação.

II.II.1. Preço de exportação

A Eurochem é empresa *holding* que congrega seis plantas industriais, sendo duas delas produtoras de nitrato de amônio em território russo. Sua composição acionária e estruturas organizacional e de comercialização foram mantidas confidenciais. A rede de empresas vinculadas ao grupo Eurochem, além das independentes ocupadas da comercialização do produto nitrato de amônio, perfaz quebra-cabeças em que a falta das peças centrais frustra qualquer tentativa de conclusão do jogo.

Resumidamente, o produto exportado ao Brasil é fabricado por uma das empresas do grupo Eurochem, revendido a outra empresa do grupo, que por sua vez revende novamente o produto a uma terceira empresa, situada fora do território russo, mas relacionada à Eurochem, que faz as vezes de "braço exportador". É importante notar que o produto não sofre qualquer beneficiamento em qualquer dos estágios de comercialização. Mais curioso é ainda constatar que a *trading* que figurava nas documentações como exportadora do nitrato ao Brasil diferia do "braço exportador", não sendo constatada qualquer relação entre as mesmas, segundo informações prestadas pelo próprio grupo no processo. Ou seja, eram, provavelmente, três as empresas "atravessadoras" com correspondente pagamento de comissões. Ante a confidencialidade das informações, ficaram impossibilitadas as demais partes interessadas no processo de participar dessa importante fase de reconstrução do preço de exportação do produto ao Brasil, tal como manda o dispositivo legal.

Omitido o nível de relacionamento entre as empresas envolvidas, elemento prioritário para a verificação da existência de preços de transferência, dúvidas incidiram sobre a fidedignidade do preço de exportação. Sobre a questão, assim pronunciou-se a autoridade governamental brasileira: "Informou ainda a Eurochem que esse braço exportador, localizado em terceiro país que não a Rússia e o Brasil, não é relacionado à *trading* que aparece no contrato firmado com a empresa importadora brasileira, *não obstante tenha informado desconhecer a composição acionária dessa empresa*".[10] Ou seja, as contradições foram constatadas e com elas o dolo do exportador ao omitir das autoridades a verdade sobre a relação entre as empresas que participavam da operação de comercialização do nitrato de amônio ao Brasil.

O parágrafo primeiro do art. 9.º do Decreto 1.602/1995 determina que a comparação justa entre o valor normal (preço praticado no mercado doméstico) e o preço de exportação, para efeito do cálculo da margem de *dumping*, implica realização de ajustes. O dispositivo aponta os tipos de ajustes a serem efetuados, entre os quais o decorrente da diferenciação entre níveis de comércio. O ajuste sobre níveis de comércio, basicamente, diz respeito à verificação das despesas, tais como comissões ou outras despesas incorridas durante a comercialização do produto, até que atinja o consu-

[10] Parecer do Departamento de Defesa Comercial – DECOM, n. 11, de 6 de junho de 2005, de determinação final no âmbito da revisão de direito *antidumping* aplicado sobre as importações brasileiras de nitrato de amônio originárias da Rússia. p. 6

midor final, doméstico ou estrangeiro. Comparar os preços de exportação e interno em iguais condições permite a obtenção de margem de *dumping* mais próxima da realidade.

Diante da contradição entre as declarações do grupo e da ausência de informações do exportador sobre o preço de exportação ex fábrica, não restou ao DECOM outra opção senão a reconstrução do preço de exportação. No entanto, a reconstrução realizada partiu do preço efetivamente pago pelo importador, deduzidas as despesas de frete interno e internacional, e desconsiderados os ajustes por níveis de comércio.

II.II.2. "Condições especiais de mercado"

O art. 2.2 do Acordo *Antidumping* dispõe que: "Caso inexistam vendas do produto similar no curso normal de mercado doméstico do país exportador, ou quando, *em razão de condições especiais de mercado* ou por motivo do baixo nível de vendas no mercado doméstico do país exportador, tais vendas não permitam comparação adequada, a margem de *dumping* será determinada por meio da comparação com o preço do produto similar ao ser exportado para um terceiro mercado adequado, desde que esse preço seja representativo, ou por meio dos custos de produção no país de origem acrescidos de razoável montante por conta de custos administrativos, comercialização e outros, além do lucro".

O art. 6.º do Decreto 1.602/1995 que regulou o tema do *antidumping* no Brasil reproduziu o termo "condições especiais de mercado". Tal como disposto no Acordo *Antidumping*, caso não seja possível a comparação adequada em razão de "anormalidade" ou "especialidade" do mercado em relação ao setor estudado, o valor normal deverá ser baseado no preço do produto similar praticado em vendas para terceiro país ou no valor construído do produto similar com base nos custos de produção no país exportador.

Na revisão ora analisada, a Ultrafértil buscou demonstrar às autoridades governamentais brasileiras que o setor de fertilizantes russo caracterizava-se pela existência de "condições especiais de mercado" devendo, portanto, ser o valor normal determinado com base no valor construído do produto similar.

A Rússia é caracterizada por forte dependência da exportação de recursos naturais para seu desenvolvimento. Segundo relatório da OCDE,[11] por

[11] OCDE: Organização para a Cooperação e o Desenvolvimento Econômico.

muito tempo ainda este país deverá promover, cada vez em maior medida, a exportação de recursos naturais, principalmente gás e derivados.[12] Promover a exportação de gás e derivados traduz-se, na Rússia, em forte intervenção governamental, controle de preços dos insumos e do produto final.

É por isso que, segundo os analistas, a indústria de gás natural será provavelmente um dos últimos setores da economia russa a ser desligado do controle estatal. Constata-se, dessa maneira, a forte resistência em inserir a atuação de forças concorrenciais na indústria.

O mercado russo de vendas domésticas de fertilizantes vive "situação especial": o gás natural, insumo que corresponde a 30% do custo de produção do nitrato de amônio, é vendido aos consumidores domésticos, fabricantes de fertilizantes, pela fornecedora Gazprom a preços de transferência que não refletem os custos envolvidos. Tais preços são reconhecidamente fruto de política interna resultante de acordo compensatório entre a empresa estatal e as produtoras exportadoras de fertilizantes consumidoras de gás.

O trabalho da OCDE demonstra que os preços praticados no mercado doméstico para o gás são regulados e fixados muito abaixo dos níveis necessários para a recuperação dos custos. "Estado e Gazprom negociam um balanço do gás para o país ao final de cada ano para o período subseqüente. Nestas discussões é determinada a quantidade a ser colocada à disposição pela Gazprom no mercado doméstico e a preços regulados".[13]

Depreende-se pela dinâmica do setor, profundamente marcada pela presença do Estado, que a formação de preços domésticos do produto nitrato de amônio no mercado russo está distorcida por "condições especiais" de comercialização do gás natural.

Pode-se afirmar com exatidão que, tal como está na lei, além de "condições especiais de mercado", como previsto no art. 6.º do Decreto 1.602/1995, tais vendas são realizadas fora do curso normal, conforme disposto no mesmo dispositivo, § 1.º, tendo em vista o acordo entre Estado e empresas exportadoras e a política de preços benéficos e diferenciados aos produtores exportadores domésticos.

---

[12] *Russia's Gas Sector: The Endless Wait for Reform?* Trabalho publicado pela OCDE em setembro de 2004. Disponível em: http://www.oecd/document/32/0,2340,en 2649 201185 32473120 1 1 1 1,00.html.

[13] Parecer Técnico elaborado pelo Professor da Faculdade de Economia da UFF e ex-Conselheiro do CADE, Ruy Santacruz, constante dos autos da investigação *antidumping* analisada, p. 1089-1114.

Segundo informações obtidas em relatório oficial da Rússia,[14] diferem os preços domésticos de venda de gás para as empresas exportadoras no mercado doméstico dos preços de exportação de gás. Os preços internos são assumidamente controlados pelo governo e têm por objetivo garantir às fabricantes exportadoras remuneração satisfatória de seus custos, mesmo praticando preços para o produto final muito inferiores aos praticados no mercado internacional.

Como mencionado anteriormente, esta prática, já detectada pelos países da União Européia, vem sendo alvo de sérias críticas. O abandono da política de preços diferenciados da Gazprom é, inclusive, uma das condições estabelecidas pela União Européia para o acesso da Rússia à OMC.

Detectar condições especiais de mercado na comercialização de certo produto no mercado doméstico do país exportador não deve levar necessariamente ao abandono dos preços de venda domésticos e a sua substituição por preços ou custos de produção de terceiros mercados, a não ser que reste demonstrado que o setor, a despeito de inserido em país regido pelas regras da oferta e procura, não participa das mesmas. Este é o tratamento conferido às economias em transição previsto na legislação brasileira.

Verificar, setorialmente, aqueles que vêm fazendo seus "deveres de casa" é, sem dúvida, mais realista e profícuo do que efetuar classificações generalizadas das economias dos países com base em critérios em regra frágeis. É importante reconhecer que são cada vez mais raros os setores que hoje trabalham sob regime totalmente fechado, acarretando distorção dos preços nos mercados domésticos e de exportação e levando a uma total desconsideração de seus preços.

Graus diferenciados de controle podem existir dependendo do setor. A reconstrução dos preços de venda no mercado doméstico deve ocorrer no limite do grau de intervenção detectado e com base nos preços do próprio mercado do país exportador, tal como dispõe o texto legal.

A proposta da indústria brasileira no processo ora analisado foi de reconstrução do preço do produto objeto da investigação, tomando como base o custo para os insumos obtidos no mercado da Rússia e atribuindo ao gás natural (responsável pela distorção principal) preços de exportação da

---

14 *Energy information Administration – Russia Countru Analysis Brief: Natural Gas.* Disponível em: http://www.eia.doe.gov/emeu/cabs/russia.html.

própria Rússia para a Europa, sendo constatado o controle estatal dos preços no mercado doméstico. A tese defendida pela indústria brasileira ensejou a reconstrução de seu preço de vendas no mercado doméstico, considerados os custos russos de produção.

Diferindo, nesse aspecto, do entendimento de outros parceiros como EUA[15] e União Européia, o Brasil rejeitou, por meio do DECOM, a tese de que o mercado russo para o setor de fertilizantes vive situação atípica ou de vendas feitas fora do curso normal. Dessa forma, comparados o valor normal, com base nos preços praticados no mercado doméstico, com os preços de exportação do nitrato de amônio, não foi detectada margem de *dumping* nas vendas do produto ao Brasil. O direito *antidumping* antes aplicado sobre as importações de nitrato de amônio de origem russa foi retirado.

Observa-se que, para o cálculo do preço de exportação, foi ignorada a complexa rede de revendas do produto, não sendo sequer identificados os reais vínculos entre as empresas envolvidas. Para a determinação do valor normal, foi ignorada a anormalidade das operações comerciais e a condição especial do setor, notadamente objeto de intervenção estatal.

A constatação de uma situação especial de mercado, no caso ora analisado, reconstruindo-se o preço de venda do produto no mercado doméstico, levaria a uma margem de *dumping* inferior à originalmente encontrada com base em preços de terceiros mercados capitalistas. Ou seja, tomados em consideração os custos de produção ajustados da Rússia, a prática de *dumping* é identificada em menor nível da anteriormente detectada pelo governo do Brasil na ação *antidumping* original.

Rejeitado, no entanto, o método da reconstrução dos preços decorrente de uma situação especial de mercado, o setor exportador foi premiado e ao mesmo tempo estimulado a manter práticas ultrapassadas e distantes das regras de livre mercado.

[15] O Departamento de Comércio dos Estados Unidos, em 24 de outubro de 2005, fez publicar no Federal Register Determinação Preliminar sobre a prorrogação de Direitos *Antidumping* aplicados contra importações de nitrato de amônio. Em investigação anterior os direitos *antidumping* foram suspensos pela realização de compromisso de preços entre as partes. Após solicitação da indústria norte-americana de fertilizantes de revisão, foi verificado preliminarmente que a suspensão dos direitos fez retornar o *dumping* e o dano à indústria local.

III – Conclusões

O tópico da situação especial de mercado, constante do art. 2.2 do Acordo *Antidumping*, é um correlato do processo de transformação dos países tradicionalmente de economia não de mercado em países de economia de mercado. Isto não significa que a regulamentação do dispositivo deva ter por objetivo uma simples troca de grilhões em países que indiscutivelmente vêm envidando esforços para a compatibilização de suas economias às regras de mercado.

Em breve estarão reunidos na OMC países tradicionalmente capitalistas e antigos países socialistas, todos obedientes aos padrões de comércio por ela estabelecida. No caso das medidas *antidumping*, o objetivo deverá ser cada vez mais a correção das verdadeiras anomalias que propiciam exportações a preços que muitas vezes sequer remuneram os custos dos insumos no próprio país de exportação. Tais anomalias hoje são recorrentes em países em transição. Anos de governos fortes, protagonistas de todos os movimentos políticos e econômicos, resultam certamente em distorções sérias a serem vencidas e combatidas. Preservar as situações especiais de mercado ou incluí-las na categoria das vendas fora do curso normal em lista exaustiva, na forma sugerida pela própria representação chinesa, são pontos de extrema relevância que devem levar a uma séria reflexão por parte da representação brasileira.

Não podem ser ignoradas as complexidades dos processos de transição que hoje atravessam algumas economias. Mesmo nos países recentemente promovidos a economias de mercado em decorrência de compromissos políticos, convivem setores privatizados e internacionalizados com outros de estrutura fechada, com condições precárias de mão-de-obra e forte presença governamental, seja por meio de subsídios, seja pelo controle de preços. Para os subsídios já há remédio, mas não o temos ainda para outras políticas públicas que distorcem os preços praticados.

A determinação do valor normal chama a atenção para a precariedade dos dispositivos dedicados à matéria. Não é para menos que a maior parte das sugestões de reforma do Acordo *Antidumping* na Rodada Doha é sobre o valor normal. Para os mais variados aspectos do tema existem sugestões.[16] A modificação das regras sobre valor normal tem por objetivo limitar a possibilidade de aplicação indiscriminada de medidas, mas por

[16] Lemme, Naidin, Gadelha e Mainiere, op. cit., p. 8 a 10.

outro lado deve habilitar a OMC e os países-membros a lidar com as novas situações decorrentes das constantes modificações na dinâmica do comércio mundial.

Regular as condições especiais de mercado contemplando as políticas públicas responsáveis por verdadeiras distorções, políticas estas muitas vezes não quantificáveis em montantes de subsídios, não significa munir os países-membros da OMC de uma arma protecionista. Regular as condições especiais de mercado tem por objetivo acelerar o processo de internacionalização de certos setores mais resistentes nas economias em transição, além de preservar os concorrentes nos países de importação em benefício do consumidor.

Bibliografia

BROUDE, Tomer. An *antidumping* "to be or not to be" in five acts: a new agenda for research and reform. *Journal of World Trade*, vol 37, issue 2, abr.2003.

Energy Information Administration – Russia Country Analisys Brief: Natural Gas. Disponível em: <http://www.eia.doe.gov/emeu/cabs/russia.html>

Europe comes to terms with need for Russian gas. *The New York Times.* 8 jan. 2006

LEMME, Marta; NAIDIM, Leane; MAINIERE, Cristina. *Temas em negociação sobre defesa comercial na Rodada Doha: mapeamento e análise de suas implicações.* Rio de Janeiro, 2005. 63 p. Paper disponibilizado durante reunião da Coalizão Empresarial Brasileira, Brasília, 2005.

SANTACRUZ, Ruy. Parecer técnico elaborado pelo Professor da Faculdade de Economia da UFF e ex-Conselheiro do CADE, constante dos autos da investigação *antidumping* analisada.

Parecer do Departamento de Defesa Comercial – DECOM, n. 11, de 6 de junho de 2005, de determinação final no âmbito da revisão de direito *antidumping* aplicado sobre as importações brasileiras de nitrato de amônio, originárias da Rússia.

Russia'a Gas Sector: the endless wait for reform? Trabalho publicado pela OCDE em setembro de 2004. Disponível em: http://www.oecd/document/32/0,2340,en 2649 201185 32473120 1 1 1 1,00.html.>

WORLD TRADE ORGANIZATION – WTO TN/RL/GEN/9 – Negotiation Group on Rules – determination of normal value.

BIOGRAFIAS

ALUISIO DE LIMA-CAMPOS

(Presidente e COB do ABCI Institute, Brazilian International Trade Scholars, Inc.)

Assessor econômico da Embaixada do Brasil em Washington e presidente do ABCI Institute – Brazilian International Trade Scholars Inc., baseado em Washington, D.C. Especialista em política comercial, vem assistindo o Governo Brasileiro há 25 anos em disputas e negociações comerciais com os EUA. Assessorou o Governo brasileiro em mais de oitenta processos de defesa comercial movidos contra produtos brasileiros nos EUA e colaborou na regulamentação das leis brasileiras sobre o mesmo tema. Representou o Governo brasileiro em foros e negociações comerciais bilaterais e multilaterais sobre produtos, bem como em ações no contexto do SGP norte-americano. É autor de artigos e pesquisas publicados no Brasil, Chile, EUA e Europa sobre leis internacionais de comércio, subsídios à agricultura, negociações regionais e multilaterais de comércio e preferências tarifárias. Entre suas obras mais recentes, podemos citar: "Nineteen proposals to curb abuse in *antidumping* and countervailing duty proceedings" (*Journal of World Trade* 39(2), abril. 2005) e o livro *Ensaios em comércio internacional – antidumping, disputas comerciais e negociações multilaterais* (Editora Singular, 2005), do qual foi organizador. É bacharel em Economia e mestre em Desenvolvimento Econômico pela American University, de Washington, D.C.

ANGELA T. GOBBI ESTRELLA

(Membro Fundador e ex-Sub-coordenadora do ABCI/DC)

Procuradora da Fazenda Nacional atuando com assuntos aduaneiros. Coordenadora e professora de Comércio Internacional em cursos de especialização e extensão da UNISINOS/RS. Master of Laws (LL.M.) with Distinction, especializada em OMC (Certificate in WTO Studies) pelo Georgetown University Law Center, e Alumni Fellow do Institute of International Economic Law, dirigido pelo Prof. John H. Jackson. Especialista em Administração de Empresas/Gestão Internacional pela EASP/FGV/SP. Bacharel em Direito pela UFRGS. Atuou na Divisão de Política Comercial da Embaixada do Brasil em Washington, D.C. Atuou na área de Comércio Internacional como Consultora, em Basso, Carboni e Vicenzi Advogados, e em Felsberg e Associados, e como Advogada Sênior, em Tozzini, Freire Teixeira e Silva. Lecionou Comércio Internacional em MBAs da FIA-USP e FIPE-USP, e na ESA/OAB/SP. Publicou artigos sobre temas de comércio internacional no Brasil e no exterior em livros, revistas especializadas e jornais de negócios. Palestrante no ILA British Branch 2005 Spring Conference – Regional Trade Agreements and the WTO Legal System, e em seminários no Brasil desde 1992. *E-mail*: <angela.estrella@fazenda.gov.br> ou <angelatgobbiestrella@hotmail.com>.

Claudia Marques

(Membro Fundador do ABCI/DC)

Advogada associada de Veirano Advogados em São Paulo. Formada em Direito pela Faculdade de Direito da Universidade Mackenzie em São Paulo, em 1998. Recebeu o mestrado em direito comparado com enfoque em direito do comércio internacional, da Faculdade de Direito da Universidade de Michigan, nos Estados Unidos, em 2003. Foi membro do *International Lawyers Program* do escritório Alston & Bird, em Washington, D.C., nos Estados Unidos, onde desenvolveu a prática em comércio internacional. Participou do programa de treinamento em solução de controvérsias da Missão Brasileira junto à Organização Mundial do Comércio (OMC), em Genebra, Suíça. Pode ser contatada nos seguintes *e-mails*: <claudia.marques@veirano.com.br> e <claumarq@umich.edu>.

Felipe Berer

(Vice-presidente do ABCI Institute, Brazilian International Trade Scholars, Inc.)

Consultor de comércio internacional do escritorio Bryan Cave LLP em Washington, D.C., com atuação em casos de defesa comercial envolvendo o Brasil e outros países e em questões de comércio internacional, incluindo negociações de acordos de livre comércio. Mestre em Direito Internacional pelo Georgetown University Law Center (with Distinction), com especialização em Organização Mundial do Comércio (Certificate in WTO Studies); Alumnus Fellow do Institute of International Economic Law, dirigido pelo Professor John H. Jackson (2004-2005). Estagiou na Divisão de Política e Defesa Comercial da Embaixada do Brasil em Washington, D.C. (2005). Autor de artigos publicados no Brasil abordando questões de comércio internacional de interesse do Brasil. Licenciado do escritório Barbosa, Müssnich & Aragão Advogados, onde atuou nas áreas de mercado de capitais, direito societário, investimentos e negociaçoes internacionais; Graduou-se em Direito pela PUC/RJ. O autor pode ser contatado no seguinte *e-mail*: <felipe.berer@bryancave.com>.

GILBERTO AYRES MOREIRA
(Membro do ABCI/DC)

Gerente do escritório Gaia, Silva, Rolim & Associados em Belo Horizonte. Advogado formado pela Faculdade Mineira de Direito (PUC/MG), é I.T.P. pela Harvard Law School e Pós-Graduado em Direito Tributário pelo IBET/IBDT(USP). Especialista em tributação e comércio internacional, apresentou trabalhos e participou em diversos congressos no Brasil e no exterior, tendo artigos e pareceres publicados. É Professor de Direito Tributário Internacional do IEC/PUC/MG e Professor Convidado da Fundação Getulio Vargas. Aluno do Programa de Capacitação em Política Comercial da Embaixada do Brasil em Washington, é membro da American Bar Association (ABA), da New York State Bar Association (NYSBA), da International Fiscal Association (IFA), da Associação Brasileira de Direito Financeiro (ABDF) e do ABCI Institute – Brazilian Scholars for American Trade.

LUIZELLA GIARDINO BARBOSA BRANCO
(Membro do ABCI/DC)

Advogada sênior com especialização em direito do comércio internacional do escritório Castro, Barros, Sobral, Gomes Advogados. É consultora editorial e coordenadora do *Boletim de Comércio Internacional* desse escritório. Graduada pela Universidade Cândido Mendes em 1992. Mestre em Direito Constitucional e Teoria do Estado pela PUC/RJ, em 1997, com ênfase em Direito da Integração. Tem experiência em desenvolvimento de planejamento estratégico tributário e comercial de empresas que atuam em comércio exterior – incluindo assuntos contratuais como *joint-ventures* e contratos internacionais. Atualmente é vice-presidente da Comissão de Comércio Internacional da OAB/RJ. Pode ser contatada no seguinte *e-mail* <luizella.branco@cbsg.com.br>.

Patricia Maria Costa de Vilhena

(Membro do ABCI/DC)

Advogada Sênior do escritorio Castro, Barros, Sobral, Gomes Advogados em Belo Horizonte, Minas Gerais. Formada pela Universidade Federal de Minas Gerais em 1993 e Mestre (LL.M) pela Universidade de Houston, Texas, EUA, em 2001, com ênfase na area de Propriedade Intelectual. Possui cinco anos de experiência em direito societário, direito contratual e mercado de capitais. Foi representante do escritorio Castro, Barros, Sobral, Gomes Advogados em Washington, D.C., EUA (2005). Pode ser contatada no seguinte *e-mail*: <patricia.vilhena@cbsg.com.br>.

Renata Brandão Vasconcellos

(Diretora do ABCI Institute, Brazilian International Trade Scholars, Inc.)

Advogada do escritório Porter, Wright, Morris & Arthur em Washington, D.C., trabalha na área de comércio internacional (antidumping e medidas de salvaguarda), alfândega (classificação, fraude, valoração de mercadorias, marca de origem, SGP etc.) e controle de exportação (licensas para exportação de produtos militares ou civis, cumprimento de embargos americanos). Representa clientes americanos e estrangeiros junto ao Departamento de Comércio Americano, à Comissão Internacional de Comércio (U.S. International Trade Comission), ao Representante Comercial Americano (United States Trade Representative), e à Corte de Direito Internacional de Nova York (U.S. Court of International Trade). Mestre em Direito Internacional Comercial pelo Washington College of Law, American University em Washington, D.C. em 1994. Graduada em Direito no Rio de Janeiro, pela Universidade Federal Fluminense em 1992. Advogada no Brasil (RJ), em Nova York e no Distrito de Colúmbia (EUA). Pode ser contactada pelo endereço eletrônico rvasconcellos@porterwright.com ou pelo telefone (202) 778-3060. Informações adicionais sobre o escritório podem ser encontradas na *website* <http://www.porterwright.com>.

Renato G. Flôres Jr.

(Membro do ABCI/DC)

Professor da Escola de Pós-Graduação em Economia – EPGE, da Fundação Getulio Vargas, no Rio de Janeiro. Seus interesses em comércio internacional abarcam variados aspectos do assunto, desde a criação de teorias e modelos às questões de estratégia comercial até os aspectos jurídico-econômicos da atividade da OMC. É autor de numerosos artigos nessas áreas e desenvolve intensa atividade acadêmica e participativa seja em conferências seja projetos, tanto no País como no exterior.

SILVIA MARINA PINHEIRO
(Membro do ABCI/DC)

Advogada e sócia da Guedes e Pinheiro, consultoria especializada em Direito do Comércio Internacional. Professora de Direito Internacional Público na Fundação Getulio Vargas – RJ. Foi professora visitante do Institute of International Economic Law (IIEL), da Universidade de Georgetown. Mestre em Relações Internacionais pela PUC/RJ e Doutoranda em Direito Internacional Público na Universidade do Estado do Rio de Janeiro (UERJ). Trabalhou na Fundação Centro de Estudos de Comércio Exterior (FUNCEX) por 10 anos. Publicou na *Revista Brasileira de Comércio Exterior* (*RBCE*) trabalhos sobre os principais instrumentos de Política Comercial dos EUA (seção 201, seção 301, código de compras governamentais, *antidumping* e subsídios), entre outros. Foi co-autora do livro *Antidumping, subsídios e medidas compensatórias* (3. ed. Ed. Aduaneiras, 2003). Ministrou aulas de Relações Internacionais na Universidade Estácio de Sá, bem como de Defesa Comercial e Política Comercial Comparada nos cursos de Pós-Graduação do IBMEC, da FGV e do UFRJ.

SUZANA MEDEIROS
(Diretora do ABCI Institute, Brazilian International Trade Scholars, Inc.)

Mestre em Direito Internacional pela New York University (LL.M., International Legal Studies). Mestre em Direito Internacional e Integração Econômica pela Universidade do Estado do Rio de Janeiro (UERJ). Ex-bolsista da Fundação Estudar e do Programa de Direito do Petróleo ANP-UERJ. Associada do escritório Luís Roberto Barroso & Associados no Rio de Janeiro. Trabalha atualmente como *foreign attorney* no escritório Arnold & Porter LLP em Washington, D.C.

WELBER BARRAL

(Ex-Sub-coordenador do ABCI/DC e Diretor do ABCI Institute, Brazilian International Trade Scholars, Inc.)

Professor de Direito Internacional Econômico na Universidade Federal de Santa Catarina e Pesquisador Visitante na Georgetown University. Mestre em Relações Internacionais (UFSC, 1993) e doutor em Direito Internacional (USP, 1999). É membro da lista de árbitros do MERCOSUL e da Organização Mundial do Comércio (OMC). Atua como consultor de empresas e governos, na área de implementação e aplicação de normas do comércio internacional. Suas publicações incluem *Dumping e comércio internacional* (Forense, 2000) e *O Brasil e a OMC* (2. ed., Juruá, 2002), *Negociações comerciais multilaterais* (Fundação Boiteux, 2004), além de livros e artigos no Brasil e no exterior.

MEMBROS DO ABCI

ADRIANA VITO
ALUISIO DE LIMA-CAMPOS (Presidente)
ANGELA T. GOBBI ESTRELLA
CLAUDIA M. ADRIANA VITO
CLAUDIA MARQUES
FABIO CARNEIRO CUNHA
FELIPE BERER (Vice-presidente)
FERNANDA ALMEIDA
FERNANDA CRESPO FERREIRA
GILBERTO AYRES MOREIRA
ISABEL DUNGAS (Tesoureira)
LUCIANO PINHO
LUIZELLA G. B. BRANCO
MAURICIO KIMURA
MAURO ZINNER
MICHELLE GRANDO
PABLO G. CARMONA
PABLO M. BENTES
PATRICIA ALVES DE TOLEDO (Diretora)
PATRICIA M. C. DE VILHENA
RABIH ALI NASSER
RAFAEL BENKE
RENATA B. VASCONCELLOS (Secretária)
RENATO G. FLÔRES JR.
RENÊ GUILHERME S. MEDRADO (Diretor)
ROBERTA DONATO
ROBSON FOGANHOLI
SERGIO GUSMÃO SUCHODOLSKI
SILVIA MARIA PINHEIRO
SUZANA MEDEIROS (Diretora)
VERÔNICA D'ALMEIDA (Diretora)
WELBER BARRAL (Diretor)
ZULEIKA ARASHIRO ARQUES

IMPRESSÃO E ACABAMENTO
Artcolor Ltda
Tel.: (11) 3873.3377